星光天上来

河洛金銀天星擇日

李光浦　林萬　著

*To Sherry, Carrie & Otto
In Memory of Their Mother
Salina
Who waited patiently so long*

李光浦老師（左）與學生林萬

序

甚幸能參與這本書的撰寫，感謝老師的信任。書寫是溫習的好機會，重讀上課時的講義，研究老師提供的案例資料，過去從老師身上所學到的知識也給我留下了更深刻的記憶。

本書的主題是談河洛理數及七政四餘合參來擇日。我負責撰寫的是基礎知識部分，但只有一星期時間給我撰寫，因倉促成書，所以不少東西都是憑記憶來寫，少了引經據典的時間。時間及篇幅有限，否則把多點案例清楚寫出來，對解理有幫助。執筆期間如履薄冰，生怕把基礎概念弄錯了。但我反過來想，如果把書寫的目標定為幫助一般讀者了解系統的大約運作，而非咬文嚼字地雕琢，文章可能更平易近人，更貼近大眾讀者的閱讀習慣。

老師曾說過不想再寫書了，也即是說這本書很大可能是老師最後一本作品了。一來老師認為想寫的東西都已寫出來了；二來是身體原因，醫生建議他多作休息，禁止他操勞寫書耗神。

雖然要寫的大都寫了出來，但是老師過去的作品中沒有一本是教科書，故此較少概念性的解釋，解釋也零散在各章節中，除非老師在場手把手講解，否則一般讀者不容易鳥瞰全貌。文章大多是將分析方法應用在案例上，即是說方法的前設及使用的分析工具沒有直接點明出來，只是偶爾在書中有片言寸語的概念解釋。我明白，對於大部分未接觸過這些術數的人來說，初次讀到老師的書，往往都是似懂非懂，不明袖裡乾坤。能真正讀懂，甚至能延伸應用的人，相信寥寥可數吧。

老師對七政四餘、河洛理數及皇極經世的解讀，也確有其獨到的觀點及見解，自成一格成一家之言，創新而有據可依。如果不直接點明出來，導致學問就此埋沒、甚至失傳於世的話，實在可惜。

難得萬里機構再為老師出版新書，在老師的同意下，我直接寫出幾個七政四餘星盤及河洛數的關鍵概念及作出簡單解釋，說清楚這本書的觀點及分析工具是什麼，點明出來公諸同好。雖然這談不上什麼秘傳，只是短短幾句釐清概念，但萬丈高樓從地起，基礎觀念是最簡單而又最重要的。希望讀者看完這部分章節後，能更加理解後半部分談擇日的內容，甚至能更好地掌握整個命理系統的運作，對其他作品也能有更深一層的體會。

本書談及擇日的部分案例已是過去所寫的稿件，而且後來的日子未有完全寫出來，有些並不完整。老師的意思是覺得讀者看完他所寫的前半部分後，應該已能掌握這擇日方法，所以無需要再談下去了，甚至讀者可自行續寫後面的部分。既然老師有此想法，即使把餘下的日子再寫下去也沒有意思了吧。反而如果我把基礎知識的部分寫清楚對讀者來說更有意義吧。

　　這種不完美其實符合易理，必事不可以去到太盡，走到君爻（五爻）如日中天，但去到上爻後反而亢龍有悔，成為衰敗之時。當卜一點白點成為不完全之美，或許更能應吉呢！

　　本書主要以「七政四餘星盤」加上「金鎖銀匙（河洛理數）」談論擇日，像老師的其他作品一樣，資料豐富可讀性高。老師對不同學問都有研究，過去有不同的作品，包括：《鄭氏星案新詮》、《果老星宗新詮》、《中美國運和天命》、《命運組曲》、《占卜星命與人生》、《皇極經世真詮——國運與世運》和《鬼谷子真詮》等，系統一直在發展，判斷的方法也從經驗及引證中豐富及修正完善，通過螺絲式的進程，由基礎走向複雜，又再化繁為簡，走了一大圈而簡約成現在的分析模式。

　　以星盤來論，老師的命盤為天經地緯之才，難怪對術數有很多開創性的見解。正如蘇東坡在《稼說》中所說：「博觀而約取，厚積而薄發」，老師做學問闊且深，廣博閱讀群籍而擇其精要，蓄積豐厚學養，卻不急於表現。謙厚的言行，實與現今急功近利的世道逆行。

　　整理資料只有不到一星期，時間所迫倉促成書，盡力將於課堂所學重新組織展現出於各位眼前，自己在書寫的過程中也溫故知新，弄清了些本身模糊及錯誤的觀念。謝謝老師給予這個學習的機會，讓我從中有所裨益。如有錯漏請大家多多包涵！諸位同好若有指教，或是分享術數相關的心得或資料，可電郵至 woodybear9776@gmail.com。每封電郵都會用心閱讀，但並非每個電郵都能回覆，盼請見諒。

林萬

● 己亥自序

《星光天上來》是 2010 年未完成的一本書，在今天而言，我不以為自己應該將之續完。對我來說，有無值得出版的價值呢？我的答案是「沒有」。它也有點似蕭邦的「練習曲」，我寫的時候，目的只為了展示一下，如何看流日吉凶這方面的星象，配以「金鎖銀匙」詩偈之詮釋。

過了兩年，我寫成「金鎖銀匙」的評注（Commentary）──一直沒有發表，原因是我借此幫助學生欣賞詩偈，並且體會一下箇中三味。

為何無出版價值？得魚忘筌也！正如維根斯坦說過，在《邏輯──哲學論》（Tractatus Logico-Philosophicus）最後一句：「既已達到目的，梯子還有何用？」這點也像我近來對學生說的話：「如果以前不曾在自研星命時寫下《鄭氏星案新論》、《果老星宗真詮》，⋯⋯今天我絕對不會！」

一天的各個時辰吉凶，可見於果老的「流日」星盤和六壬課的天地盤。今年、明年怎樣？今日怎樣？有無希望？這才是迫切要知道的事──作為一個決策者，所需的就是此類答案。《通書》有「時辰吉凶」，即便坊間的日曆亦然，所缺者是不見「論據」而已。不過，我一點不以為它們是對的！如果你要買股票，你會查看《通書》嗎？有一位學生告訴我說：「摩根（J.P.Morgan）有句名言：『百萬富翁不採用占星學，億萬富翁才會！』」

我早於二十多年前退休了，命中不是什麼百萬或億萬富翁。然而，我倒還有些未還之債、未竟之業。今年已過了一半，一生以來第一次開班講授河洛、果老、皇極經世，也是第一次往返大陸、香港最多的一年。我強調太陽回歸日，強調此法足可取代鄭希誠星案，「傳統的七政四餘未見有人懂得運用，更不必說所有研究西洋占星的人了。」我更以果老星宗證明吉凶所在，六壬神課所說的盡在星盤之中。

我今年怎樣？──戊戌年壬午時（鬼谷子兩頭箝「戊壬」的「收成」來看太陽回歸日庚辰）所言非虛了：

「歸路迢迢伴侶無，寒江月影一舟孤；回思故國家鄉事，嶺上白雲如畫圖。」

明年又怎樣？問凶不問吉之答案應是：

「逢牛莫向江邊去，遇鼠休登馬與船。見險不凶終有福，歸來詠歎百花前」。

這四句是「仗劍斷鰲足，鴻飛荒野山」、「箭射南山虎，仗劍斬龍蛇」的主象。

後年 2020 庚子鼠呢？《諸家星命大全》說我「鼠馬張弓機發處，定教一箭立前程」應在這年發生。誰說「仙人圍棋數」不可算？

據心一堂版《千里命稿》所說：「西安事變期間，蔣介石夫人宋美齡女士嘗找韋氏占六壬課，所言皆驗，傳頌一時。」有什麼出奇？！蔣介石當時之太陽回歸日是丙戌（10 月 31 日）第四課，星盤上日傷月無恙，六壬課「斷日」：「蒿矢之卦，禍福俱輕。」（《御定六壬真指》下冊，海南出版社，2002 版，頁 1070。）

蔣介石可以安渡「須防口舌從西南來」。星光天上來也！

李光浦

2018 年 10 月 16 日

目錄

前言

我為什麼想寫這本書？最簡單的答案就是，這是本很容易寫的書；只要我拿出星曆 Ephemeris，參考《河洛理數》的「金鎖銀匙」後就可以描述出我看到的圖象，寫下我所說的一些話，猶如寫日記無異。然而，由於我曾經說過：「要寫好的東西，一定要有自己的創見和發現，東抄西炒那些沽名釣譽的文字只是腐儒所為」，我不能不再一次肯定在這本書中，自己要做的也是這樣。

時下屬於「通書」的年鑑實在不少，什麼如「牛」年、「虎」年運程的應時東西在報攤都不難覓得；所謂「通勝」、「民曆」之類的作品已經變成江湖術士的自我包裝的產物！因此，今天很難見到「以垂永久事」之「選擇通書萬年曆以昭畫一」的《御定星曆考源》和《欽定協紀辨方書》的鉅著了！❶ 不僅如此，像這兩本典範之書，連同《玉匣記》在內，更因「術士之妄說」而變為「支離蒙昧拘牽謬悠之說」！

雖然康熙時李光地的《御定星曆考源》於二十一世紀已有點不合時宜，但他用到的卻是「中學為體，西學為用」的天文學；《欽定協紀辨方書》是他死後，要到乾隆時才完成，出自二十九個欽天監團隊之手。他終於可以瞑目了！

認真研讀過卷二十至三十二的人當會看到今天的所謂《通勝》都以之為藍本，不是抄抄引引，就是故弄玄虛——其實卻是囫圇吞棗罷了！

我在這本《星光天上來》要做的是：每日談。不過我要強調的卻是，所謂「吉凶」則男女有異。我的取向仍然和李光地一樣：「中學為體，西學為用」。我要比他更徹底，原因是我的每日談是根據星象，每個時辰因命宮的不同而致「吉凶」有異。日間的時辰是人活動的時刻，所以屬於夜間的——如無特別的事——我會置之於次要地位，也用不着為之而大書特書。「諸事不宜」的日子並不存在；星象不會有二十四小時都不好的。其實，「吉凶」並不可有不變的定義，正如「我們對古松的三種態度」，藝術家、建築師、生物學家說到的「美」不是一樣的。大的得失才有吉凶，是「順天者存，逆天者亡」。《易經》用到的「咎」、「悔」、「吝」比較好點，不能補救是「咎」，有小過的則為「悔」、為「吝」。我在每日談不能不用「吉凶」，因為「吉凶」已為日用言語的一部份，但讀者不妨考慮星象語言之脈絡意義，不可固執傳統的法則。

李光地的「中學為體，西學為用」是怎麼一回事？在此，且讓我用深入淺出的話說一下。

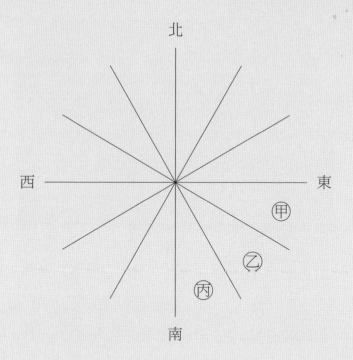

我們都知道地球上東南西北這四個方向是什麼吧！如果我們將圖中的東南兩向間劃三等份的話，可以粗略地指出「甲」是東南偏東地區，「乙」是東南之間，「丙」則為東南偏南之地。如是，此圖四方所見是 12 等份。假若我們將寅卯辰為東，巳午未為南，申酉戌為西，亥子丑為北，所得的便是地面上的十二地支之封地。^❷地面可以這樣劃分，則天空也不能例外！Zodiac 源於希臘文，意謂動物之圈 Circles of Aminals ── 這就是我們的十二生肖。我們今天所說的十二生肖是否早於希臘？也許應問的是：由於 Zodiac 源於巴比倫，中國的十二生肖又是怎樣來的？

上世紀初牛津大學出版了 C. J. Ball《Chinese and Sumerian》一書（1913 年），力證中國的甲骨文源於巴比倫那些磚石文 Clay Tablet。我未見有中國學者在這方面有什麼學術文章。自鴉片戰爭之後，中國亂完又亂，哪有人有閒情去玩學術遊戲呢？！在占星學而言，那就更不足論矣！我舉出這實例，意在指出李光地中「中學為體，西學為用」是徹頭徹尾的西洋占星學，中學也者其實是「經過包裝」而成的。

好了！且讓我們看看今天的《通勝》中用到的刑沖破害，這四種觀念是每天的時辰吉凶之釐定標準。

- **三刑**：申刑寅，寅刑巳，巳刑申；子刑卯，……
- **六害**：子未害，丑午害，申亥害，……
- **六沖**：子午沖，卯酉沖，……
- **破**：丑辰、亥寅、酉子、午卯、……

「破」是角度為 90°，刑亦然。「害」是 150°，沖是 180°。

至於好的有三合、六合，前者是拱照的 120°，後者是星盤上由地球作觀察台見到的星序——水（申巳）、金（辰酉）、火（卯戌）、木（寅亥）、土（子丑）的星序，加上午未的日月——七政。

地球繞日運行，而自己也在自轉；在南中國日出於卯，十二個時辰的自轉令人可以觀看到十二天宮移動。月球也一樣繞地球而轉。每天繞地而行，但卻要約三十天才完成一周，這就做成了月球每天只行 13.2° 或每小時 0.55° 於天宮上的度數。最簡單的結論是：地球每個地方的十二方位（由東南西北方位而來）與黃道天宮的十二方位是相關的。

太陽在卯宮約三十日，由 10 月 23 日至 11 月 22 日，這些天地球上日出於卯的地方（如香港）上來說就是：天之「卯」也是地之「卯」。但換作是別的日子，如 1 月 1 日，則日在「丑」，香港日出於卯時，地上的「卯」是天上的「丑」。天上各方位的星盤名為「天盤」，地上的則為「地盤」，兩盤俱用十二地支來劃分十二方位。

李光地星曆考源一部份是「天」「地」兩盤上方位比對下而得的，另一部份則用十天干「甲乙丙丁……壬癸」。這十天干代表的是月相——朔望、上下弦❸。十天干可以和天盤十二宮相比，正如和地盤相比一樣。所有神煞無不由此而生。

西洋占星學不是不談神煞，如 150° 的所謂「上帝手指」就是 Quincux ——兩個 150° 底角和 60° 頂角等腰三角形之三點於二十八宿躔點上的星位。拱照 Trine、對沖 Opposition、直角 90°……有星則是落實。單靠八字（每時辰都可用四柱寫出來）而搬弄三合、六合、刑、沖、破、害……的吉凶則難免鑿空蹈虛了——這只是「空」談八字，哪裡可以算得是「研究」呢？！

因此，我要做的是比《御定星曆考源》和《欽定協紀辨方書》更切實際，以每天的十二時辰談「吉凶」，傳統通書的「宜忌」的事太多不切實際了。什麼「上倉」、「裁衣」、「開渠」、「洗頭」……都是多餘的。

星象中最吉的是拱照，最凶的是對沖和奴星戰鬥。吉時天天都有，凶時亦然。男女有別，男女都吉的時辰最佳，你的凶也許是他的吉，他吉亦未必是你會凶，只有星盤上的星象可說得出來。什麼《通書》都不提男女有別，因為作者不懂。

《河洛理數》的「金鎖銀匙」作者知道男女有別，可惜該書一直被忽視；古本只借它來點出命局，以及用於歲運流年（子平八字）！用「金鎖銀匙」來看流日男女之吉凶從未有人說過，敢於談的人也很少。三年前大陸有名為金泉的人公開鐵板神數❹，窮舉取數十二法中有「元堂取數法」，偏偏只談及如何定元堂就算了，不似展示其他十一法去逐條演算所得之條目。其實，他應該知道鐵板神數的骨髓是河洛理數，而非什麼六親考刻、太玄取數、皇極取數、八卦、四門……以至定刻取數法。然而，他也許有自知之明，因為他無法運用「金鎖銀匙」，所以才不談河洛理數中的詩偈，甚至隻字也不提及。

在我這本書中，我將「金鎖銀匙」如何應用公諸於世；我不以為江湖術士可以學得到，因為他們不懂詩。沒有星盤則詩偈之意義便不能看得出來。星盤天天不同，不懂七政四餘就是缺乏了必須條件。星盤上的「象」比詩偈可以揭示出來的還要多，但在每日談中，只找出詩偈說的就夠了。

詩偈和星象用到的語言有其獨特之處，因此我只能循步漸進，逐步將內容寫得淺白；開始的每日談似乎有點學術化，但我會在稍遲之後將之盡量通俗化，務求讀這本書的人找到他們需要知道的。

筆者研究《河洛理數》已有二十多年，但卻一直沒有將其應用之處提出來詳細地談。這次，我用「金鎖銀匙」來談及流日吉凶還是第一次。為此，我也將好些過往的實例附於書後以作參考之用。

註：

❶ 《四庫術數類叢書（九）》，上海古籍出版社，九冊，1995 年第十一次印刷；第九冊收入清李光地等撰的《御定星曆考源》和《欽定協紀辨方書》。此處括號內之語引自此冊。

❷ 由東南西北四方位而引出十二地支之封地之外，有所謂二十四山亦由此而出。

❸ 魏伯陽《周易參同契卷上》述及月相，繪成之圖如下：

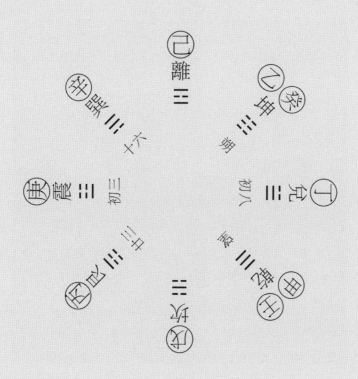

月球從不會見於正南和正北，故己與戊分別為離之南、坎之北，無月相。初八之時，太陽西墜，月見於戌。朔日之時，月在太陽與地球之間，日落於酉，故以申之坤地與日同升落。望之際，月和太陽之間為地球之所在，三者成一直線：日落月升，日出則為月落之時。望後，月出東南；下弦，月在東南，夜間升起，午間西沉。

《河洛理數》將以下之魔術方塊套入上面之圖得：

4	9	2
3	5	7
8	1	6

這是天干之數，配以地支起卦，先後得先天卦和後天卦；地支之數是「巳午2、7火，寅卯3、8木，亥子1、6水，申酉4、9金，辰戌丑未為土5、10居中」。

李光地對此頗有微言：「今按先天之圖，八卦俱備而納甲，除去坎離為二用，則其法亦不盡合。」筆者認為，「管他白貓黑貓，可捉老鼠便是好貓。」我視這些數字為可用的臆說Working Hypothesis，如果《河洛理數》有預測力，則這是科學的。然而，我倒懷疑此魔術方塊是否國產——楊輝談方塊是十三世紀下半葉，而於耶元一千一百年阿拉伯哲學家加沙里（Gazzali）的則早見於著作中！

❹ 金泉編著《鐵板神數預測學》，中國國際廣播音像出版社，北京，2008。筆者用作者所言元堂取數法之外的十一法起例，研究過自己、亡妻和三個兒女的命，所得的結論是，十一法遠不及《河洛理數》。可以這樣說，《鐵板神數》沒有什麼了不起，考六親根本是一個神話罷了！

● 凡例

1. 此書之作，意在提出一個新的取向談及每日吉凶，尤其是要強調男女有別。

2. 以前的通書用天干地支記年、月、日、時，此與中國曆法有關，因此中國占星學不能將之捨棄。本書提及到年命所屬就是由納音甲子而來。

納音甲子

甲子乙丑海中金	丙寅丁卯爐中火	戊辰己巳大林木	庚午辛未路旁土
壬申癸酉劍鋒金	甲戌乙亥山頭火	丙子丁丑澗下水	戊寅己卯城頭土
庚辰辛巳白蠟金	壬午癸未楊柳木	甲申乙酉泉中水	丙戌丁亥屋上土
戊子己丑霹靂火	庚寅辛卯松柏木	壬辰癸巳長流水	甲午乙未沙中金
丙申丁酉山下火	戊戌己亥平地木	庚子辛丑壁上土	壬寅癸卯金箔金
甲辰乙巳覆燈火	丙午丁未天河水	戊申己酉大驛土	庚戌辛亥釵釧金
壬子癸丑桑柘木	甲寅乙卯大溪水	丙辰丁巳沙中土	戊午己未天上火
庚申辛酉石榴木	壬戌癸亥大海水		

2010 年 1 月 1 日至 2010 日 2 月 4 日是己丑，是火年，至於 2010 年 2 月 4 日至 2011 年 2 月 4 日則為庚寅，是木年。前者用到的「金鎖銀匙」為火年部，後者為木年部。

3. 本書為香港讀者而撰，而由於香港位於東經 105°～120° 的時區內，其經度是 114°10′ E，時辰的分界線在現今的標準時約為：

時辰	時間
子	11：24P.M. ～ 1：24A.M.
丑	1：24A.M. ～ 3：24A.M.
寅	3：24A.M. ～ 5：24A.M.
卯	5：24A.M. ～ 7：24A.M.
辰	7：24A.M. ～ 9：24A.M.
巳	9：24A.M. ～ 11：24A.M.
午	11：24A.M. ～ 1：24P.M.
未	1．24P.M. ～ 3：24P.M.
申	3：24P.M. ～ 5：24P.M.
酉	5：24P.M. ～ 7：24P.M.
戌	7：24P.M. ～ 9：24P.M.
亥	9：24P.M. ～ 11：24P.M.

　　占星學上說的子時，無「今日」之晚子時和「明日」早子時之分；子時始於11：24P.M.，所以此刻是日期之始——不用0：00為分界線。因此，本書用到的干支紀日時，今天的紀日始於昨天夜半之前的11：24P.M.，而非今天0：00的凌晨。

　　而今日之盡是今夜11：24P.M.——11：24P.M.至0：00屬明天的干支紀日。

4.香港而今不採用夏令時——始自1980年。以前年份的詳細資料可向天文台查詢。

河洛金銀天星擇日談

　　本書以「河洛理數」的「金鎖銀匙」作為宏觀藍圖鳥瞰，再配上「七政四餘」天星盤在微觀層面作出吉凶判斷。「河洛理數（包括了金鎖銀匙在內）」及「七政四餘」混合使用，兩者缺一不可。以擇日而論金鎖銀匙是有重複性的，因金鎖銀匙的詩句是有限的，但以擇日來說是沒有影響的，因為目的是從詩句反映的「象」之中看吉凶。排除了凶險的日子之後，可以在想用的日子中再以天星盤來斷吉凶。如果仍感覺到資訊不足，其實應再以河洛理數或其他辦法來取象，或再輔以其他方法來斷，例如可輔以奇門來選擇方位。

　　這一章節對「河洛理數」的介紹，主要是帶給讀者一些基本概念，以利於進一步閱讀全書。如果要詳述老師的學說，或者將來有機會再另書著述。

　　本書的推命或推算國運方法有其獨特系統，每部分都有所依據而來，但綜合運用便是老師的創見，這與傳統的應用方法有不同，主要並非新增什麼自創的內容，而是刪去了很多不實用的工具。例如，老師在運用河洛理數時，便完全捨棄了「化氣」部份，為彌補不足便輔以星盤，或六壬神課及奇門遁甲等方法來補足斷事。其實奇門、六壬也在講星學，六壬課是天星盤，看太陽落在哪一個星度中。所以可以理解成本書是將各種不同的推算系統綜合起來運用，志在「刪術」去蕪存菁。這方法除了可以推算人命外，更可以推算國運。

　　河洛理數的特色是有較多文字，如老師常說，是用白紙黑字寫出來的，並非故事創作，背後有典故，可用詞彙找出吉凶定向，星盤的吉凶也是清晰易見；在實際的應用上，是詩句及星盤不停互相引證，當一個位置找不到答應時，不會強行作出解釋，而是再從其他方法尋找答案，目標是透過占算為自身謀求出路，險地求生。詩句部分看似抽象，特別當應用在別人身上時會難以理解，但詩句應用在自己身上時會有深一層的體會；再配上星盤來論，訊息便更加立體了。老師常說這是君子之道，也即為自己而學的占測辦法，並非在江湖謀生的方法。這套方法的基本原則不複雜，對於解釋吉凶及象是有其功效。

　　為了避免讀者因為先入為主的概念而產生誤解，本書公開部分老師於實際應用上的見解。最大的特色是，老師提出了「太陽回歸日」這概念，以太陽與地球實際相對位置來計算，簡而言之便是運用陽曆的月、日來作定點計算流年。但不要誤會這個為西洋天星的「太陽回歸日」。很多時候不同的術數也可以互參，例如在八字中會說「金水主快、土木則慢」，但原因在天星中卻都有解答：因為金星及水星在星曜中行速最快，而土木行速最慢。行速快的星曜，影響力來得快也去得快，反之亦然，這是天文學的知識。因為土木影響的時間更長，若是為災，持續也最久，所以對國運的影響力也為最大。

✦ (1) 人生三大時刻

人生的時刻，一般可以分為三類：

第一時刻：普通時間（即人生大部份日常生活的時間）

第二時刻：人生轉捩點（關鍵時間，如果能把握到可以改變命運）

第三時刻：後知後覺（事後才知道原來如此）

這是很重要的概念，推算的目主要是為捕捉「第二時刻」，在當中為自己趨吉避凶，捉緊改變命運的機會。但古人認為善易者不占，是要到有疑惑或重要事的時候才占卜，否則便是迷信了。因為人算不如天算，天機也是算不盡的，務求在有限度的空間中盡力而為。

老師遇到過這樣一個實例，多年前為一位專業人士批命，算出他的詩句為「綠楊堤畔貴人來」。這詩對他的人生有極大的影響力，但按字面解卻一直解不通詩句所指。直到有天他與一位先生傾談生意，走到餐廳門前，見到「綠楊飯店」四個大字，才想起這詩句，他即如當頭棒喝，知道機會已來，便捉緊機遇與這位先生合作。從此他便由一位中產的專業人士躍身成為家財萬貫的富翁。事實上，他當日碰上的那位先生，的確是他一生中最重要的貴人。

當時機來臨，本來難以解釋的詩句密碼便會被破解得通透。能否捉緊契機而一躍龍門、升價十倍，便是決定於自身的慧根及福份了。

✦ (2) 術數的前設

「科學講偶然，術數講必然。世界有目的，有債必要還。」

一門學科有一門的前設，生物學、物理學、化學等都有其前設，必須接受前設，這門學說才得以成立。術數的前設便是否定偶然性。世界所發生的事情有其必然性，有其因果，萬物之間的訊息也環環緊扣、息息相關；事情的起始、發展、結尾有其關係，天地之間有前很多密碼，只要破解這一些密碼，便可以讀懂及預測命運的劇本，就像看電影預告片一樣。不過，預告片必定有所簡化或資訊上的不完全，但對瞭解電影本身有幫助；也即命運有其必然性發生的限度範圍，但也有在限度範圍中有自由選擇的空間；而推算以象來判斷，象帶有模糊性，但可以指出事情的傾向。故此必須把象套上對事情的實際瞭解，才能更準確預測事情。

在討論本書的河洛及七政推算方法前，大家必須要接受這些前設才可以續談後面的事。

⊛ （3）河洛理數簡介及擇日中之應用

　　有傳《河洛理數》一書是邵康節寫，或為陳摶口述再由邵康節筆錄，但其實二人年代相差久遠；如果要說有關係，相信也是陳摶先將學問傳給其他人，到了第四代才到邵康節。是否陳摶口述及再由邵康節筆錄並不重要，最重要是這套理論有用。而《諸家星命大全》及《六字斷終生》等這類著作，也是由同一系統而來，讀者在論命時可特別參考《郭璞數》。於馬翰如所撰的《易元會運》一書中，最後有數則是關於河洛理數，有興趣的讀者也可以一讀。

　　其實「河洛理數」這門學問要學懂不難，但必須要運用得很熟練才行；若是一開始時起錯盤，那後面所有的推算便全都錯了。而本書的方法特別重視流年詩句的影響。要注意，在計算人命及國運時有一點是不同的，「國運」是由先後天元堂開始週而復始循環運作，例如美國現在已經是第3次循環了；而「人命」則是行完所有爻後，用太陽回歸年看便可以了。以上為老師於實例中所發現的差別。

　　於「河洛理數」分「陽年」、「陰年」來斷，經過實驗後發現的確是需要分「陰陽年」。如果斷事想更仔細也以根據起月卦定式來起出流月卦（《河洛理數》，頁41，久鼎出版社），計算辦法以節氣即立春來計算。如擇日或推算流日，可以用起月卦定式來找出流日卦來定吉凶。（《河洛理數》，頁45，久鼎出版社）

　　編幅所限，這裡只簡單介紹起卦的部分步驟，如讀者想瞭解可參看《河理理數》一書，內有詳細的介紹。《河理理數》主要有兩個部份來推算：「理數卦象」及「金鎖銀匙」。

● 1·「河洛理數卦象」部份

　　「卦」從易經而來，書中有解釋各卦及爻分別有什麼現象。

⊛ （1）判斷、應數及應事原則

　　讀到理數詩句時，對易經有認識的人而言，最理想當然以卦辭及爻辭去斷吉凶及觀象。相信詩句是河洛理數的作者為方便讀者而寫成，由作者自身對易經卦辭及爻辭的理解化成詩句，故此在閱讀詩句的同時也必須細讀卦辭與爻辭，及有些人的先天或後天卦能夠符合納甲之年份則更佳。

　　但對於初學河洛數的人或對術數不太認識的讀者，或會覺得詩句艱深抽象難以掌握，如再加上國學根基不強，詩句讀起來有如鏡花水月，連句子的基本理解也成問題，更莫說判斷吉凶了，所以除了卦辭及爻辭外，可以用詩中的詞彙、典故判斷吉凶。多瞭解詩句背後的典故及詞彙意思，讓自己對文字有更深刻理解，對判斷是有所幫助的。

- **應吉詞彙**：「金玉、龍麟、桂蘭、星斗」之類為富貴子息之命。
- **應凶詞彙**：「刀箭、雪霜、旱雲、爭鬥、空缺」之類為鰥寡孤獨，非貧則夭，或多官非橫禍。

應吉凶的詞彙眾多，可根據上述例子的原則來自行判斷吉凶。

- **典故判斷**：另外，可從典故去判斷，有時詩句的用詞背後本身有典故，典故的背後有人物、時代背景、地點、發生起承轉合等，從認識典故中可以協助解釋詩句。並且可以從中取得更多資訊來協助判斷。現在網絡十分方便，自行上網查找其實也不困難。

例一：「馬陵書大字，鬥志有孫龐」（《河洛理數》，頁587，久鼎出版社）

此典故出自《史記‧孫子吳起列傳》，原文為「孫子度其行，暮當至馬陵。馬陵道狹，而旁多阻隘，可伏兵，乃斫大樹白而書之曰『龐涓死於此樹之下』……龐涓果夜至斫木下，見白書，乃鑽火燭之。讀其書未畢，齊軍萬弩俱發，魏軍大亂相失。龐涓自知智窮兵敗，乃自剄。」

這個為「馬陵書樹」的典故，相傳戰國年間有位隱世高人鬼谷先生，收了多位門徒學習不同學問，其中兩位學習兵法的門徒分別是孫臏和龐涓。性格上孫臏為人和善，龐涓卻是個猜忌叢生又心胸狹窄的陰險小人。後來大家學成下山，首先是龐涓得到魏王重用，但後來龐涓見齊王賞識孫臏，又開始妒忌孫臏而假造孫臏私通齊國的罪名，令孫臏被判處斷足刑罰，足從膝蓋開始及之下被切去，臉上也被刺字。為保性命孫臏只好裝瘋賣傻來保命，後來輾轉下來到齊國並得以重用。直到齊魏交戰，孫臏在馬陵山夾道上設下埋伏兵及弓弩手，親自在樹皮上刻上八個大字後，便命令眾弓弩手在晚上如見到火光，便朝亮處亂箭射去。

晚上龐涓真的夜經此處，便走近大樹想看看寫上面到底寫了什麼字，但晚上太黑暗而看不清楚，在好奇心的驅使下便燃起火光以照明，驚見八隻大字「龐涓死於此樹之下」！龐涓即使想逃也為時已晚，亂箭從四方八面射來，龐涓自知身陷險地而無處可逃，故遂在悲嘆中自刎而死。孫子於馬陵道上的神機妙算，與龐涓鬥智而克敵制勝的事跡，直到今天也被人所傳頌。

但從最簡單的性質來看，這典故本身代表爭鬥，以擇日來說是不好的，應凶。

例二：「御溝一葉紅，流水出深宮」，應吉。

只要掌握到判斷的基本原則，便可正確地判斷事情的吉凶了，就如河洛理數書中所說「王良馭馬，疱丁解牛，決無空閑折刃之患矣」。

- **數字及文字應數法**：而讀到數字的時候，通常把數字雙乘便為應數，例如三七便為「21」，二七則為「14」，如此類推。21是以是日子、時間或數目等。需注

意一般情況下不要把數字相加或相減。而某些文字常用來代表某個數字，例如「井」字，由 4 個「十」字所組成，即「十、十、十、十」，所代表「40」，例如可應作 40 歲、40 天、40 人等，如此類推。

- **生肖應數法：**如在詩句中看見十二地支及生肖，可以應作年份或該生肖的人物等。
- **取象應事法：**可從詩句中的詞彙中，取得其象，可以是建築物、人、地點、物品的名稱、同音或近音等。
- **時空點與解碼：**應數最大的要點是越接近發生的時間，也即事件的發生時空點，便越容易解讀，更易去理解當中所指何物。更便取用現實中的事、地、人套入去象中解釋；反之亦然，未知性越高越難判斷。同一詩句也會出現吉凶混雜的情況，而當中也反映了事件發展的始末及過程。
- **金鎖銀匙應凶符號 - ○：**在《金鎖銀匙》的詩句中，首先要看有沒有出現「○」，「○」為凶險，「○」越多為越凶險，十個「○」為最極端的凶險情況。如擇日，存在「○」的時間最好不用了。算命時，流年遇上「○」那一年便容易有災，須多加注意，及計算應凶於何處，可從星盤中看受損的程度。如《河洛理數》書中所言：「下層大運流年數空無字者，重者損壽，輕者破耗刑剋，或空一二字者，即一二分之災咎也。」
- **金鎖銀匙註釋：**在本書中的附錄部份，除了附上金鎖銀匙詩句外，還附上老師對詩句典故的解釋以方便讀者。

✳ （2）河洛理數起卦法

下面附以圖表，將天干地支以方便讀者計算「河洛理數」。

地支數

亥	巳	寅	申	辰　　丑
子	午	卯	酉	戌　　未
1	2	3	4	5
6	7	8	9	10
水	火	木	金	土

天干配卦數

甲壬	6
乙癸	2
丙	8
丁	7
戊	1
己	9
庚	3
辛	4

天干配卦數口訣

壬甲從乾數，乙癸向坤求。
庚來震上立，辛在巽方留。
己以離門起，戊以坎為頭。
丙須艮處出，丁向兌家收。

卦例：曾蔭權就職香港特別行政區首長舉手宣誓的時間

8	2	9	2
丙	乙	己	乙
戌	未	卯	酉
5	5	3	4
10	10	8	9

分單雙數來相加，所有單數相加得出天數，所有雙數相加得出地數。

天數	地數
	8
	2
9	2
5	10
5	10
3	8
＋ 9	＋ 4
31	44
－ 25	－ 30
6	14
乾	巽
☰	☴

陰男、陽女：地數在上，天數在下

☴

陽男、陰女：天數在上，地數在下

☴

男人生於陰年，為「陰男」。
即：陽男陰女、陰男陽女之「陰」、「陽」，以出生年份之陰陽計。

如計算得出的數目為 5，則 5 數要寄宮：
上元男艮女為坤
女兌男離屬下元
中元陰女陽男艮
陽女陰男亦寄坤（中元）

現在是在下元。
1984 年開始為下元
1924 年開始為中元
1864 年開始為上元

起好卦後可以找出「先天元堂」及「後天元堂」，主宰一生之力量所在，可以理解為「先、後天」或「前、後半生」，但兩者對一生人也有其影響力。而各式元堂也可以在《河洛理數》一書中找出答案。

⊛ （3）由卦例推算國運及個人運

例一：以總統特朗普的命卦看 2017 的美國國運

打仗時可以看總司令的盤，如八字準的話可以由此看打仗的勝負。例如用特朗普（Donald Trump）的生時推算，見 2017 年本命卦為「既濟上爻」，讀者可以回頭一看美國當年發生了什麼事情，應或不應。

既濟卦上爻訣三首
其一
更改事相宜，閒言有是非。
切須防暗箭，獨見早思維。

其二
小舟防滯患，秋木忌凋殘。
踏進千人市，兵戈一項間。
（應指對北韓而發，戰爭可以一觸即發）

其三
心事望團圓，心堅事未全。
一枝枯木上，花落又還鮮。

例二：特朗普下次競選

否二
其一
否塞臨時利小人，大人處正也無屯。
孤鴻飛去雲霄外，頓覺前程不亂群。

否二
六二：包承。小人吉，大人否亨。
象曰：大人否亨，不亂群也。

→ 小人得志，君子則不得志。

→ 在美國來看，特朗普是正確的，例如美國用世界一半資源，對美國是有利的。

　　星盤及理數是客觀的獨立存在，撇除個人政治好惡。由此看來，特朗普行小人之道對他的競選有利，行君子的仁義之道，反而對其自身及美國不利呢。

● 2・「金鎖銀匙」部分

　　「金鎖銀匙」以密碼的方式來打出詩句。雖然這些詩寫明為邵康節所寫，但相信是偽託，因與《伊川擊壤集》中的詩寫作風格大異，看來不是出於同一人手筆。這一些詩是很有用的。「河洛理數」中的詩是將爻辭變成時代性的詩（當年），即使到了現在有年代的差異，但對於有點國學根底的人來說會比較易理解。

⊕ （1）原局「金鎖銀匙」計算方式

　　仍以上例曾蔭權舉手宣誓時間為例，八字為：

丙	乙	己	乙
戌	未	卯	酉

・先以生年找出納音五行

方法一，納音歌訣：

　　甲乙錦江煙，丙丁沒谷田，戊己營堤柳，庚辛掛杖錢，壬癸林鍾滿，花甲納音傳。

方法二，查下表：

六十甲子納音五行如下：

甲子 乙丑	海中金	丙子 丁丑	潤下水	戊子 己丑	霹靂火	庚子 辛丑	壁上土	壬子 癸丑	桑柘木
丙寅 丁卯	爐中火	戊寅 己卯	城頭土	庚寅 辛卯	松柏木	壬寅 癸卯	金箔金	甲寅 乙卯	大溪水
戊辰 己巳	大林木	庚辰 辛巳	白蠟金	壬辰 癸巳	長流水	甲辰 乙巳	覆燈火	丙辰 丁巳	沙中土
庚午 辛未	路旁土	壬午 癸未	楊柳木	甲午 乙未	沙中金	丙午 丁未	天河水	戊午 己未	天上火
壬申 癸酉	劍鋒金	甲申 乙酉	泉中水	丙申 丁酉	山下火	戊申 己酉	大驛土	庚申 辛酉	石榴木
甲戌 乙亥	山頭火	丙戌 丁亥	屋上土	戊戌 己亥	平地木	庚戌 辛亥	釵釧金	壬戌 癸亥	大海水

- **納音數**

    以年柱納音來取納音數。

水	28
火	29
木	3
金	4
土	55

    本例年柱納音為水，納音數為 28。

- **以日支、時支在十二地支中順序取數。**

    本例日支未，數為 8；時支戌，數為 11。

- **從日支起數，數至時支，取所歷數。**

    本例中由日支未數至時支戌，共歷四數，取數為 4。

$$28 \quad （納音水數為 28）$$
$$2000 \quad （先放 2000 做底）$$
$$400 \quad （未至戌歷數為 4，再乘 100）$$
$$8 \quad （未數為 8）$$
$$+ \quad 11 \quad （戌數為 11）$$
$$\overline{\qquad}$$
$$2447$$

- **從時支起數，數至日支，取所歷數。**

  本例中由時支戌數至日支未，共歷十數，取數為 10。

$$28 \quad （納音水數為 28）$$
$$2000 \quad （先放 2000 做底）$$
$$1000 \quad （未至戌歷數為 10，再乘 100）$$
$$8 \quad （未數為 8）$$
$$+ \quad 11 \quad （戌數為 11）$$
$$\overline{\qquad}$$
$$3047$$

如此便可以從「金鎖銀匙」中查出 2447 及 3047 的詩句了。

⊕ （2）金鎖銀匙起大運

計算方法與原局一樣，但以大運的地支代替時支來計算。（日支加大運地支）

起大運口訣：陰陽俱用二千同，只將大運替時輪。其餘一一依前例，萬命堪憑斷吉凶。

✦ （3）金鎖銀匙起流年

計算方法與原局一樣，但以日支及當年太歲地支來計算。（日支加太歲地支）

起大運口訣：流年之法是何如，千上同前自不殊。只把日支對太歲，替卻日時一例推。

✦ （4）金鎖銀匙各部中見有「○」的凶險組合

水部：丑辰，未酉，未戌，酉戌，酉辰，卯戌

火部：子卯，卯未，酉丑，卯酉

木部：巳卯，亥辰，巳戌，亥亥

金部：丑戌，戌亥

土部：丑辰

✦ （5）金鎖銀匙解讀要訣：男女命歲運合參

金鎖銀匙的詩句分為「男命、女命及歲運」三部份。當然男性看男命，女性看女命，而計算流年時用歲運，這是正確及最簡單基本的運用方法。其實推算時三者還可合參。

例一：慈禧太后

2207

男命：白雲隨月出，引領拜丹墀。

女命：李桃貪結子，莫恨五更風。

歲運：日出自扶桑，眾人皆仰視。

以慈禧太后的生時計算，單看女命「李桃貪結子，莫恨五更風」，是看不出她會當上皇后及太后。但這一句詩是應了慈禧太后生了同治，但同治命短早殤。如果以男命為他丈夫來看，詩句則為「白雲隨月出，引領拜丹墀」；同時以歲運作為她一生人的特色「日出自扶桑，眾人皆仰視」。

「丹墀」就是直指「皇帝」了，也即咸豐皇帝。在她當上東方（扶桑）的皇后、太后以後，全國人民、甚至世界各國的注意力都放在她的身上了（眾人皆仰視）。

以「男命、女命及歲運」三部份合參的方法來理解，便可以看到慈禧命運中得以顯貴的端倪了，判斷也更為立體及多重資訊，甚至能看見其配偶之狀態。當然因詩句有限而有重複，同一首詩句應在不同人身上也有不同的展現的方式，更不是同是這首詩的人都能當上太后，因為太后只有一個。故此仍要配上其實數來合參，例如配上星盤來看格局的高低貴賤。

例二：李光浦老師與鬼才 Edgar Alan Poe 的命運相似性

用李光浦老師的八字可以查出「金鎖銀匙」金部詩句「2812」及「2612」：

2812

男命：強瀾既四倒，地道有常經。
女命：姻緣同比翼，風送上天去。
歲運：雷聲才出地，遠近自然驚。

2612

男命：蠶營簇上繭，宛轉吐絲綸。
女命：神仙不同求，自有桃源路。
歲運：抱薪就火燃，謹當慎自主。

以女命看李老師的前妻，「姻緣同比翼，風送上天去」，顯示他深愛的太太會離他而去。當年師母身患絕症，在美國求醫的時候苦無對策，朋友介紹之下找到一位氣功師傅教授氣功治病，老師每天都會陪同太太到樹林練習氣功，這不就應了「神仙不同求，自有桃源路」了嗎？

「強瀾既四倒，地道有常經」一句已經説出了老師會經歷重大打擊，只是這打擊是應於他的太太而來。後來再婚，但很短時間內又分開了。及後老師多年隱居，潛心研究天星及多門學問，不就是應了「蠶營簇上繭，宛轉吐絲綸」了嗎？

再看歲運「雷聲才出地，遠近自然驚」這句，也是老師的人生特質，老師原本過着隱居的生活，閒時喜愛研究術數、閱讀詩集及收聽音樂，幾方面都曾有出版社找他出版書籍，算是不鳴則已，一鳴驚人了吧！有點無心插柳柳成蔭的感覺。其實本次出版，老師也是抱著隨緣的心態，第一堂上老師堂時，老師也説這一年會有一位人士為他去辦事了；在萬里機構出版的《鬼谷子真詮》一書中，也提到金鎖銀匙為「逢牛遇犬不須忙，自有高人為主張」。

埃德加・愛倫・坡（Edgar Alan Poe）（1809-1849）為著名鬼才，是美國作家、詩人、編輯與文學評論家。他的八字與老師同為此數。愛倫・坡出版書籍而聞名於世不用解釋了，但無獨有偶的是，他與老師同樣喪偶，他的太太維吉尼亞於 1847 年去世。其後他向另一位女士求婚，但後來因酗酒而被解除了婚約。他的死因在當時的報紙上登載為「腦充血」（congestion of the brain）或「腦部炎症」（cerebral inflammation），因當時的醫療記錄都已佚失，但這兩個死因很大機會是「酒精中毒」的委婉語。這也應了歲運「抱薪就火燃，謹當慎自主」這一句吧，得要多點注意身體，不要引火自焚呀！相反，老師愛惜身體，從不喝帶有刺激性的飲料，只飲清水。這可能就是老師比這位鬼才長壽的原因了吧。

● 3．七政四餘部分

⊕ （1）星曜

七政： 太陽（日）、太陰（月）、木星（木）（歲星／太歲）、火星（火）（熒惑）、土星（土）（鎮星／填星）、金星（金）（太白）、水星（水）（辰星／昏星）

四餘（紫羅計孛）： 紫炁（木星之餘氣）、羅睺（火星之餘氣）、計都（土星之餘氣）、月孛（水星之餘氣）、太白金星帶有煞威沒有餘氣；

＊羅睺及計都在東西方所表示的標誌是相反的，如用星曆來起星盤要注意。

星曜行宮速度

地球與太陽球之間有遠日點及近日點，月球與地球之間有遠地點及近地點等，如此類推，所以行宮速度並不相等。以下的星曜行宮速度由快到慢排列，但此數據有誤差，只為解讀星盤時方便推算，作出粗略估計，正確及詳細的資料請翻查星曆。

太陰（月）（屬水）： 1 天約行 13 度，約 2.5 天行 1 宮。

水星（屬水）： 1 天約行 1.5 度，約 1 個月行 1 宮。

火星（屬火）： 18 小時約行 1 度，約 50 天行 1 宮。

太陽（日）（屬火）： 1 天約行 1 度，約 1 個月行 1 宮。

金星（屬金）： 1 天約行 1 度，約 1 個月行 1 宮。

木星（屬木）： 6-7 天約行 1 度，約 1 年過 1 宮。

土星（屬土）： 8-9 天約行 1 度，約 27 個月行過 1 宮。

月孛（屬水）： 9 天約行 1 度，約 9 個月行 1 宮。

羅睺（屬火）： 18-19 天約行 1 度，約 18 或 19 個月行 1 宮。

計都（屬土）： 18-19 天約行 1 度，約 18 或 19 個月行 1 宮。

紫炁（屬木）： 29 天約行 1 度，約 29 個月行 1 宮。

＊以地球為中心作為觀察台來度量。

⊕ （2）星宿

二十八宿

東方蒼龍七宿： 角、亢、氐、房、心、尾、箕；

南方朱雀七宿： 井、鬼、柳、星、張、翼、軫；

西方白虎七宿： 奎、婁、胃、昴、畢、觜、參；

北方玄武七宿： 斗、牛、女、虛、危、室、壁；

✳ (3) 基本術語

升殿：星與落足點位置所屬星宿屬性相同（比相）。如日在日度，月在月度，木在木度。

入垣：星與落足點宮位之五行屬性相同。如火星落在屬火的宮位，水星落在屬水的宮位。

失躔：星受到落足點位置所屬星宿所剋（受剋）。如木星躔在金度。

受生：星受到落足點位置所屬星宿所生（受生）。如火星落在木度。

洩氣：星生落足點位置所屬星宿（受洩）。如土星落在金度。

同絡：不同宮位中，相同度數的位置，稱為同絡。

命度：命宮中與日同絡的位置所躔之星宿，其屬性所對應之七政星，即自己命度之所在。

身度：月所在星宿（如胃土、參水）之五行，其所代表的星曜。

逆行：星曜順時針行，如果命度逆行命會比較辛苦，但須配上星象論吉凶。當星逆行時力量會減弱。星曜在天體上當然不會逆行，但以地球為中心作為觀察台來看及在星盤上會出現逆行，即順時針走的情況。

合相（Conjunction，縮寫為 Con）：兩星走到一起，相距在 3 至 5 度之內。

晝火夜土：白天（卯至申）生人火星為煞星，晚上（酉至寅）生人土星為煞星。

交戰 / 戰鬥：五行相剋的星於宮內相遇，應凶。於天門中的影響較少，即亥宮。

天門：「亥宮」為天門，有「天門不怕戰鬥」這句話，但其實只是交戰所帶來的負面影響力較少，並非真的完全不怕戰鬥。

餘奴代主：星曜受剋，同一五行屬性的四餘星可代替其位，雖不能完全解決問題，但可以消減凶象，特別是論病或判國運時這是很重要的概念。

餘奴欺主：主星受到四餘星所剋洩。

倒限：即倒楣之時。

宮主入宮：十二地支宮位都有一主星，而上面會配上由命宮開始至財帛宮十二宮位。如田宅宮的主星為水星，即水星為田宅主。如見水星行到財帛宮，即田宅主入財，顧名思義在田宅錢財方面有吉應了。還有各種情況及組合，例如財入田、財入命、田入遷移等等，很多時候都可以故明思義地理解，再配合當中的星象及行限到該處，便可以加以判斷了。

上帝手指（YOD）：星曜與三王星形成等腰三角型的關係，為人生大成大敗之象。底邊是 60 度，兩腰各為 150 度。

靈臺星格：為大格局，大吉之象。宮內見齊金木水火土五星，如果五星順生而排，則加量更強。

貴格：應吉之格局。

賤格：應凶之格局。

先入為主：如有兩粒或以上星曜在同一宮位中，以度數較高的星曜為主，為該宮位的主人。

兩歧之地：即西洋占星所指的空亡旅程（Void of course/VOC）。大為兩宮間的交界處，小則為二十八宿間的交界處。行限至此大多產生轉變。於果老星宗的兩歧之地包括大運及月的過宮位置，而西洋占星的空亡旅程則專指月的過宮位置。

✦ （4）格局

· **貴格：即是指吉象的格局，如果落入強宮方顯其利，否則影響力較小。**

 子宮（水瓶座）（屬土）：水清寶瓶　　土號齊瓶　　水土朝北

 丑宮（摩羯座）（屬土）：乙禾騎牛　　孛星朝牛　　長庚朝牛　　火土會牛　　土號太常

 寅宮（射手座）（屬木）：木訂同寅　　木居人馬

 卯宮（天蠍座）（屬火）：火燃天蠍　　日出扶桑　　太陽逢兔

 辰宮（天秤座）（屬金）：金木逢龍　　水潤金明　　金號太常　　木躔角道　　土歸鄭國

 巳宮（處女座）（屬水）：金水會蛇　　日水乘旺　　水臨雙女

 午宮（獅子座）（屬火）：水陽相會　　日帝居陽　　水名榮顯

 未宮（巨蟹座）（屬火）：月掛柳梢　　金躔鬼宿　　木入桑州　　火號文昌　　星聚東井

 申宮（雙子座）（屬水）：水土相會　　月遶崑崙　　火歸坤地

 酉宮（金牛座）（屬金）：月到金牛　　金居趙分　　月升滄海

 戌宮（白羊座）（屬火）：土日合照　　日過白羊　　火居婁宿

 亥宮（雙魚座）（屬木）：木計逢魚　　太乙朝天　　木臨營室　　日月朝天　　金居衛分　　金木乘旺

· **賤格：即是指凶象的格局，如果落入強宮為災更深，反之如落入弱宮影響則較小。**

 子宮（水瓶座）（屬土）：木打寶瓶（羅睺為救，因火為通關）

 丑宮（摩羯座）（屬土）：泉枯牛墾（水入丑金為救，因金為通關）

 寅宮（射手座）（屬木）：金騎人馬（水為救，因水為通關）

 卯宮（天蠍座）（屬火）：金乘火位

 辰宮（天秤座）（屬金）：木騎金龍　　火入金鄉

 巳宮（處女座）（屬水）：土埋雙女　　水孛逢楚

 午宮（獅子座）（屬火）：計臨獅位　　木居獅子　　金火同周　　孛騎獅子

 未宮（巨蟹座）（屬火）：計入秦分　　水流巨蟹

申宮（雙子座）（屬水）：土居水位

酉宮（金牛座）（屬金）：火燒牛角（月為救）

戌宮（白羊座）（屬火）：金忌金羊　水乘金旺　水浸白羊（日為救）

亥宮（雙魚座）（屬木）：水計逢魚

除上述之貴賤格外，仍有其他格局，但上述格局影響力為最大，為主要格局，足以影響星盤人的生死榮枯或國家的興衰。其他格局組合影響力較小，一般情況下會應較小的事情。如讀者有興趣可以讀《果老星宗》中的「補遺格局」的部分。同時根據「八格賦」，除「貴格」及「賤格」外，仍有「富格」、「貧格」、「壽格」、「天格」、「賢格」、「愚格」及「女命格」。

✳ **（5）宮位**

• **十二宮的五行屬性：天地四時圖**

宮位的五行見於果老星宗的《天地四時圖》，其原理可以根據六合關係而推算出來：

子丑合土，所以子丑宮為土

寅亥合木，所以寅亥宮為木

卯戌合火，所以卯戌宮為火

辰酉合金，所以辰酉宮為金

巳申合水，所以為巳申為水

午未合火，所以為午未為火

• **宮位強弱**

強宮：命宮、官祿宮、財帛宮、夫宮妻、田宅宮

次強宮：福德宮、遷移宮

弱宮：兄弟宮、男女宮、奴僕宮、疾厄宮、相品宮

無論吉凶，只星曜落於強宮，其影響力較大；反之而言，落於弱宮其影響力則較小。故此有「強宮為禍深，弱宮為禍淺」一說。

• **起命宮方法**

由日之所在宮位起生時，順時針數至卯則為命宮。此為南中國緯 30 度之下。日出於寅則數而寅，日出於辰則起於辰。由命宮起逆時針起，命宮（1）、財帛宮（2）、兄弟宮（3）、田宅宮（4）、男女宮（子孫宮）（5）、奴僕宮（6）、夫妻宮（7）、疾厄宮（8）、遷移宮（9）、官祿宮（10）、福德宮（11）、相品宮（12）。

• 十二宮所主宰的大運年份

十二宮位排列的次序分為：命宮（本書以查星為準，果老星宗則定為 15 年）、相品宮（10 年）、福德宮（11 年）、官祿宮（15 年）、遷移宮（8 年）、疾厄宮（7 年）、夫妻宮（11 年）、奴僕宮（4.5 年）、男女宮（子孫宮）（4.5 年）、田宅宮（4.5 年）、兄弟宮（5 年）、財帛宮（5 年）。

• 果老星宗年分訣

「命宮十五貌宮十。福德妻宮十一群。官祿十五最高位。遷移止有八年糧。疾厄七兮其六六。財帛兄弟五年強。田宅子孫并奴僕。四年之半定毫芒。」

老師以經驗所得，命宮不一定 15 年，這計算方法與《果老星宗》有異。

以大運來看，財帛宮為最後一個宮位，不是每一個人也能走完 12 個宮位。去到財帛宮時年紀已經很大了。

（6） 從星盤作推斷

• 太陽回歸日（Solar Return）：人生中的大生日、小生日

在天星來看擇日，除了可以用原局的時空點外有，也可以用陽曆計算，用其他年份的同月、日、時起出星盤、河洛理數或金鎖銀匙來擇日或看流年吉凶。當以太陽回歸日看流年吉凶，則與元朝的鄭希誠判斷星盤的方法不同，於太陽回歸日的星盤中，日月在星盤中的吉凶狀態為首要。

人出生的日子可稱人生中的「大生日」，而用每年用太陽回歸日計算出來的流年生日，可以稱為「小生日」。以 2018 年 4 月 5 日為例，該太陽回歸日由 2018 年 4 月 5 日至 2019 年 4 月 4 日為終；而明年則是 2019 年 4 月 5 日起始到 2020 年 4 月 4 日為終。太陽回歸日來起星盤及河洛理數等，可以用來推算流年運。

• 推斷的步驟

第一步：《果老星宗》中寫到「日月著明經曰：尊莫尊乎日月。蓋日月者，陰陽之精氣，諸星之領袖。」所以先觀與日月相關的各種狀態，本身有否升殿或受傷，是否「日月拱照」或「日月夾命」，「羊刃、陰刃、飛刃」有否入了日月之中；命主朝陽終富貴，恩星近日易有財；如月在奴僕宮命主會比較辛苦或工作低下，但如母親為填房，對命主影響則較少，因為母親已經應了數。

第二步：看天經地緯，用命宮於萬年曆中月柱的天干地支求出。如天經地緯夾命或拱照，則有天經地緯之才，例如劉伯溫及諸葛孔明便有此數。

第三步：看神煞「三元、天馬、地驛」。

第四步：再看其他星象及神煞的吉凶。

擇日首先考慮「日月拱照」或「日月夾命」，一個月最少有三天，或以上的吉日。如不能擇到這些日子，也起碼日月也不能受傷，及後再取其他貴格。另外即使為「日月拱照」或「日月並明」，也必須避開凶神惡煞，例如羊刃、陰刃。以望測日月的方法取得日後，可參考吳師青所提出以「天官星」擇時的方法，以擇出時辰的命宮有「天官星」或被拱照（用天干化曜來找出吉時）。如為陰宅擇日則應加上「斗杓」來擇時。

而老師則認為找出日月所「夾」或「拱」其「命宮」或「官主」的日子及時辰為佳，不以「天官星」為擇日的主要考量；及後再配上河洛理數（包括金鎖銀匙）來觀其象擇出吉時，或可配上奇門局或六壬課選出吉時。以上為本書所採用的擇日方法。首重日月的原因是因為日月受傷的影響力最大，可引致險象橫生，反之日月不傷的話，一般來說即使不吉也能有救或不致命。當然，還需配上神煞、各星曜及宮位情況等來論。

• 擇日、斷死期及判災禍

有人說「壽不過君爻」，經案例的印證得知這是不準確的，要看星盤才可以更準確去判斷吉、凶之象。七政四餘配上河洛數可以看到人命運的走勢，何時會有劫難。以經驗所見，離世的案例及天災的案例都可以見到凶象，往往都見到其太陽回歸日之星盤中的日受傷，甚至是日月俱傷，擇日的時候便要避開這一些日子了。

雖然日月俱傷是有生命之危，但萬不可以鐵斷別人死期，一來為留口德，二來的確有實例受傷而未有離世。星象可以看到人什麼時候會出現劫難及凶險，但一個人的生死受太多因素影響了，例如積德、個人選擇、風水、社會環境、科技的發展等等，所以盡量不要批算別人的壽元及鐵斷別人的死期。當然在學理上研究批自己的死期是無所謂，即使批錯最多也只是作自己的口孽，但自己嚇自己也不好吧。

• 凶象現而不死的實例

例如二次大戰時日本的裕仁天皇一生有些年分中，的「太陽（日）」為「紫炁」所傷，分別於「1904 年、1932 年、1960 年」（紫炁傷日），但直到 1988 年，由戌到亥宮「兩歧之地：兩刃橫空」才離世。

裕仁天皇的星盤於巳宮中「月空則鳴」為吉象，有名有利。但「日西月南」則為不利父母，所以父母緣薄。《諸家星命大全》中寫「合到中年福自虧」，說明一生人中最大的失敗在出現於中年，那時候正好是日本於二次世界大戰戰敗的時候。

天祿	天暗	天福	天耗	天蔭	天嗣貴	天刑	天印	天囚	天權	科名	科甲星妻	文星	魁星	官星	印星	催官	祿神	喜神	爵星	天馬	地驛	祿元	馬元	仁元	壽元	血支	血忌	產星	生官	傷官
炁	計	羅	火	孛	木	土	月	木	金	水	水	土	孛	水	計	土	炁	木	水	計	水	金	木	金	土	土	土	水	火	計

1901 年 4 月 29 日亥時

辛	丁	壬	辛
亥	丑	辰	丑

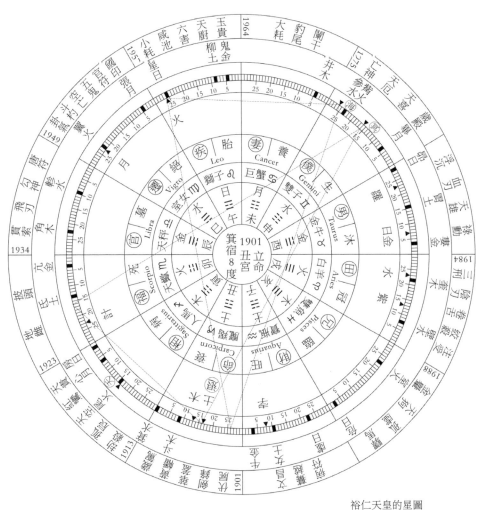

裕仁天皇的星圖

如單以天星來說，的確不能充分地解釋裕仁天皇未有離世的原因，當然如要強行事後孔明在星盤找出星象說有吉象是可以的，但這未必有足夠的說服力。但如果加上郭璞數及河洛理數，結果則較明顯，見到其吉象而有一線生機。又或者說，對於裕仁天皇的支持者來說，或許是因為他為日本的天子，所以能多次化險為夷；相反地，對於反對者來說，險象要應於國破家亡才能應他所作出的業。

換個角度看，「富貴在天，生死有命」，根據星象來看，裕仁天皇於上述日子中即使未有離世，相信也經歷過些危機，不過現在死無對證了，或許讀者有興趣可以自行去考證。如果真的要解釋，在個人層面來說，多做善事積德或者是渡過凶象的關鍵，有「君子為禍淺，小人為禍深」一說，即是指同樣的壞事，好人受災的程度會比壞人輕微。

以擇日的角度看，國家運勢受立國時間、國家領導人出生時間、國家相關重要大事件時間等所影響，除了國家領導人出生時間外，其他時間其實都可以人為地擇日。當然就算懂得擇好日，可能命運使然，而產生各種因素而未必採用到那月、日及時辰。擇吉當然重要，但避凶其實更顯得實在。因為十件好事帶來的快樂，也抵不上一件壞事的影響，故此「君子問禍不問福」。

• 四類最凶險的星象

飛星破祿：由對宮的凶星射入本宮

客曜臨朝：流年星曜剋宮位五行

暗紫加臨：原局宮中有紫炁，於流年再遇上紫炁

空中空：原局空亡的宮位再走到流年的空亡

如命主上了年紀遇到上述的凶象，再見土木交戰則有生命之危，因為土木交戰為災慢。

• 格局：上帝手指（YOD）

「上帝手指」格局又名 YOD，這一個概念取自西洋天星學。老師把這概念應用到七政四餘之中，但在應用上與西洋占星有點不同。首先需要有三顆星組合成等腰三角形的狀態，三顆星曜中的兩顆成 60 度距離，又分別和另一顆星曜成 150 度距離。其中一點必須要有正星曜，即「金、木、水、火、土、日、月」其中一粒另外一點必須有三王星其中一粒，即「天王星、海王星、冥王星」。而三顆星曜在各自的宮內度數相差最多在 5 度之內，準備而言要在 3 度之內。

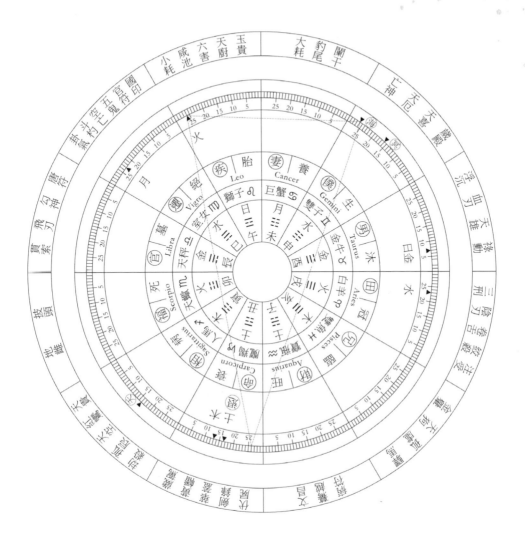

　　如果原本的星盤中已經有齊了條件，當然已經出現了上帝手指的情況。如果只有兩粒星，只要等待空了位置填實了星，便成了為上帝手指這格局。凡是運走到了上帝手指格局的人都不大成則大敗，即英文的「All or Nothing」，不會有中間的情況。例如於 1993 年，捷克前總統瓦茨拉夫・哈維爾便是走到上帝手指格局中而當上總統。

日出是七政四餘中有爭議的事。在香港出生的人，一律為日出於卯來計算。但於其他地方出生的人，則有可能日出於寅或日出於辰，需要作出調節，否則命宮會起錯。所以在香港出生的人沒有影響。以李光浦老師的星盤為例，他生於午時，出生地為廣東樂昌，故為日出於卯，所以命宮正確來說會落於未宮（而非午）。但用某軟件起星盤時，因計算了為日出於寅，而變成了一個時辰的差異，結果在星盤上顯示命宮於午宮，所以要調節為日出卯星盤才能正確地把命宮顯示於未宮。

另外，也要計算上時間上的差距，即使香港日出於卯，也需要在小時上再加上某分鐘，才是真正的時間，可參考《鬼谷子真詮》（頁 372 ～ 375，萬里機構），或翻查星曆等。除了因為每個地方太陽日出的時間都不同外，還可能因為現代人用科學式絕對及統一的真太陽時，而古人卻是用肉眼去觀測及統計，或因為大氣折射等各原因，產生了誤差而取錯星盤。

● 4 · 愛情實例：塞外宛馬柵欄阻　緣份終歸作取捨

我在興趣班上認識了 A 小姐，A 小姐無論相貌、學歷及家景都不錯，故此追求者眾。但與她相談甚歡而且十分投契。為約會 A 小姐用上不同方式來占測及擇日，也仔細研究她的八字，希望從術數中找出一點端倪來參考。於第一次約會後，先後兩次用奇門遁甲占卜，得出不利姻緣的局而去約她時，剛好 A 小姐也沒有空；終於有一次占出大利姻緣的奇門局，結果她真的答應了這次的約會。因此便從中取象及方位來安排這次的約會。

這次是我跟 A 小姐的第二次約會，時間記錄了下來。見面後一起合照，時間為 2018 年 4 月 5 日 16:09。當時未有用「河洛理數」及「七政四餘」來擇日，但事後用這個時空點來起數，發現當中藏有玄機。

⊕ （1）詩句分析

用此時空點起出《金鎖銀匙》，數為「2616」：

男命：「斗秤皆均物，權衡有萬殊。」
女命：「流鶯語燕嬌，日暮花飛雨。」
歲運：「風過大林中，草木皆回應。」

整體而言，這首詩是不吉的。而「歲運詩」出自《論語·顏淵篇》，意思是指男方會受壓。再讀「女命詩」，因為當日約會的活動是唱歌，剛好應了「流鶯語燕嬌」

這一句。而「日暮花飛雨」一句，即是指太陽快要下山了，天也在下雨，鶯燕能不急嗎？詩句直指她心裡其實也急於想與我一起。詩中又含有我的名字，姓「林」名「萬」，在「男命」中見「萬」字，在「歲運」中見到「林」字。這些詩的象應了這時空所發生的事。結果在這天我們走到一起，正式拍拖了。

配上《河洛理數》的「卦象」來看，為「師卦三爻」，詩句其一為：

「六三爻不定，雖吉也成凶。

若也能專一，終當立大功。」

首先，「師卦」是帶有爭戰的凶險卦象。詩句的意思是説這段愛情變化起伏很多，即使開始時可以走在一起，最後也很可能會分手。但如果能專心一意對著這位女子，最終是可以成婚的。不過相信當中會有許有很多不利因素，阻撓了我去跟 A 小姐一起。

翻查《鬼谷子》中的婚姻一欄（可參考《鬼谷子真詮》頁 164，萬里機構）

「前世姻緣皆分定，何須論短與長求。

總然勉強成姻眷，他日雲行也斷腸。」

這裡同樣也是不利姻緣，寫到這段姻緣不要在乎長短了，因為即使勉強一起，待時候到了也會發生傷心欲絕之事，甚至分手。

綜合而言，從詩句中也清楚地看到，戀愛是沒問題的，但要走進婚姻便困難重重了。

✸ （2）七政四餘星盤分析

於約會那天的星盤中已經透露了天機。

星盤中「命宮」坐「紅鶯」大利姻緣，説明那天成事的機會非常大，而且見「祿勳」於命宮以解其他凶神惡煞，於寅宮「火土拱命」，及見「日月拱命」，所以斷當下的事是可以成的。不過長遠來説，從星象中來看是必定分手的，因為見「日月拱刃」、「日月拱天雄」為破局，而「日月俱傷」。但為什麼「日月俱傷」都能成事呢？因「太陽」在戌，「日到白羊」成格，見「注受」，而「月亮」於寅宮為「日月拱天廚」及「身在斗杓」，再見亥的夫妻宮見「天喜」，再加上命宮的吉象，所以短期及小的事可以成（但夫妻宮見「天空」、「孤辰」、「劫殺」是凶象）。

「日西月南」為不吉，而且日月拱而破格，但因吉格及吉神煞暫時舒緩凶象而成事，但事情會先成而後敗，事終不成。首先「紫炁射月」於寅宮中，月為妻，已經不利了。星盤中「木星」（妻星）退行到「相品宮」（午宮），即是全局最凶險的日、月破格之處。在此「木星」與「計都」相遇，為「計臨獅位」及「木居獅子」之凶象。「相品宮」代表人的品德及性格，即代表問題出於性格不合或類近原因。

天祿	天暗	天福	天耗	天廳	天嗣書	天刑	天印	天囚	天權	科名	科甲星妻	文星	魁星	官印	印星	催官	祿神	喜神	爵星	天驛	地驛	祿元	馬元	仁元	壽元	血支	血忌	產星	生官	傷官
土	月	水	炁	計	羅	火	孛	木	金	土	金	孛	火	金	土	木	金	水	金	木	土	金	水	水	土	木	金	水	木	炁

2018 年 4 月 5 日申時

戊	丁	丙	戊
申	卯	辰	戌

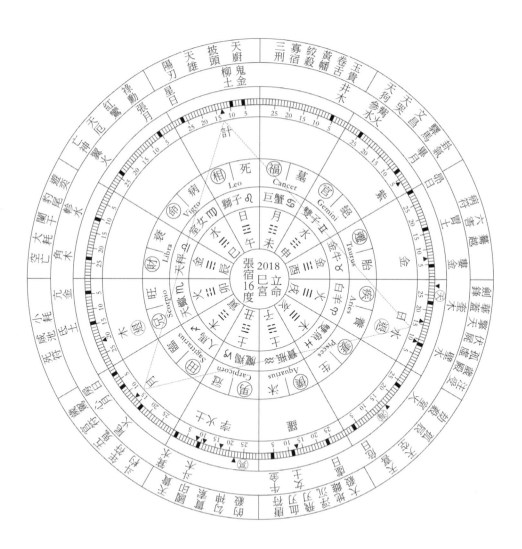

✺ （3）結果

當時覺得能跟 A 小姐走到一起感到十分幸福，雖然認識時間很短，但已有成婚的念頭，也沒有理會詩句中提到的凶象。卻萬萬想不到一路發生了很多不愉快的事，在不捨中一直想挽救這段關係而離離合合。最後變成了要不結婚或分手，二選一的情況。但終日吵鬧的婚姻相信不會幸福，或許就如詩中所云，完全地應驗了。但詩句沒有抹殺走下去的可能性，當中留下一點空間及選擇權給我們，取決於當時人能否共同放下堅持與對方在一起。「若也能專一，終當立大功。」，這句說明了如果要維繫這段關係，必須有巨大的付出及犧牲。

這次的經歷讓我對術數有更深一層的體會。所謂的「吉凶」又能怎樣定呢？在不同的時空點想要的東西未必一樣，這一刻看得很重的東西，或許有天會覺得不重要了，反之亦然。但知道自己想做的事後，便再沒有吉凶了，一試後才無悔今生。其實當時從 A 小姐的八字中已看到相處的問題，只是當時覺得自己能承受這一切。現今事後回顧，如果再給我一次選擇的機會，即使明知道最後會分開、要經歷那麼多的傷心，也會再次選擇與 A 小姐一起。累積了各種快樂與悲傷後，人生才會厚重起來，生命才活得有重量。

✺ （4）氣數使然，順天知命

擇日的家派及學說汗牛充棟，但目標都是為選出最吉利的日子及時間，或起碼避開凶象。但以個人經驗所見，即使大費周章擇了吉日、吉時，但無奈氣數使然，對於一些走倒楣運的朋友而言，總有千百個理由而用不到那一天及時。反之幸運的即使沒有找高手來擇日，也為吉興連綿之時辰。時來運到一切命運使然，是否由天不由我？盡人事聽天命，像這案例般一切彷彿已有定數，但在大劇本又留下一點空間給演員去發揮。逆天不可為，認命不可取，順天知命而全力以赴才是正確心態吧。我認為把術數及擇日作為輔助工具參考是可以的，又或者以學問研究的心態，將其作為認識中國文化的渠道，更是十分有趣。

河洛金銀天星分析概念圖				
時空點		取象分析		判斷
天人合一	真太陽時間	天垂象	星象	見吉凶
	四柱干支紀時		詩偈	
			卦象	

由「河洛理數」說起

　　香港和台灣兩地年年都有不少「民曆」、「通勝」（通書）、「流年運程」的東西面世；隨着出版自由風氣的與日俱增，只要你學會抄襲《玉匣記》、《欽定協紀辨方書》、《楊公擇日》之類的書，再加上一些「千字文」、「周公解夢」、「劉伯溫燒餅歌」、「張天師符」、「秤骨歌」……一本類似「年鑑」的書便不難編撰出來了！

　　我在年幼時已知道《通書》的流行，去到美國後也讀到《農夫年鑑》、《占星年鑑》之類的東西。

　　在自己涉獵到所有這些書中，我最感興趣的是談每月或每日吉凶的一部份。然而，我到今仍未見到是言之有物的——同屬一天的時辰，竟然有人說「凶」，有人說「吉」。不僅如此，沒有說的是指男抑指女。當然，在仍以男性為中心的社會來說，顯然作者用不着考慮這點了！「易經」觀卦二爻有言及「利女貞」，女喜男悲也，西方報章占星專欄也時而強調作為女人的火星——跟男人用金星相提並論。洋人知道男女吉凶有別。我多年研究河洛理數所得的結論是，男女命不會因八字相同而流年、流月，甚至流日無異；即使是在同一日的時辰而言，男「吉」不一定女也吉，女「凶」也未必男凶。

　　因此，如果一對男女要擇吉的話，他們就須找一個對男女都「吉」的「吉時」。所謂黃道吉日也不會每個時辰對他們都有利的。傳統的擇善求真從不曾將「女」人放在眼內，江湖術士說一句「女命從夫」就避開解答男吉女凶有異的問題。

　　時至今日，身居要識的婦女一天比一天的多。不要以為女人不能做總統、總理，也許以男人為天下的日子不會太長了！女人的才能不會比男人差。

　　所以，我寫這本書時的對象一定要包括女人在內。

　　我想透過中西星命學和「河洛理數」撰寫《星光天上來》，這是從來沒有人做過的事。《通書》將時辰分為吉、中、凶三類，我看不出對擇吉有何幫助，更何況在同一個日期中之「宜」「忌」說及的什麼理髮、動土、遠行、會友、訂婚、交易、求嗣、裁衣……之類的事與之有什麼關係可言，最重要的就是擇一個上吉的時辰，而這個時辰要跟「河洛理數」的「金鎖銀匙」❶有相容和一致性。

　　我會怎樣去撰寫我對時辰的看法呢？這本《星光天上來》——2010 庚寅吉凶每日談——可以說是本年鑑；一年三百六十五天每天都有吉凶時辰，但我會點出男女俱吉、俱凶、男吉女凶、男凶女吉四種之別。我用到的是「金鎖銀匙」和《果老》星盤。每月有兩到三張星盤，讀者可置之不理。這是我作觀星用的；讀者在我詮釋出來的詩偈中，當用明白其義。庚寅年開始於 2010 年 2 月 4 日；2009 年己丑於庚寅立春一刻前才完結，由 1 月 1 日到這刻前是火年，而庚寅年則為納音的松

柏木❷，是木年。本書「附錄」之中有「河洛木部參評秘訣」的「金鎖銀匙」原文，屬己丑霹靂火的火部亦然。讀者可以在我詮釋時所示之「數」查看原文。

既然我要寫「每日談」，我得點出最吉和最凶的時辰，誰不想趨吉避凶呢？！為有助讀者了解這方面的事，我不能不在這兒一談自己的經驗，以不同的實例展示自己的所感和所知，更希望以下的一切有助於《星光天上來》的閱讀。

◐ 1 · 我一生以來的首次擇吉

自從在《命運組曲》為自己擇吉之後，我到現在一直都沒有再作第二次；在該書中我最「日月合璧」星象❸作為動筆寫作的時刻（武陵版，頁 201-204），求其吉祥也。當時我只談星象，沒有用《河洛理數》的「金鎖銀匙」（以後簡稱「金銀」）作詮釋之用。其實，星盤上的木星和月同宮乃《果老》說的「桂林一枝」（武陵版，頁 315），而「金銀」則為「蓮化隨步起，風雨過池塘」：有風雨到來，蓮花隨步起，避開其鞭撻。會否這次擇吉的星象和「金銀」所言是我 2003 年至 2007 年的寫照呢？看來的確很貼切，尤其是我於禽流感一年返港，心律不正常要做手術；之後回美半年，繼而返港，去祈福，樟木頭住了差不多兩年才安頓下來。

我以現身說法為實例，目的是點出「天垂象，見吉凶」。但是，我也要指出一事，吉凶不一定需要分為兩橛，而好些時候二者是揉合得難以分割開來。「天覆地載」乃事實，但不同的人卻又有不同的活動；假若換作是另一個人——如果是女的——則「金銀」便是「芳草碧連天，塵襟臨弦索」，而非「蓮花隨步起，風雨過池塘」了。弦索是一種以線發聲的樂器，面對怡人的春色，也只有在風塵僕僕中奏樂；東奔西跑的日子太多了，如果不好好安定下來，恐怕愛情、婚姻都會變質。

我這次擇吉的日期是 2002 年 2 月 22 日，取亥時。2002 年是壬午木年，22 日是辛酉。在納音的木年用酉日亥時，或者亥日酉時，所得的「金銀」詩偈就是就是談及到的男女兩則，只有 2325 一數；3125 之數並不存在。到此，由於庚寅也是木年，一年之中會有很多屬於 2325 管籠的「時辰」。假若有一對男女擇吉所得之數是 2325，婚後在感情的維繫而言（如有驗的話），做妻子的看來比做丈夫辛苦多一點了。

明年庚寅總會有人結婚，酉時行婚禮在香港地方時是約 5：24P.M.～7：24P.M. 的下午黃昏時分。婚姻註冊處下午六時之前還辦公嗎？其他法定證婚人如牧師、神甫、法官會否這樣晚做證婚的手續？！

我當年擇吉寫書，星象所昭示的已經足夠了！但若果不談星象而只看詩偈，詮釋會是這樣：

未寫成之時如有意想不到的阻滯，我也會安然渡過；書成之後即使有風雨也無妨；別人的批評、攻擊也傷不了我。書是好的；桂林一枝，此枝獨秀。

● 2·明仁皇太子和美智子的結婚大典

這是上個世紀的一件盛事,日期是1959年4月10日早上十時。此大典的八字是:「己亥,戊辰,壬戌,乙巳」。己亥是木年,「金銀」用戌巳兩字計算得兩數:

(巳)2620:男「碧落出烏輪,眾星拱北斗」。

女「難許自由身,是心難飛走」。

2820:男「清淡梧桐樹,風搖金井間」。

女「鶯花三月景,天氣又重新」。

台灣商務的《美智子與雅子》(齊濤著)寫得十分詳細。皇太子選擇民間女子為妃轟動全國,而他們二人的邂逅到結婚更是傳奇。好事多磨,美智子要逃避,甚至出走,到頭來也是走不了!皇室是否為婚禮擇吉?齊濤沒有說,但他卻寫下:「當天有兩萬對情侶,藉這好日子結了婚,可見熱潮沸騰程度。」這兩萬對情侶看來不會是同時擇取巳時吧!讀了齊濤的書,我認為兩數男女詩偶中,每人只取其一便成。此例中2820(男)可以不用。其他的十一個時辰怎樣,現在就讓我將之列出來看看:

(子)2315:男「多少魚蝦出,波流天日紅」;女「紅梅映蒼竹,惟有歲寒情」。

3115:男「趙人兼晉璧,歡時起利心」;女「活計水中萍,姻緣風裡絮」。

(丑)2416:男「金烏未出海,玉兔已先沉」;女「莫恨花飛急,枝頭子漸垂」。

3016:男「水影照天文,森羅成萬象」;女「片雲天外飛,方見雲中月」。

(寅)2517:男「金魚溝內躍,風動紙鳶飛」;女「玉雲荷盤裡,瓊珠碎碎圓」。

2917:男「江上一犁雨,芳菲起淡煙」;女「月兔夜光圓,向晚金烏出」。

(卯)2618:男「身自攜筐去,憂勤等采薇」;

女「○○○○○,○○○○○」。(一圈一凶,十圈指極凶。)

2818:男「掌上握風雲,前生已先定」;女「蘭房花正開,門悵人如玉」。

(辰)2719:男「夜寢游仙夢,通靈各有神」;女「江水映秋風,水落花去速」。

(午)2521:男「把扇作飛廉,冀塵咸席卷」;女「○○○○○,○○○○○」。

(未)2422:男「東海植扶桑,西海載弱水」;女「天外雁聲孤,喚醒佳人夢」。

(申)2323:男「三月無根柳,空中舞柳花」;女「梨花滿院香,莫收春帶雨」。

(酉)2224:男「滹沱水雪飛,足蹤履冰跡」;女「鑿池通流水,開關天外風」。

(滹沱是源出山西的河,經天津入海。)

(戌)3325:男「斧柄在我手,山行隨意行」;女「水邊佳會處,休唱阿奴嬌」。

(亥)2226:男「四境風雲起,金烏照太空」;女「四野風煙暝,飛花落野泥」。

(以上之數由時辰、日支而得。)

婚姻牽涉到兩個人的事,男女俱吉者,在此例子唯巳時而已!如果男方只為自己,不為女方着想,這並不是我寫這本書之目的。譬如就子時之詩而論,星盤見火在妻宮,有陰刃和天雄,夫妻不和也!換作是別的事則作別論,這就是下面的一例,可納入「商議」或「交易」,「談生意」來看,是事態而非人,故用男而不用女。

● 3・美國東印度艦隊總司令佩里向日本叩關

1853 年 7 月 8 日（六月初三）下午五時，江戶灣（東京灣）有四艘巨大黑色軍艦叩關，日本的鎖國政策面臨挑戰。日本此日日出於寅❹，故叩關時之八字是「癸丑，己未，丙子，庚戌」。所得「金銀」兩數是 2315，3115。於此，要看的是「男命」，絕對不取女命的數。很明顯看到的象，「趙人兼晉璧，歡時起利心」是指美國，1848 年打敗墨西哥後取得加州，捕鯨船隻在太平洋可以有活動和發展。不僅如此，商船亦能向東方擴張，不讓歐洲國家獨霸亞洲之市場了！至於日本則是「多少魚蝦出，波流天日紅」，如此一塊肥豬肉怎能不讓美國垂涎呢？

● 4・阮鈴玉自殺身亡

要找 個像我為開筆寫書的實例业不容易，原因是我從未遇到這樣的女性。也許，我得用阮鈴玉自殺的時刻了——詳見《命運組曲》。她自殺時是 3 月 8 日，1935 是乙亥（火）。因此，用癸未日壬子或癸丑時所得命數的「金銀」分別是：

（子）秋月來天上，清光照世間（2638）；出海珊瑚樹，枝柯只自垂。（2838）

（丑）金石兼盟好，光陰自短長。（2739）

「出海珊瑚」不會生存下去；「光陰」短的也消失得無影了！這完全符合我於《命運組曲》所附的果老星盤：不死於子時則丑時。

至於（子）（丑）數 2638，2838，2739 男命之詩偈會否與她有關，或者，是不是她「情夫」的真像 那不是問題的所在了！更何況「清波泛百川，引出蓼浦澤」「鐵船再江水，船內有魚游」，「冬生秦嶺上，蘭蕙出蓬蒿」中任何詩偈並無相關之處。

本來，我一直想看看戴卓爾夫人二十多年前踏足中國機場和在北京石階上跌倒時的鐘點時刻，可惜找不到資料。如此的一件重要事件，定必有值得一窺的玄機存在。

我在郭中豪《古今七政五餘析義》見到另一實例，是已故豔星陳寶蓮上法庭受審。她遲到了，「上庭時又答非所問，又中途說要如廁，⋯⋯最後法官只罰款四千元了事，但不留案底」。這天是 2000 年 11 月 10 日；開審時間是上午 9：30。2419「嫩筍出階前，楊花飛滿院」，3019「更深玉漏殘，月裡嫦娥去」——箇中實情，非外人可知了！

女人與女人談生意，原則上看數中女命的詩偈便成，猶如兩個男人談交易要用男命的數。至於異性而言，一男一女於非感情上的關係，即便各自為己，我相信類似「明仁皇太子和美智子的結婚大典」仍是最佳的擇吉時刻。

● 5．一個隱藏玄機的電話

1982 年 12 月 11 日這個晚上，曼撥電話去加州給她在崇基時的一個同學，她名為羅懷瀾（已於前幾年辭世），目的是告訴她知道自己有不治之症。正因是這個電話，我們才赴三藩市；還是〈我在星命學旅途中的奇緣〉提及到我們去到菲頓（Felton）練氣打坐的事。對於這個電話，我記得很清楚，猶如昨日的無異——時間是晚上八時多。12 月 11 日於明城是日出於辰，真八字是：「壬戌，壬子，戊辰，辛酉」。壬戌年屬水，用辰酉兩地支得「金銀」之女命極凶：

2628 ＋ 5 ＋ 10 ＝ 2643：「水上種仙花，花開根未穩」。

2828 ＋ 5 ＋ 10 ＝ 2843：「○○○○，○○○○○」（一圈一凶，十圈十凶）。

這兩詩偈解釋了曼再沒有回到明城的可能了！

這實例也說明了同性朋友之往來關係也藏玄機。即便不知對方八字，如果有「第三時刻」的話，彼此緣份怎樣仍然是可知的事。2843 十圈十凶驗於曼，因為她八字的河洛數大運也是 2620「○○○○，○○○○○」的十個大圈（由大運壬戌和日柱乙巳之「巳戌」而得），流年是大畜上文：「天衢一道總亨通，深淺根基謾費工。一個婦人攜錦袱，龍牙虎爪伏場中」。〈果老〉星盤中曼死於「飛星破祿」❺ 的凶象（《果老星宗新詮》頁 98-99）。而今，她於《鬼谷子算命術》「癸丙」也指出「朋友不遇知心」，「當年作別皆非友」。這一切豈能不令我感到震驚！

話說回來，「水上種仙花，花開根未穩」應指曼這個朋友。她喜談玄釋，但自從投身於地產生意後，大學時代的氣質已不復存在。曼知道我不喜歡這種人，所以很少交往，甚至音訊也差不多沒有了。不知怎的，1979 年曼卻收到羅懷瀾的耶卡，是由別的同學處取得我們地址的。自此之很，她們便重拾大學時代的友誼。我和曼是在 13 日早上赴三藩市的，由於跟羅的練氣老師去紅樹林後，不見好轉，於是我試圖與曼回明城。羅很不高興，曼已無主意——十個吊桶，七上八落——她已病得很嚴重了。無奈當時我不明白，未想到「死亡」的事。為此，我於 17 日回到明城，22 日早上攜三個兒女去三藩市會曼。

天啊！去到 Felton 後才知道，我不在之時曼只有自己一個人在渡假屋中過夜，羅沒有到來陪伴她。曼對我說及癌症令她不能入睡，很痛，很痛。我要帶她返明城了，料不到的是，羅的一個朋友可以安排赴馬尼拉見治癌神醫，她是一位女牧師，也曾為了癌症在神醫處做手術。在耶誕的深夜，我帶曼往馬尼拉求神蹟去了。

我從不會怪責羅懷瀾令到曼客死他鄉，決定赴加州和菲律賓是我們夫妻兩人的事，與她無關，但我不能不指控羅漠視曼的安危，要她獨自在渡假屋中單獨的過五個晚上。《命運組曲》題辭的一首中英文詩是這樣寫出來的！它是我血淚之作。

「水上種仙花」是羅懷瀾，她乏慧根，只懂得滿口釋玄之道的人又怎會有穩固的慧根？！「花開根未穩」是「金銀」對她的裁決！以行動去做較空口說白話更為有力，英文的 Action Speak Louder Than Words 這句名言不無理由了！

我可以由《河洛理數》,《易林》,《果老星宗》,《諸葛神數》,以至《鬼谷子算命術》結緣,進而發現其中玄妙,這一切都是曼幫助我而得的。

她辭世的那個早上剛好是三藩市的半島醫院交更時分;她突然嚷着:「我透不到氣……」,在床上挺起身撲向我。這時我坐在她病床旁的椅上。我也馬上站起來,彼此摟抱着;我伸手按電鈴。醫生來了,替她注射瑪啡。曼終於在 3:30P.M. 去了!

我自曼瞑目後,一直感到她在我身邊。

「難許自由身,是心難飛走」!(木部 2620)

☽ 6· 「金鎖銀匙」可作卜葬之用嗎?

我的答案是肯定的。我研究《河洛理數》始於 1988 年,而我在 1986 年 9 月 13 日才葬曼的骨灰甕於明城的湖林墳場,時為下午差不多三時——即便有夏令時仍是「木」時。真八字是「丙寅,」酉,庚申,癸未」,「金銀」之數只有 2246 一則:

　　(男)「背水相傳信,行看花影風」。

　　(女)「黃花晚節香,老圃見秋光」。

我當年與命運之神相鬥,自己有如背水而戰一樣——洋人用「背牆」(with my back against the wall)。沒想到自己竟可以與曼互傳音信是這樣的——她命局是「難許自由身,是心難飛走;鶯花三月景,天氣又重新」(木部 2820)。男葬女,自己看男命,女則看女命;反之亦然。

如果想有陰陽溝通的可能,摘取納音火年的申日未時,或未日申時,就得用 2246 之數。這也說明了一件事,要是事主想借助「金銀」完成別的心願,金木水火土年份各有 78 數——合共 390——相信總會有用得着的詩偈吧!

☽ 7· 是前生注定,莫錯過好良緣

什麼活動才算是「婚約」?是證婚的一刻嗎——由法官、牧師、神甫證婚?兩人私下訂情可以作算嗎?

我在《鄭氏星案新詮》「代序」提及過一段連兒女也不知道的婚事(武陵版,頁 11-13),有名無實,一年後就離婚了。在 1985 年 5 月 3 日下午一時半,茱迪(Judy)和我於明城的地方法院由一位女法官證婚。斯日日出於寅,有夏令時,計算所得是午時;日干支為「壬寅」;因此,「金銀」詩偈是:

2615:(男)巍巍數仞牆,不得其門入;(女)當生金不多,誰知來路難。

2815:(男)高枝投宿鳥,廣廈上林燕;(女)風月宴年年,更闌人散後。

3 日「結婚」,茱迪以為我要她留下來,但我事後再表明心意要她離去。晴君在無可奈何下履行諾言與茱迪及其弟弟三人於 5 月 6 日走了——這是真真正正的「更闌人散」,女命說的「當生金不多」是否指「金夫」也無所謂。其實,我當時兒女還幼,

以我的性格而言，根本就無婚姻可能。面對「巍巍」數仞的高樓，自然不得其門而入了！

好了，我與曼的婚約又是怎樣的「金銀」詩偈呢？！

2343：（男）蚍蜉生兩翅，飛向九重天；（女）海棠春正發，夜雨濕胭脂。

3143：（男）飯糗猶茹草，被袗衣鼓琴；（女）前生緣分定，虛度幾重山。（男詩偈典故來自《孟子‧盡心下》）

我真的飛往九重天外的仙境了！於曼來說，她如在生的話，我想她必認為是「前生緣分定」，以前不睬我的日子是「虛度幾重山」！至於「夜雨濕胭脂」則指婚前流產，我在《果老新詮》自己的星案亦有述及。2343和3143之數來自火年「巳」、「未」之數——1965年9月24日下午三時半，是在港婚姻登記署的登記一刻。這年香港有夏令時，減一小時就是「未」時；見證婚姻登記是她的同學羅懷瀾和我的朋友劉家駒。

其實，令我感到震憾力的並非2343和3143二數，而是2648：（男）八維內寒暑，其端自我持；（女）一家人盡喜，提防井上安。此數來自婚姻登記之前的7月8日——日干支是癸亥——下午一時之前，夏令時減一小時仍是午時。

這天下課我如常去曼處吃午飯，她弄好了畢業舞會的衣服，我着她穿給我看。很美，很美，我們訂情了！

過了幾天，我們便徵求阿婆（曼這樣稱自己的祖母）同意。阿婆十分開心，曼的弟妹亦然——「一家人盡喜」了！然而，「提防井上安」而今看來卻是玄機；「井」有四個「十」字組成——壬戌年曼四十歲，她結果過不了四十歲。曼在生之時很懷念7月8日，這天晚上有一張我倆的照片，她寫上「情人，你會把這照片放在相架裡嗎？」到今，我一直遵照她說的去做；去到什麼地方住下來，我都攜帶這照片。相識友人和同學中，只有熾焜來看這相片和曼提到的話。如果沒有這2648一數所示，我恐怕不會知道男女詩偈於愛情，婚姻是需要並用的。

什麼才是婚約於此處我已得到答案了！

約於一個月前，有一位同學想要我寫的「黃玫瑰」；她的妻子要讀讀我是怎樣寫的。我回到寓所中拿出1964年3月6日崇基學生雙週報，發覺當年沒有記下寫作日期；為了滿足自己的好奇心，我以報章到達校園之時刻看看「金銀」。3月6日是星期五，每周都是這天有教堂的周會，到差不多早上十一時才結束，散會後學生可以在飯堂取雙週報。所以，此報於校園出現是「巳」時。3月6日是「甲寅」，用「巳」、「寅」求得「金銀」火部2438：

（男）麥秋天氣到，燕語畫梁頭；（女）烏鵲駕天橋，佳賓莫空負。

我不是一個「為說新辭強說愁」的人，難得「金銀」薦我為「佳賓」。結婚兩年多後，我才知道曼當天為這篇文章而哭過；但她依然不睬我——惺惺反作不惺惺。俗語說：「女人心，海底針」。而今看來，她給我第一封信寫於1965年1月10日，沒有時刻，但第二封則有：13/1/65，8：30P.M.（丁卯日戌時，火年）：

2844：（男）海棠花爛熳，獨立雨中看；（女）父子聚嘻嘻，風光保無恙。

2644：（男）萬里迢迢路，旁溪曲徑通；（女）斜陽人喚渡，流水泛天涯。

我認為（女）除了「父子聚嘻嘻，風光保無恙」不取之外，其他三詩偈完全是對的。此處「金銀」教我知道有些詩偈可以不理，曼教我懂得如何運用「金銀」看女命，而這卻是傳統五術不多說的——只有《諸家星命大全》才談女命，《鬼谷子算命術》也談女命，不過江湖術士卻不懂得！於此，讓我抄下曼這封短信——「斜陽人喚渡」和「佳賓莫空負」：

　　「光浦：收到你兩封信和一份日記，對於『那段話』，我會給你答覆的，但不是現在，待考完試之後，相信你有這份耐心，不想你再說我沉默，然而我實在沒有時間多寫。我明天要考兩科，因此只能寫這一封生平最短的信給你，希望不要見怪。在給你寫這信的時候，我已和『最初也是最後的』無緣了，就此收筆，幫我翻開書頁吧！

　　祝好

　　　　　　　　　　　　　　　　　　　　　　　　　　　　　　曼

　　　　　　　　　　　　　　　　　　　　　　　　　13/1/65 8:30P.M.」

「那段話」是我抄過給她的「歌德自傳」中的：

　　「一切事情都不自私自利，在愛情和友誼方面，尤其不要自私自利，本是我的無上的快樂，我的立身之本，我的行動指針，所以我後來發表那大膽的話語：『我要是愛妳，與妳何涉？』真是我的肺腑之言。」

● 8・又是1965年9月24日未時的「金鎖銀匙」兩數

　　「人不一定每一時辰都要知星象才去行事，而實際上亦行不通，太繁瑣和迂腐了；但如果遇到有重大決策，『擇吉』才見得有考慮，以及展示美藝活動意義之重要。有德受賞，無德受罰；因為上帝不會擲骰子。……」

　　這是我在《命運組曲》說過的話（武陵版，頁24）。

　　2009年5月12日我在信箱中發現有掛號信待領的通知郵卡，並註明14：20因寓所中無人而無法投遞。我思前想後，一直無法猜到是誰的信。一個月之前，我曾去函台灣的出版商，詢及引用自己作品中的星盤，並請求他們給我文字上的同意書。他們回信說，最好我自撰由他們蓋印。如是，我於上月底就將之寄了給他們。翌日，

我去取掛號信，才知是出版商的。事前我查看「金銀」，用巳日未時：「飯糗猶茹草，被袗衣鼓琴」，「蚍蜉生兩翅，飛向九重天」。誰是主，誰是賓，用不着探究了——前兩句典故來自《孟子‧盡心下》。

我無法猜得到的原因是，以前他們從未用掛號信寄過出版同意書給我簽名。

四十四年前曼與我登記結婚，她是女主角；這次簽同意書沒有女主角，縱便有的話也只可用「交易」來看，切勿引入題外話（extrapolation）。不過，可以肯定的是，主客中如無「夜雨濕胭脂」的話，此數男女二性俱吉。除此之外，我不否認未時這個時辰的香港，談到生意交易總會有不少人，豈會沒有人因談不來而告吹呢？！我的答案是：「無德受罰，不能承受天之恩賜。不可不知的正是，如果要找一個天時、地利、人和的時刻，為何不找取最好的時辰，這是利己而不損人的。」

我到了事後，為了滿足自己的好奇心，才查得如此充滿吉祥的詩偈。此數男吉，女則恐有刑傷；利男而不一定利女。

◑ 9‧天作孽，尤自可；自作孽，不可恕。

2009年4月24日的免費《虎報》（The Standard）報導了日本歌星——草彅剛——在公眾地方的東京公園酒醉，裸體鬧事。他是SMAP成員。被拘查時他大叫大嚷：「裸體有何不妥？！」

他鬧事時是23日的凌晨，子時，戊戌日，用「子」、「戌」起數得2341、3141的「金銀」詩偈：「開樽乘月夜，曲水暗中流」（2341）和「拱把之桐梓，斫為棟樑材」（3141）。

看來草彅剛可作棟梁材，他的確「開樽」飲酒，可惜不能自制，飲得太多而酒後鬧事。他自作孽了！

子夜見不到月，查星歷知月在子宮，日在戌，二者在水平線下。草彅剛天時、地利、人和都得不到。

我心中資料有另一則「自作孽，不可恕」的實例。

「1995年3月20日清晨8時許，東京五列地鐵車廂內發生了震驚世界的沙林放毒事件，被害者達5500人，其中3794人被奪去生命。

據查，此係奧姆真理教所為，其『尊師』是麻原彰晃。該宗教1984年2月以『奧姆神仙會』之名成立，1987年更名為『奧姆真理教』，1989年9月得宗教法人資格。成立之初，信徒只有15人，但到1995年3月已發展到出家信徒1400人，在家信徒14000人。在日本設有29處據點，在紐約、莫斯科等地都有支持。

該宗教自1994年6月按政府機構結構組成，設有科學技術省、厚生省、自治省、建設省、防衛省、諜報省等22個省廳，並設有大臣的官稱。同時備有化學班、秘密部隊，從事細菌武器的研究製造……

奧姆真理教的頭目雖均已被起訴，但直至 2004 年 2 月 27 日東京地方法院才宣判麻原彰晃死刑。為破此案動員了一萬一千多名警察，並有自衛隊員參加。」（《新編日本每日談》，李宗惠，外研社 2008 年版，頁 72。）

查萬年曆 3 月 20 日是庚戌日，8 時許屬辰時，「金銀」是：

「花開向波心，天香施紅味」（2745）

今天查得此數，可以斷言詩偈吉祥，但由於奧理教主麻原彰晃自作孽之不可恕而出現大凶的事：東京五列地鐵車廂中見不到「天香施紅味」，因為沙林放出的是毒氣而非「天香」。到此，我需要再一次強調的是，這兒所述及的「金銀」在我而言都是我在《命運組曲》中說的「第三時刻」（武陵版，頁 113-142）❻——一言而蔽之日：「原來如此！」

擇吉是否需要呢——尤其是開業做生意，誰不想一本萬利，財源滾滾？讓我以自己的一個實例作結，「是否需要」的答案由讀者深思一下吧！這兒抄下「金銀」小部兩數：

2538：男「坐井觀天象，明知八陣圖」；女「荷葉疊青錢，鴛鴦水面風」。

2938：男「鴻毛飛白雪，羊角上清霄」；女「惟願日長好，旬西還自東」。

兩數來自 1974 年 5 月 1 日（壬寅日）午時。這天我和曼的炒麵外賣店於美國明城早上十一時啟業做生意；有夏令時，因此開門之時是十時，「巳」時也！由於斯日明城日出於寅❼，「巳」加一時辰便是「午」時，得 2538，2938「金銀」詩偈於上。在命運之神面前，我有的只是感歎，無話可說了！

● 10 · 風起雲湧的年代

明年是 2020 開始的風起雲湧的十年，年底流木入子宮（香港的行限宮）。整個 2021 年是「木打寶瓶」，到底香港的「流木」助起中國午宮的「火星」，還是烈火當空倍添「火旺南離」呢？

1950 年中國志願軍衝過鴨綠江面捲入韓戰，時限在子宮，「流木」在子宮是「木打寶瓶」；今次則換了大限方位而已，2020 年時的《皇極經世》有外族犯境一課（明夷）——中國與日本出現甲午戰爭於 1984 年（明夷），同樣的，1958 年也是「明夷卦」，美國到台灣為金門船隻護航。（《皇極經世真詮》，168-9 頁）

美國於 2022 年進入子限，避開了 2021 年「木打寶瓶」的凶象，不過 2022 年星象太差，不是經濟出問題便是內亂，不可收拾的是 2023 年 1 月至 9 月，因為「流宇」在午宮直沖大限亥，有點像「天道無往而不復」的「華爾街股災」的前奏曲了！「虎困松林」的壬寅年（1926 年）為美國經濟衰退敗象之始。直到 1929 年，於美國太陽回歸日的星圖中見清楚見到「土木大戰」、「水土大戰」。於申宮中水星（20 度）、木星（5 度），而於寅宮中土星（25 度）。「月亮、金星、計都」三星同於「胃土」

之中，「月亮」因此而受傷；於丑宮的「孛星」（5度）直射到未宮的「太陽」（於井木度中），兩者相距5度內，故「直射」力量甚強，於果老星宗中稱為「橫衝直撞」（《果老星宗》，289頁，台灣，武陵出版社）。故此成為了「日月俱傷」的凶格，情況必然是異常凶險，所以華爾街股災爆發於此。

到2027年6月「流孛」入子宮，至2028年3月為止，會否這是1929年之舊地重遊？香港在2027年也不易過，「流木」於午宮沖子限為「飛星破祿」，即家散人亡之凶象。

美國見「流孛」之象必凶，蓋「流孛」為其年命「丙申火」之「殺星」。

中國亦以「流孛」為年命「己丑火」之「殺星」，幸好這次於2023限入申宮，只是「立春」前，即是2023年1月1日至2月3日「流孛」在子宮直沖午宮（2012-2022）的「火星」（為災短），但至今未知「凶星過後始為災」是應於些甚麼事。「流年月孛」早於2014年引出「中日釣魚台之爭」，2018年8月至2019年5月這次是中美貿易戰（流孛影響）。

中國2029太陽回歸有木土對沖，2031及2032年亦然。

香港2019年太陽回歸日月微傷；2022年亦然，但比2019年的情況嚴重。

香港之太陽回歸日（7月1日）早於美國的3天（7月4日），星象除了月之外大抵相似。

今天我寫下這份筆記只宜自己玩味，立此存照。

註：

❶ 「金鎖銀匙」收於《河洛理數》卷之六，據云自陳搏傳於邵雍；崇禎壬申本只述及用來算八字，如水部2542，「其詩曰：『掌中秋月扇，舉動好風生。』此一武將八字也！」至於有「古格十二造」，批文最多五百多字而已，少則不到五十，不提大運，流年，命局，甚至詩偈如何作參詳之用。

❷ 參看「凡例」中的納音甲子。

❸ 純格是日月同在戌宮中奎宿和壁宿上，一年只有幾天而已；變格是指拱照，即日月相距三個天宮。

❹ 寅時是指地方平時早上三時至五時；由於地方之緯度因太陽光南移、北移於南北回歸線間，高緯度的地方不會天天都是日出於卯時。

❺ 《果老》星盤中認為，一個天宮對面有星直射，其屬性與自己不同；例如火星在戌宮直射辰宮——前者為火宮，後者為金宮。

❻ 我在《命運組曲》論到「第三時刻」；這是很特別的事發生的時刻，當時不知其震憾性的影響，及主日後回首一看，因為有別的事出現而令到事主明白其影響深遠。

❼ 關於日出於寅、辰之有異於日出於卯，詳見作者《鬼谷子真詮》之「附錄」。

2010 庚寅年男女 吉凶每日談

　　己丑霹靂火還有一個月三天多便將過去，烈風已是強弩之末了！戊子 2008 年的天土對沖暫時可以緩一口氣，但不能掉以輕心，流土在 4 月上旬會退行回到巳宮，到 7 月下旬才正式入辰。土星為災至慢，土埋雙女會有不少後遺症的。而今，2008 年的冥天二星 90 度角的破壞力暫時得到舒緩，無奈土星入辰又與冥王成 90 度；唯可寄望者乃木星歸垣（亥宮）。木主慈，主仁；「一切掙扎，一切吶喊，在上帝眼中仍然是永恆的安寧」而已。

● 2010 年 1 月（January）

☀ 1 月 1 日（十一月十七日辛亥）

　　這天最吉祥的兩個時辰是丑時和午時，而在本書「由《河洛理數》說起」正好丑時的「金銀」兩數是 2343、3143，以及午時之 2648 都有筆者之現身說法，讀者不妨反覆細讀一下，看看以自己之處境為指標會否有助。丑時和午時男女命俱有利於進取；如果詩偈所言得到落實則最好不過了！除了丑午兩時辰之外，辰時稍有遜色，未時最凶，其他平平——男女之吉凶參半。

　　在此，先談未時之凶。大殺天雄地雌橫空，命宮主近日似是近天顏，但日計同躔不利，水計為掠他人之財為己用，貪財也！這正好是未時「金銀」2549 所言：

　　（男）持刀破魚腹，珍異在其中；（女）雙飛鸞鳳曲，莫道怨知音。

　　魚腹藏劍，試圖行刺，男的不懷好意，女的心甘情願邀他共衾，怨自己無知好了！《河洛理數》說明「數內有刀劍、雪霜、旱雲、爭鬥、空缺之類」為凶象。由此觀之，未時為凶數是可以肯定的，男女俱不利任何事之進取。表面看來可圖，但終必失敗。男的收場如何？那就要看看女方肯否放過他了，最壞是因色身亡，而女則飽受虛驚。

　　丑時吉，是休息時間，但不妨抄下「金銀」之詩偈（2343、3143）：

　　（男）蚍蜉重兩翅，飛向九重天。飯糗猶茹草，被袗衣鼓琴。

　　（女）海棠春正發，夜雨濕胭脂。前生緣分定，虛度幾重山。

　　至於午時，同樣男女俱宜，但女宜小心，男的是「八維內寒暑，其端自我持，」女則「一家人盡喜，提防井上安。」（2648）

　　辰時稍有遜色，原因也是男吉，女又吉，數是 2846、2646。

　　（男）秋色來天上，寒光到世間。躬行於萬境，聲色在吾為。

　　（女）香蘭終月滿，桂子落秋風。夫唱婦相隨，永終在謀始。

　　最初一念純正則吉，否則關係難以持久也！

　　其他時辰，男女都吉凶參半，現抄下「金銀」之數好了！

子時：2242，3242。

寅時：2444，3044。

卯時：2545，2945。

巳時：2747。

申時：2450。

酉時：2351。

戌時：2252。

亥時：3333。

2009 年己丑

（2009 年 2 月 4 日～ 2010 年 2 月 3 日）

天祿	天暗	天福	天耗	天廕	天嗣貴	天刑	天印	天囚	天權	科名	科甲星妻	文星	魁星	官星	印官	催官	祿神	喜神	爵星	天馬	地驛	祿元	馬元	仁元	壽元	血支	血忌	產星	生官	傷官
日	水	氼	計	羅	火	孛	木	金	土	土		氼	金	火	羅	氼	火	土	水	計	水	日	木	土	火	土	土	水	計	水

2010 年 1 月 1 日卯時

辛	辛	丙	己
卯	亥	子	丑

此星盤取格林威治凌晨，香港為日出於卯之際，月建起戌，故卯時斗杓在午（順時針）。

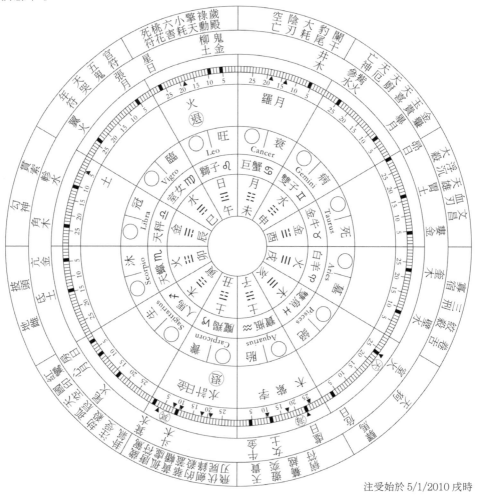

注受始於 5/1/2010 戌時

☀ 1月2日（十一月十八日壬子）

以星象而言，這天和昨天除了月亮移動較多之外，其他各星仍在原來的宮中；月會在辰時末段由未宮進入午宮，西洋將之稱為「空亡旅程」（void of course），《果老》名之為臨「兩歧之地」，不穩之象也！月代表身，男命者亦以之為妻星，對男女性而言，月也是情感之星。話雖如此，今天最吉祥的時辰卻是辰時，「金銀」為2535。

男「杯水成海河，乾坤自我持」；女「青天雷一磬，驚散梁間燕」。手持乾坤（日月），可見男命者可翻手為雲，覆手為雨，對能力內的爭執收放自如，利於進取；如有生意交談，不妨試圖取得成果。至於女命，此刻有意想不到的事會出現——假如前些日子太過呆滯乏味，不妨求變，說不定未臨的日子會見到轉捩點。如是，則最後仍是圓滿收場。女命宜動不宜靜。

子時至卯時平平，睡覺、起床；男女吉凶各半，乏善可陳。女之戌時為全日最不好的時辰，日在西沉宮下，「金銀」3141，2341兩數之中，女有二凶（一圈代表一凶）。未時男吉女不吉，女是出海珊瑚。男除午時之外，日間各時辰都不俗，而今辰時是那樣吉祥，首選非辰莫屬了！

☀ 1月3日（十一月十九日癸丑）

以宮而論，月已在午宮，到了明天的巳時就進入巳宮，斯時有「日月合璧」之象。於星象而言，「日月合璧」是最好的。話雖如此，今天亦有好時辰——未時，命坐酉宮，宮主近日。「金銀」是2739：男「冬生秦嶺上，蘭蕙出蓬蒿」，女「金石兼盟好，光陰自短長」。男女俱吉，因為「冬生」一辭於今天是合於時令，得時也。男的有出頭之日，女的又可結金石之盟，萬事俱宜。為此，亥時3143，2343今天要屈居其次，雖然男可「飛向九重天」，女的「前生緣分定」一直都是好的詩偈。

最不好的時辰是卯2335：男「金錢買松竹，白雲深處栽」，女「○○○○○，○○○○○」。女人以這時辰最不好；至於男的，這時辰雖不算不吉，但在大好清晨去到白雲深處，這就是說只宜退隱了！

寅時2234說男「獨將一葉舟，去向桃花浪」，女則為「丁香連豆蔻，結果玉梢頭」，本來也不算不好，但寅時仍未天亮，何不留在夢鄉呢？！值得一提的是申時的2840，2640，利女不利男，男的成事不足，敗事有餘：

（男）「律己非繩尺，修身無斧斤。」「椒花守歲除，剝棗已先濫。」
（女）「寢寐將何倚，雌雄在河洲。」「滌器有長才，玉容何惜整。」

酉時利男不利女，其餘時辰男女平安而已。

⊕ **1月4日（十一月二十日甲寅）**

在辰時中段之際，月在午宮和巳宮兩歧之地，一切都不穩定，2337說「蓬萊隔弱水，子女生舟中」，這是男的，弱水上舟不能浮，鳥不能渡，蓬萊仙境可望而不可及，凶象也。女則見十個大圈，極凶之象。此及今天最凶的時辰。然而，踏入巳時，則日月在拱照的宮位，這就是《果老》說的「日月合璧」星象，大吉。這次巳時的「金銀」2438有言：「麥秋天氣到，燕語畫梁頭」（男），「烏鵲駕天橋，佳賓莫空負」（女）。星盤上是命坐天門亥宮，有驛馬動，月於巳宮對照，天蔭星羅睺為火拱照，女之情星也。

跟着的午時2539說：「鴻影淚秋塘，月中星斗見」（男），「有鹿自銜花，無猿誰獻果」（女）。蘇州過後無船可搭矣！

至於未時，男女都不成。申時男吉，女雖不俗，但怕仁人不遇，小人在側。2741說男「天地我屋宇，坎籬為戶庭」，女則「莫誇魚水樂，提防泛柏舟」。天地既為屋宇，忌向南北走出戶庭。《詩經·柏舟》隱喻君近小人，則賢者見侵害。

酉戌亥平平無奇，不足為用。

⊕ **1月5日（十一月二十一日乙卯）**

昨天未述及為何亥時平平，留在今天補上，因為亥時與昨天相同之處是以巳宮為命宮——坐天哭、官符、五鬼和年符，沒有一個吉祥神煞。月臨巳，日拱照，日月合璧有天長地久之含義，誰想到此處巳宮神煞所喻之爭吵、紛爭永遠深長之延綿力！昨天亥時之3044，2444平平，今天亥時之2945，2545不見得好多少——女的「求賢難獨難」是感歎。

不過，今天的未時就不同了，它以酉為命宮，吉神文昌臨，日月拱照這吉神，大殺、浮沉、雄刃難以為災，2941說女的「重整舊家風」，男則需努力剋服「九年禹洪水，七載湯亢陽」，跟夏禹、商湯看齊。

與未同時不相上下的是酉時，2743說及「巫山十二峰，不與凡人上」（男），「天上神仙女，人間富豪家」（女）。

戌時本來也不錯，是2844，2644，但由於剛入小寒，由子月入丑月，既有未酉兩個好時辰取用，也就算了！

大凶者是丑時，2335「金銀」女命十個大凶圓圈，星盤命坐地雌，無別的好神煞，早點睡覺在夢鄉中避之可也！其他時辰不算好，也不算壞。

⊕ **1月6日（十一月二十二日丙辰）**

午時月由巳入辰，空亡旅程，安常可也，除月行速之外，火星要到18日出子入亥宮，金星則由丑入子，其他各星之宮無變化。然而，就在月入辰宮之際，「月到

天秤」乃一貴格，有土星，變成土犯月尤佳，申子辰互拱。太陽仍在丑宮，今天申子辰三個時辰與此星象相關切，午時面對直照而受惠。復次，羅睺單獨在未，火空則明，酉時屬夜之始，其力尤大。

火星為女之情星，要待 3 月中旬才不退行，之後回復正常，所以未到斯時，一切要加倍氣力了。金星之男人情星，無退行之象，既已入斗木中度，漸有先入為主的地位去主導大局。不要以為月照天秤是平凡格局，對於工作的助力是極有幫助，利於轉工和工作效率之維持。

申子辰午酉這五個時辰中以辰時最佳，酉時為次。

辰時：男「燕下鳳凰台，江山活計中」，女「居柔卻用剛，剛柔能既濟」。男女俱吉之「金銀」3339 一數。

酉時：男「萬里迢迢路，旁溪曲徑通」，女「斜陽人喚渡，流水泛天涯」。數 2644。女得男助，雖路途遙遠，山河阻隔，男的大可說一句「吾往矣」！另 2844 則説男「海棠化爛熳，獨立雨中看」，女「父子聚嘻嘻，風光保無恙」。

✷ 1 月 7 日（十一月二十三日丁巳）

猶如昨天無異的月照天秤，時辰以申子辰午酉為吉。男女俱吉者為辰時 2240：男「煙焰逐浮雲，月明金井地」，女「鳳凰飛去後，明月見光輝」。申時 2444 不俗，女較男費點氣力而矣——男「避害以趨利，虹霓作渡橋」，女「出水珊瑚樹，春風費力栽」。

至於子午之數分別為 2636 和 2242，依然是女方較遜於男。無他，火星退行也。

2636：男「田既授以井，心寧安厥常」，女「龜鶴期高壽，風光恐暗移」。

2242：男「春晝玉壺閒，桃花芳草陌」，女「海棠春正發，惆悵五更風」。

✷ 1 月 8 日（十一月二十四日戊午）

於酉時之際，月由辰宮入卯宮，月照天秤之象便成過去；因此，今天的酉時是黯然神傷的，星象與「金銀」吻合得令人難以置信。現先看酉時 2446 之數：

男「御溝一紅葉，流水出深宮」，女「二六巫山遠，朝雲何處飛」。襄王去矣，神女悲泣；因此，申時更顯得作首選了。

男「南柯鸞鳳立，天表景星行」，女「蜂釀百花酒，其甘與世殊」——2345。連續三天都是月照天秤，以這天的申時為最吉祥的時辰。何解？金輦、玉貴、天廚臨命，天貴拱照，天喜、紅鸞橫空。結婚、交易、求職、轉工、探訪等，無不有助也！

☀ 1月9日（十一月二十五日己未）

今天子丑兩時辰不利女命，但卻利男命。寅時男命最不好，女則平平。唯此三時辰於什麼人而言都應休息、安睡，所以不必多談。茲抄下其「金銀」數以作參考：

子時：2638，2838。

丑時：2739。

寅時：2640，2840。男命非要修身不可。

若問較吉祥之時辰，那就非未時莫屬。3345，男女都吉：

男「道是無形器，四時萬物生」，女「參昴正當天，江月半分破」。不消說參昴星團七姊妹在命宮，水金隨日於丑拱照。較吉者是命宮有文昌，有助化解天雄之凶，不似以寅宮為命宮的寅時：火是情星，水為夫星，二者又退行。這是未日寅時或寅日未時不妙之處，女子尤要小心上述2640，2840詩偈中的男人：「椒花守歲除，剝棗已先濫」和「律己非繩尺，修身無斧斤」。他們假情假義，留心看看其八字是否如此，敬而遠之可也！如果擇寅未的日時行婚禮，更怕會「一失足成千古恨」的。擇吉3345是男命對女命有益也！

今天的巳時是3143，2343，亦算吉時，巳日未時或未日巳時於火年中是最佳的訂情或婚禮時辰，在此不妨再抄寫一次：男「飯糲猶茹草，被袗衣鼓琴。蚍蜉重兩翅，飛向九重天」。女「前生緣分定，虛度幾重山。海棠春正發，夜雨濕胭脂」。

酉時平平，但戌時則不妨下點功夫，等待收成。2448：

男「積雪待來年，雲開逢暖日」，女「飛雪上梅花，沛雲開暖日」。立春距今不到一個月，如能於今天酉時結緣的話，則可以靜待佳音。

☀ 1月10日（十一月二十六日庚申）

昨天大抵吉祥的時辰多，今天則剛好相反，只有午時男女俱吉。還有的則是，不利女的多於不利男的。現在先抄下午時2345：男「南柯鸞鳳立，天表景星行」，女「蜂釀百花酒，其甘與世殊」。

酉時男女俱凶，「足踏雲霄上，蓬人弱水流」屬男，女則大凶，十個大圈也（見2248一數）。到此，我倒不如說得清楚一點，在火年的「金銀」，女要小心下列三者：「丑卯」、「寅辰」、「申酉」日期遇之十凶，「子戌」則二凶。引號中兩地支哪一個為日為時都一樣，譬如說「丑卯」，「卯丑」兩者分別為日時不會有別。

今天申日未時，昨天未日申時，「金銀」為2246。我在本書曾有述及，無意中發現它竟成陰陽溝通之數。不過，於現實環境之中，「背水相傳信」於男命來說並不容易，傳言不成功便無助於事，女的「黃花晚節香，老圃見秋光」是遙遠的將來，年老者則吉，青春少女不宜。

今天戌亥兩時辰不宜有任何重要決策，男女都要早睡。

⊕ 1月11日（十一月二十七日辛酉）

　　月於今天凌晨過宮，是空亡旅途，所以昨夜需要早睡。早上卯時月已離兩歧之地，在寅宮，星象是「月在艮山」；如果得其氣在夜間，便是《果老》所言：「月在艮山，謂其無成不可也！」星盤上日在丑，月在寅，這説明了寅時就是命在寅宮，卯時則「月在艮山」，月為身也。不過要知道的是，寅時仍是夜，卯時則是晝，有點失時而未能全取吉象。現在先看寅時的「金銀」，以下順序是2842，2642：

　　男「影浸秋波下，聲傳空谷中」，女「花開春正好，人不在長安」。

　　男「鳳德幽深遠，駒陰過玉台」，女「薺甘與苦荼，卻在下場頭」。

　　可以確定的是，女的要等待將來佳節，男的則在主導之中。如果能夠做到的話，男女都會有成。

　　至於卯時，只有一數「2743」：男「巫山十二峰，不與凡人上」，女「天上神仙女，人間富豪家」。誰可以説不是吉象呢？今天最好的是這個時辰。

　　最壞的是申時，昨天申日酉時，今天酉日申時，兩天的「金銀」都是2248：男「足踏雲霄上，蓬人弱水流」，女「○○○○○，○○○○○」。昨天男的不能上雲霄，今天則可以，「月在艮山」在七宮，可以足踏雲霄了！然而，七宮之月是西浮宮，難言有持久性了！

　　如果要擇取吉時的話，我相信只有卯時；子時也不錯，是凌晨的「金銀」3040和2440，分別如下：

　　男「一蟲生雨翅，飛入百花叢」，女「麗日正芬芳，春風吹綠柳」。

　　男「飲泉流脈乾，將見水中月」，女「江梅花正開，春色風中度」。

　　這種看來利於夜生活的男女「金銀」並不是我認許的。我反而覺得辰時好得多，不比卯時遜色，男的「萬里迢迢路，旁溪曲徑通」，女的「斜陽人喚渡，流水泛天涯」；此「金銀」2644之數，可以和卯時一氣呵成。

　　戌時並非不佳，只是需要待將來的收成——2250：男「舉足達紫微，梅花隨雪墮」，女「蟠桃花未實，不用怨東風」。其他時辰平平而已！

⊕ 1月12日（十一月二十八日壬戌）

　　月在艮山，今天是在中度；於香港而言，明天月在巳時會在兩歧之地入摩羯宮。這兩天間切忌捲入是非叢中，否則會令處境惡化。過去十一天以來只遇火羅和土，本身無凶象可言，辰宮之土犯月尤佳——不在辰宮或酉宮之土則不利女命，至於生於晝之男命無礙，夜生者則凶。

　　辰時之數最佳，以子宮為命宮，月在福德。2745數云：「花發向波心，天香施水面」屬男，女命則為「菡萏波中出，鴛鴦水面游」，且又有貴人臨命。如果錯過時辰的話，戌時的男女關係就不同了，男的恐怕要「忍」，女強男弱，2547説：

男「浮舟上急水，飛躍多鳶魚」，女「河東獅子吼，好事歡難完」；此後三天，假如與女方之往來是生意，亦不會如意。情感方面而言，今天與戌時扯上關係後，男的可以準備被女的轟炸。所以，辰時得意則好，不然就滿天烏雲了！

今天除辰卯兩個時辰之外，男人「吉」處在別的時辰都比女人好一些。子時女命要小心，3141 之數有兩凶，早點返家睡覺為妙，「孤舟流水急，○向溪灘○」。卯時有如昨天的辰時，男女俱吉。除了子卯辰三個時辰外，女的宜靜不宜動。

✳ 1 月 13 日（十一月二十九日癸亥）

月於巳時入摩羯，今天日在 24°～ 25°之間，下弦之際月可借日之光。猶如 1 月 1 日耶元元誕無異，辰時不如丑和午時，未時最凶。還需留意的是，由於金星已去到引日的位置，而水星則退行到 5°，未時不利，更勿貪小平宜──「水計相會」乃掠他人之財為己用之象。

如果要點出上次亥日和今日之別，那就要看酉時了。上次月在對宮，今次則在摩羯，對宮只有火空則明的羅睺。日月共宮於丑，女命「見月則論月」較男人為重要。這酉時命在酉宮，「金銀」是 2351，男「西風送行色，斜日照丹墀」，今見日在西沉，日已盡矣！難怪女的是「琴彈廣陵散，無語怨黃昏」。拍拖男女切忌於黃昏時分手，扮上「碰戲」的角色，變成一分手也要分手了！廣陵散乃名曲，今已不見，「琴彈廣陵散」喻女視男為知音人也！

✳ 1 月 14 日（十一月三十日甲子）

月在摩羯出現於中度，這時計月會合，計帶凶煞劍鋒、孤虛、黃幡，小心身體健康；男女宜留意飲食。日環食於今夜之後出現，更由於月在退氣，以日月為命度者均處於乏力之時，毋傷神於任何事──明月會更好。

今天辰時也許算是最好的時辰，但基於上面所言，看來還是不要太過着意盡取辰時的好處；這是今天和 1 月 2 日的不同處。紫木相刑的星象説明了驛馬受阻，宜靜不宜動，因此今天不適宜遠遊。

更忌者是今天見有桃花。己丑年以日為桃花，日蝕之時桃花受損，此乃不可不知的事。

⊕ 1月 15 日 （十二月初一乙丑）

月借日光之後於夜間入子宮，之後月便進氣，而且也離開身在摩羯之象。今天稍後水星便停止退行，金水夾日月，帶官符、年符，但也帶天喜、亡神。由於為日月所夾者是吉的話，則會有佳事，夾凶者則必凶，所以，今天和十二天前的丑日各有不同之處。

今天最佳之時辰是巳時 2537：男「壁上畫山水，四時維如一」，女「春風應轉蕙，秋水有明珠」。女命宜進取，巳時命宮見驛馬也。男於這時辰會有靈感、第六感，不妨看看有何佳事。巳時最吉祥，上次首選未時則為次選，日月拱照丑宮；今次的丑日比 1 月 3 日更佳，因為日在深度，先入為主也！同樣的詮釋法也是亥時，「金銀」2343 和 3143 的詩偈是：

（男）虸蚨生兩翅，飛向九重天。飯糧猶茹草，被袗衣鼓琴。

（女）海棠春正發，夜雨濕胭脂。前生緣分定，虛度幾重山。

「夜雨濕胭脂」看來是悲從中來，但在日月拱照之下，力之大者是「海棠春正發」。

卯時同樣要如上次避開，男吉女凶的 2335 也：

（男）金錢買松竹，白雲深處栽，（女）○○○○○，○○○○○。

⊕ 1月 16 日 （十二月初二丙寅）

先說最凶的時辰，與十二天前 1 月 4 日無異，是辰時。星象是「木打寶瓶須粉碎」，唯一可避免的人是年命屬納音木的人。因此，安常始終是吉事。

過了辰時便是一日中最好的巳時，星象是驛馬發動，今天和 1 月 4 日一樣，貴人近身。

較好的時辰，出現於凌晨子時，「金銀」2333 說男命「天表霓虹見，風吹向洌泉」，女為「莫報東風急，好花春日開」。貴人拱照，土生金貴，可惜今天仍在冬天——春天的寅日則合天時。話雖如此，卯時日月夾金，利男亦利女——金是男之情星。今天這卯時比上次寅日的還要好，是最佳時辰的首選。「金銀」2336 說，男「晝間人秉燭，直入洞房中」，女「夫人神氣定，綽有林下風」——該是舉行婚禮的好時刻。

除此之外，今天各時辰只是一般而已，重大決策勿用。

2009 年己丑

（2009 年 2 月 4 日～ 2010 年 2 月 3 日）

天祿	天暗	天福	天耗	天廳	天嗣貴	天刑	天印	天囚	天權	科名	科甲星妻	文星	魁星	官星	印星	催官	祿神	喜神	爵星	天馬	地驛	祿元	馬元	仁元	壽元	血支	血忌	產星	生官	傷官
日	水	炁	計	羅	火	字	木	金	土	土		炁	金	火	羅	炁	火	土	水	計	水	日	木	土	火	土	土	水	計	水

2010 年 1 月 16 日卯時

辛	丙	丁	己
卯	寅	丑	丑

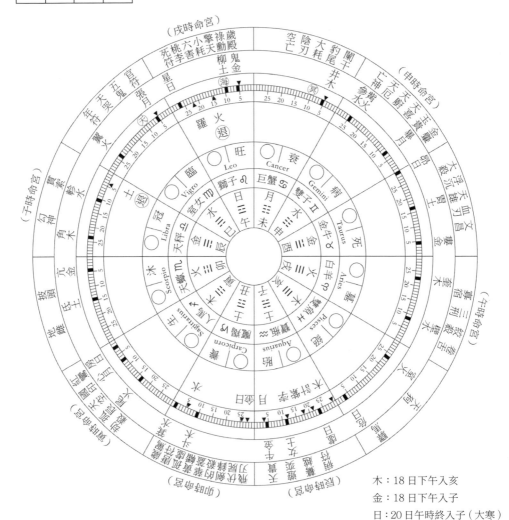

木：18 日下午入亥
金：18 日下午入子
日：20 日午時終入子（大寒）

⊛ 1月17日（十二月初三丁卯）

　　星宮諸星無大變化，僅有月是走到紫計中間，變成奴星夾身；不過，黃昏之後木星會進入雙魚宮——是「文章秘府」的吉象。因此，今天和明天最好安常，明晚靈感會湧現，然而這星象會支配明年庚寅。如果有什麼要事，不妨待到那時才幹。

　　今天的卯時如昨天無異，男女都宜，「金銀」3337說男「鯤浪上扁舟，縱橫隨波動」，女則「瓜葛本相連，荊棘何勞爾」——這於日月夾金之下，男女間是彼此關心和互助。

　　酉時亦佳，月在子宮有貴人見臨，去到中度變成日月夾金字，愛情受到日月之庇護了。「金銀」2743以神仙眷屬來比喻說：「巫山十二峰，不與凡人上」（男），「天上神仙女，人間富豪家」（女）。連接着的戌時也好，其餘時辰平平而已。

⊛ 1月18日（十二月初四戊辰）

　　今天自午時之後木和月同在天門亥宮；金在子宮得生，男人情星得地。至於女的，火旺南離，亦情星得地也！

　　子丑寅三個時辰不吉，不直比晝作夜，晨昏顛倒的夜生活。寅時最凶，木宮主在兩歧之地，紅鸞、天喜橫空，怕無喜事而見血，故2337說「篷萊隔弱水，子女生舟中」（男），女命十個大圈，待產婦女要特別留意。丑時於夜生活者而吉，2436說：男命「燭與月爭光，飛空天上絮」，女命「寶瑟十三弦，更張韻更清」。子時（2535）之男命進取為「杯水成海河，乾坤自我持」，女的則「驚散梁間燕」——這是夜生活的序曲吧！

　　卯時金水在命，惟冬天不知火羅未免太冰寒之感，不宜啟程赴外旅行，2238說男命「泥橋逢雨雪，淺水釣金鱗」，女命則「玉容那改移，只愁花驚鏡」。

　　戌時始終最好，火羅在命，男女俱大吉，2745說得最好：「花發向波心，天香施水面」（男），女「菡萏波中出，鴛鴦水面游」（女）。任何交往，是生意上的，或情感上的，戌時最為適宜。辰巳午未申平平，唯女命小心午時，有一凶。

⊛ 1月19日（十二月初五己巳）

　　今天是星期二，「己未」取己日未時行婚禮最好；今天不成，可試後天辛未日巳時；男的可能「飛向九重天」，女的是「前生緣分定」，「金銀」數3143，2343作此肯定。今天未時木月巳在天門，日月夾住未時的官祿宮和金星了。至於巳時命坐天門，今天亦作首選，比美未時，唯不可作婚典之用，3341的「金銀」說，男「牡丹花樹下，蜂蝶結雲屯」，女「蜂蝶怕春寒，好花風裡過」。

辰時諸星駁雜，遇貴則可，否則安常為吉。雖然今天無男女俱凶的時辰，但其他時辰亦未見得太好——未巳例外。工作上如要找相宜的時辰，倒不如多待一下，26 日開始時月會入申宮，連續前後兩天是日月拱照，其中必有好的時辰。

今天中午太陽過宮，午時有不穩定之樣。2242 說得不錯，男為「春晝玉壺閒，桃花芳草陌」，女則「海棠春正發，惆悵五更風」。桃花在枝上隨風飄落了。

⊛ 1 月 20 日（十二月初六庚午）

昨天午時桃花不穩，今天亦不見好；太陽未過宮前，午時以戌為命宮，火羅以女的情星拱照於午宮，但主奴共處，火星退行讓位，於女不利，唯怕三刑傷身。今天太陽剛入戌宮臨兩歧之地，一樣不穩定，命宮是酉而非戌了。原圖的水和太陽亦已由丑入子宮，剩下的是水星在丑拱照。水星單行不吉，泛濫之象，所以「金銀」3343 說女的「玉樓防失足，金菊暗傷情」，男的則「春深花卉發，細柳為誰青」。

杜甫《哀江頭》有言，「細柳新蒲為誰綠」，這兒是「為誰青」，是衰訴自己的傷心史。我特地抽出午時此則，原因是每三十天太陽必過宮，此乃一變。所以，在今天開始的三十天內，各時辰的命宮和之前就退了一個宮，「金銀」也移位在這一個宮之中。上一次屬午的是 1 月 8 日戊午，今天是第二次午日，十三天之後是第三次，到第五次午日則不在子宮——他會去到亥宮天門。

這樣看來，即便每天十二時辰的「金銀」有十二模式，但由於太陽過宮，星象也就不同，「金銀」十二模式因星象不同也就隨之而改變了。雖然一年中每一個人遇到同一「金銀」詩偈會有很多次，但要明白的是，每次的星象都有異。納音年以五行金木水火土分部，每部有 78 金銀詩偈；但由於星象在變化之中，78 首詩偈便隨之轉變。因此，今天 3343 不僅以前出現，將來也會出現，但實際情況則次次不同。女的今天也許風平浪靜，不會暗傷情——今年火年無恙，但他年火年又怎樣？人生會遇到多少個火年？不妨屈指一算。

今天太陽在兩歧，什麼時辰也不穩，好的時辰是 2345 的申時，男「南柯鸞鳳立，天表景星行」，女「蜂釀百花酒，其甘與世殊」。上次午日（戊午）是 1 月 7 日，同一詩偈今次有變，今次橫空的是陰刃、劍鋒、空亡、歲駕……上次出現於月照天秤星象，今次則否。天時地利人和怎樣，唯自己知了！

一個人的成敗，往往決定於一兩件重要的事，是轉捩點的大事——必見於「金銀」詩偈所描述到的。

抓住它，如果那是你要的！你的心會跳出來嗎？

避開它，如果你看到凶危之處！

今天的午時申時會否給你一點試驗，不妨一試。

⊛ 1月21日（十二月初七辛未）

今天卯時太陽在子宮1°20'，算是離宮丑宮末度和子宮初度了。月在戌，水在丑宮，金在子宮，火仍在午宮退行，木在亥宮初度，而在辰宮的土星也退行，要到4月上旬便退入巳，重演「土埋雙女」的凶象了。細觀今天星象，亥時應是最不好的時辰——「金銀」2549男命一個「刀」字已足夠凶了：「持刀破魚腹，珍異在其中」；女「雙飛鸞鳳曲，莫道怨知音」。

最吉祥的時辰是未時，2745說，「花發向波心，天香施水面」（男），「菡萏波中出，鴛鴦水面游」（女），何故最吉祥，命坐玉堂貴人，皇室金轝，天貴拱照。巳時次之，神煞有祿勳、歲殿、國印拱照，命宮的則不吉。話雖如此，我們不可以「神煞不吉」就覷視巳時2343、3143的隱力和重要性。我說「神煞不吉」是就今天的星躔而論；今天會否落實某些人身上，還繫於人的八字星盤。很顯然的，今天的星象對和尚、道士、隱士，其他的人不會有異，難道我們因此而說「金銀」不靈準嗎？

「金銀」是否出自陳摶、邵康節，我相信無史料可以找得到；即使在崇禎本陳仁錫的序文中亦未提及，置於書本的訣辨只有幾例用「金銀」來談命局。「金銀」的歲運是指用子平大運和八字日柱地支而得。正因有「男命」、「女命」、「歲運」之字眼分條列於「參詳歌訣」之下，我用本書來研究日支和時辰地支，這是前人未有的。「金銀」和星象相關亦未有人知道。由於本書有點似年鑑，而懂得七政四餘的人實在罕見，因此只能大略地點出「金銀」和星象之關係。寫到今天（1月21日），我覺得不需要用前十二天的寫法。因此，我要做的就是解說最吉祥、最不吉祥的時辰，其他吉凶參評的則不會抄出「金銀」中完整的詩偈，讀者如果想知道我沒有寫出來的，只要翻閱「附錄」己丑火年一部便成。

現試以酉時為例，2347，男的是「大海變桑田」，女則為「西月正東上」，不吉亦不凶。星盤上的酉時，以午宮為命宮，日在西沉宮，確是「宏開日月落」——月在戌，是指比日遲兩時辰「東上」。這和「西墮」並無矛盾。酉時之月於今天比太陽遲兩個時辰才會去到地平線下——亥時以辰宮為命宮。

今天值得談的是這四個時辰（未巳酉亥）而已！

⊛ 1月22日（十二月初八壬申）

日所在是卯時，將子宮和午宮畫一直線貫通，則西面是午宮。今天在晨曦之時當可見到西邊天涯的微火，而東方的則是金星（子宮7°），離開中心30°之處是辰宮，有火星。至於水星，它在東方地平線30°約處。紫羅計孛並非有實體的星。然而，在占星學來說，日是和計紫孛同宮，駁雜之象也！自1月20日開始——日在子宮——卯時命宮都不能說無瑕疵，但我們卻不可以卯時為不好，因為天貴在命，金轝、玉貴、天喜拱照，歲殿、祿勳直照。金星自21日就在日和孛的中間，要到26日才去到孛

前。星雖駁雜，但日金字順排可以說是桃花陣——日為己丑年桃花星，金字水月為情感之星。怪不得今天卯時女命是「花開春正好，人不在長安」，男則「聲傳空谷中」，（2842）。昨天卯時並不比今天的好過，女是「結果難為果」（2541），「親親人未久」（2941）。

「金銀」應寫於明朝，男命有「○」（凶）一則都見不到，女命則有四則，原因何在？正室夫人只有一個，為妾為婢的女命自然居多，所以今天的女仕們不要見到大圈就以「凶」字來看自己的命或本書所說的時辰。「人不在長安」可能說老公無用，妳才會這樣；「河東獅子吼」其實並非悍婦，而是女強人；「結果非為果」也是許夫不生性，「惆悵五更風」亦然。我曾見過好幾個女強人，女命是十個大圈（其中一個是《果老新詮》案五，她除十個大圈後還有兩句：「蘭房花正開，門帳人如玉」，惆悵是因為丈夫不濟事，所謂「人頭豬腦」也。）

今天時辰最佳是午時，男命為「南柯鸞鳳立，天表景星行」，女則「蜂釀百花酒，其甘與世殊」（2345）。未時男命要「背水相傳信」（2246），大費氣力；戌時女命「瑤池人宴後，明月夜空寒」（2349）。申時女命亦不易受：「月落銷金帳」（3347）。男命今天如何？不過不失而已。

☀ 1 月 23 日（十二月初九癸酉）

今天十二個時辰說的是什麼？哪兩個分別是最凶最吉？現在看看這個表列才說好嗎？

時辰	金鎖銀匙
子時	2440，3040
丑時	2541，2941
寅時	2642，2842
卯時	2743
辰時	2644，2844
巳時	2545，2945
午時	2446（3046）
未時	2347（3147）
申時	2248（3248）
酉時	3349
戌時	2250（3250）
亥時	2351（3150）

括號之數無詩偈。由於地支有十二，這兒的是酉日，其他五個酉日（乙酉、丁酉、己酉、辛酉）都用此表。「附錄」中有十二個這樣的表，所以，六十甲子中所有的酉日都用此表。在這兒之前的每日談都不能缺少這種表，將來酉日都不能。但是，以後酉日的星象都無相同之處。星象有圖無文，這些表有文無圖，只有二者相配合才成。西洋報章上的占星專欄作者怎樣寫每日談？他們和我最相似的地方是着重浮沉點 ascendant，我則用太陽之所在定命宮（每時辰的命宮都不同）；他們當然看星象，不過我多他們多了的是借助「金銀」來作參詳之用。在 1 月 1 日開始的幾天內我不提星象，其實我是顧及了的，不過要到「月照天秤」星象出現我才說出來吧了！

我寫這本書，最大目的是展示出「金銀」應如何應用，俾使將來有人繼承我的占星系統。如果我不這樣做，不去將星象顯示出來，讀者一樣讀到每日時辰是怎麼一回事；但是，這不是我想見到的事，因為我百年歸老後便後繼無人了。我要寫的書，如果自感無不朽價值，寫來有什麼用？正如希臘歷史學家浮斯迪底斯（Thucydides）在《白羅奔尼戰役》所言：「我這本書之撰寫並非為了迎合當前讀者品味，而是為了名山事業的永垂不朽。」

好了，話說回來，今天的好壞如何？

子時命宮在卯，木歸垣於亥，有驛馬拱照；卯宮主在午有桃花——春色滿園，宜留在家中；「金銀」如是說。丑時神煞吉：紅鸞，國印，金輦，玉貴，桃花都關切，但由於妻星獨行於丑宮，金銀說這水星泛濫，「九年禹洪水」！寅時的命宮為歲駕，但七宮空亡，女命「花開春正好，人不在長安」，男命則宮主退行，遇火得生，「鳳德幽深遠」。故寅時還可以過得去。至於卯時，以日所在之子宮為命宮，天貴，金輦，玉貴，桃花，祿勳，歲駕足可證明「巫山十二峰，不與凡人上」的男命和女的「天上神仙女，人間富豪家」了！辰時男女都不錯，國印，祿勳，歲駕拱照，命坐墓庫，富貴格也！女的要把握時機，男的多走一點路，婚姻可成。

最凶的是申時，命坐空亡在外亡，七宮水星無別的星阻其泛濫，怪不得「金銀」說男的「足踏雲霄上，蓬人弱水流」，女則十個大凶的圓圈！

後天黃昏月會去到申宮，日在子宮構成「日月合璧」的好星象。西洋占星強調的是拱照 trine，與此可以說是相同的。他們認為 120° 的拱照是合諧的，我說的「日月合璧」亦然。因此，明天之後將有好的星象——而今安常的過兩天吧！今天的其他時辰平平而已——月於未時由戌入亥宮，是空亡旅途，不可亂動。

✴ 1 月 24 日（十二月初十甲戌）

今天各星所在跟昨天未時之後無別，但不可不知道的是今天月在婁金度，昨天則在「文章璧府」。午時之火與月成 90° 角，不合諧處僅次於對宮直沖。火是女的情星，亦可作夫星來看。火旺於午，酉為金，這個金火屬性於今天火月的 90° 角是不能

忽視的，因為流孛在子宮 13°，不僅成為一個 T 型小星象，而且也因孛直射火羅激起其怒氣。以西洋占星而論，西方占星專欄作者絕對不會看不到 90°角的火月：

「愛情關係要有容納性，脾氣不可大，尤其是正午之時。萬一控制不住而爭吵，就於事後請求對方原諒，兩天之後必無事矣！」

事業方面，今天需要有進取性，對異性更要主動（光浦按：「退行」火星）。工作環境和氣氛不錯。

類似這種文字對什麼人都適用。普通人視這種專欄為消遣讀品而已，靈驗與否並不重要。假使今天沒有讀占星專欄，但事實卻又和情人吵架，他幾天後無意在執拾舊報紙而讀的話，也許他會歎道：「怪不得我們吵嘴了！妳看！」

卡卜勒替華倫斯坦看星盤，上世紀藝術哲學家阿當奴於 1952-1953 年替「羅省時報」Los Angeles Times 撰寫占星專欄——今收於 The Stars Down to Earth and Other Essays on the Irrational in Culture 一書之中，而我也寫這本每日談的書，共通點是有的。他們的理論和我不同之處在於求證。今天午時這個時辰可以證於「金銀」2547 的詩偈：

（男）浮舟上急水，飛躍多鳶魚。
（女）河東獅子吼，好事歎難完。

所以，今天戌時是我不能不提的時辰，至於最好的當然是辰時 2745 一數：男「花發向波心，天香施水面」，女「菡萏波中出，鴛鴦水面游」。辰時的命宮是木在亥宮，木帶驛馬，紅鸞，星象一點不錯。當然，卯宮也是好的（這是昨天辰時的同一數 2644，2844），男女俱吉。

日出之時就是一天的開始，好的星象和「金銀」就是好的一天；易經說「帝出乎震」就是這個道理。西洋占星以浮沉點為次要找出的事，以之為基礎來解說星象便成。

我的每日談到今天已談了二十四天，相信讀者可以看得出我在將來的探究中會怎樣做。香港的夜生活對好些人重要的，如果亥子丑寅這幾個時辰有值得留意之處，我是會挑出來一談。不然的話，我的重點仍然是集中論及「日出而作，日入而息」的時辰。如無必需，我會用詮釋性的文字談「金銀」，只注明其數而不反覆的抄下詩偈原文，專門性的星象文字也儘量避免，務求讀者可以讀得明白。己丑年再過九天便轉入庚寅年，是納音楊柳木，所用到的不是己丑年火部。木部的詩偈是帶着另一個面貌出現；至於星盤上的各宮神煞也是位置有異。

☀ 1月25日（十二月十一日乙亥）

　　破曉時分金星於東方水平線湧現，太陽隨其後而東升；這是一個令人充滿溫暖之感的早上。向西邊天際望過去，火星猶帶着餘暉，不過它卻因東升旭日而漸漸將光芒讓給滿懷歡悦的人。今天適宜簽發文件，主動去談生意，對方是男或女都樂意聆聽。

　　是星期一了，昨天如有和別人有磨擦的話，今天不應因不快而悶悶不樂。午間之前人事和諧，唯要小心的則是午時（香港是 11：24A.M. ～ 1：24P.M.）防有意外，女的要比男的更要加倍留意；小則皮肉之傷，大則如交通意外。如有桃花出現，忌之。男女不會有異；是桃花劫。縱使你情我願，這亦不會有結局的。如果午間出外用膳，最好做獨行俠。

　　申時不要太着急，或想去完成工作，如有什麼等待的事，採取不緊急的態度便成。好消息要來的話，定遲會到來，今夜可以出外消遣，也許午夜前有意外之喜。如果有夢，看來不會夢到妖魔鬼怪的，但卻未如昨夜的好了！

　　日月拱照於日落時分正式開始了！

☀ 1月26日（十二月十二日丙子）

　　今天不似昨天好，雖然未起床之前月已在雙子星座；是日月拱照。連續兩天都宜於工作上的事，如批文，指令之簽發，人事上可以和同。辰時是最適宜在這方面下點功夫，務求得到落實。

　　男的今天比女的容易過。情感生活是利男不利女。女的最吉祥時辰是黃昏時分，即使漫步海畔，借着落日的紅霞，也可以與之交相輝映，在異性眼光別有韻味。日間如果覺得納悶，或工作壓力太大，女的宜於公園，海濱長廊，或類似之地如沙灘、山頂散步。今夜宜早睡了！是男的也好，女的也罷，亥時切勿因小事而爭吵。

☀ 1月27日（十二月十三日丁丑）

　　今天是日月拱照的最後一天，是第三天了！這次和月初的一次有點不同。上次日月拱照驛馬、歲殿和祿勳的神煞，今次則是國印而已，只利用為官及行政人員。金水月孛或天喜、紅鸞不牽涉到其中，自然不易有結緣的事。唯可喜者，今夜亥時 9：24P.M. ～ 11：24P.M. 卻見到好象，是花前月下的好時辰！錯過了時機的是女方，但如果男的可以把握時機，自然可以身登仙境，找到不老的嫦娥。這個時辰為3143，2343 的金銀管籤。如果有小孩子誕生，男的是「飯糗猶茹草，被袗衣鼓琴。蚨蚜生兩翅，飛向九重天」，女的則是「前生緣分定，虛度幾重山。海棠春正發，

夜雨濕胭脂」。今天仍屬己丑牛年；牛仔牛女也！

其實，今夜黃昏之時已宜結婚禮儀，配合相迎，利之四鄉，如果不太晚的話，酉時和亥時大吉，但拜天地之正式儀式要避開 7：24P.M. ∼ 9：24P.M. 的戌時。今次與日月拱照相關的是亥卯未三個時辰，只嫌卯時於女不太好。

日月拱照又名為「日月合璧」，天長地久也！每個月前後只有七天而已；若果要配合好的時辰的話，恐怕有的是三、四個，是真正的黃道吉「時」。

⊛ 1月28日（十二月十四日戊寅）

嫦娥在月窟，三五月團圓。

今天月早在月殿，於朱衣客的讀書人是一吉象。中午之前是黃金時光。如是，上午萬事俱宜，什麼事要幹的話需於上午開始，是否可以完成不必理會，取其「善始」之意，英語的「好開始是一半完成」就是這個意思。

譬如說，取考試來看，只要於 9：25（早上）開始便有利；過了 9：25A.M. 就是繼續下去，不會因為以下幾個鐘頭好不好而有損。要有好結果的話，好開始是先決條件。

月得位是今天特性，月神有無比媚力，也就是說，男的今天千萬不要得罪女神；據云西哲蘇格拉底因為得罪她才被懲罰，吞毒藥而身亡。

⊛ 1月29日（十二月十五日己卯）

天地有情，火羅夾月，金星引日。天上人間，充滿和諧氣氛。今天宜順天意而行，縱使人事不一定無小風波存在，只要能夠做到盡力以赴則無悔吝矣！

日出之際，夜間寒意亦漸消散，維多利亞港也許平靜下來了。今晚是月圓之夜，月在東升，留在家中勝於到外面消閒。至於日間，工作一切順利，午間外出用膳，如果與友人一起，不妨慷慨多一點。別人此間會注意到你的一舉一動；多一點關懷，得到的回報是你想像不到的。

⊛ 1月30日（十二月十六日庚辰）

今天是你的第二天需要向身旁的同事，或家庭的要員去多點表現自己優處的日子。如果要找相似的日子——在今年之內，甚至到明年底——恐怕今明兩天是剩下來唯一的日子。如果你是女性的話，今天可以多一些打扮，衣着方面尤要留意，也許會有人對妳說：「妳今天顯得特別美麗！為何以為不曾看到呢？」異性會向妳投以驚訝之態。

一個發自內心的微笑，幾聲問好，伸出雙手去扶助別人，添加多一些禮貌……妳贏得的回應，無論妳知道與否，都不會是妳在過往平常日子中可以想像得到的。

至此，我可以賣個關子指出原因何在。今夜月照柳梢頭；又是日躔牛金度，金星引日，在日之前，日月又對望。

✺ 1 月 31 日（十二月十七日辛巳）

你會有點內疚——感到前兩天未能盡力而為嗎？如果你會的話，恭喜你，因為你是一個「獻出者」（giver），而不是一個「攫取者」（taker）。一個人內心世界總較一事一物的外在世界重要。

隨着歲月的迴轉，月神也開始慢慢的離開羅火；物換星移是不變的自然法則；生有其時，變有其時，內省亦有其時。未破曉之前，你感到火月同宵的消逝嗎？月西沉了，她帶着蒼白的臉對望着東升的太陽，正如春殘花落，一朵花會不會依依不捨的向蜂蝶凝視，要感謝他們曾經相伴的日子呢？！

這該是卯時「金銀」2339 的隱義吧！明天是 2 月的開始，今天是 1 月最後一天了！再過三天，牛年也讓位給虎年。新的開始很快就會到來。這過去的兩天到今都無凶危的時辰，今天仍然如是，盡量享受月神帶來給你的好時光吧；看看中午會否有好消息！愛你的人對你說什麼呢？！記着，兩天之後便是日月合璧的好日子。

會否是江梅花正發，先報隴頭春呢？！還是，在中午之前確有令你震驚和意想不到的事發生？！

今夜宜早睡，凌晨時分是空亡旅程，人皆宜靜不宜動。

☾ 2010 年 2 月（February）

✺ 2 月 1 日（十二月十八日壬午）

今天實在不易控制自己的情緒；如果要找出原因，恐怕是太陽由牛金過渡到女土的星象使然。不過，木星已去到天門，天象仍然好的。

黃昏之後有好消息，你宜細心觀望一下。

連續五天以來，生命的樂章就好像「西班牙隨想曲」無異，似乎進入了這個己丑牛年的總結，一件件不同的樂器奏出的旋律相互交織，逐一奏出其音符的聲響。這是高潮的湧現；是男，是女，不妨在欣賞中看看，和弦中見紛爭，紛爭中見和弦。

☀ 2月2日（十二月十九日癸未）

看來一切回復正軌了！即使明天才開始見到「日月合璧」的好星象，但今天一樣充滿吉祥，沒有「凶」的時辰。工作稱意，人事和同，一星期以來還未完成的工作今天可以有結果的。蜜運成功的「飛向九重天」，「道是無形器，四時萬物生」，「前生緣分定」，「大海變桑田」，「太白騎龍馬」，「雲開逢暖日」……在不同時辰出現，哪一個時辰可以印證你的今天呢？！

今夜宜早點休息，擁抱動聽的生命旋律入夢。

☀ 2月3日（十二月二十日甲申）

旭日東升的一刻說明「鳳德幽深遠，駒陰過玉台」；如果未得到如意的事，明天開始的庚寅虎年會給你補償，到時甜的、苦的總會出現。

正午時辰最吉祥，「南柯鸞鳳立，天表景星行；蜂釀百花酒，其甘與世殊」。假使你在午時看不到的話，不妨作今年最後的出擊，在未時。你要試圖接觸最關心你的人；可以是同性，也可以是異性的人。

我很難相信一個星期以來不會有重要的事發生於任何人身上——當然，我日日談到的，是對年青人，中年人而發。小孩子，早已退休的高齡人士、長者是例外。

世界是年青人的，今天牛年是一個階段；生命的樂章還會有未奏完的。明年的虎年在明天便開始了，今天凌晨的「日月合璧」正是前奏曲。明天演奏的音樂是史蒂勞斯《春之歌》，而非柴可夫斯基的《悲愴交響曲》。

☀ 2月4日（十二月二十一日乙酉）

今天日出時分正好是牛年虎年的交接，也是節氣的轉移。日月拱照驛馬、祿勳，是好的開始。天地之氣還未穩定，不宜於卯時有大動作，要到正午才可以如常活動，尤其是女的——「枝頭春玉李，一朵綻先紅」（金銀2420）。至於男的，要有紳士風度先讓女的招展一下（lady first），不可着着爭先，不然的話就會傷害她們的自尊心了！因此，這天仍是男女社交的好日子。

申時男的可以尋夢，女的充滿溫情（2321）。黃昏之時漫步海濱，遊船河值得一試，「紅波推畫舫」。在愛河中人大可高歌一曲〈這是我們的一天〉（Mattinata），儘量落實星象使之為人生之轉捩點。

今天未時極佳，「尋釣夢春澤，投身北海間」，「暮去更朝來，春花幾芳馥」（2321）；它跟昨天的內容有異，是虎年庚寅和牛年己丑不同吧了！

如果日月拱照之地有好的神煞，即使也有凶的存在，其時辰是擇吉的首選。

2010 年庚寅

（2010 年 2 月 4 日～ 2011 年 2 月 3 日）

天祿	天暗	天福	天耗	天廳	天嗣貴	天刑	天印	天囚	天權	科名	科甲妻星	文星	魁星	官星	印星	催官	祿神	喜星	爵星	天馬	地驛	祿元	馬元	仁元	壽元	血支	血忌	產星	生官	傷官
月	炁	計	羅	火	孛	木	金	土	月	金		水	水	金	金	孛	金	金	木	水	金	水	水	金	木	土	土	木	孛	羅

2010 年 2 月 4 日卯時　立春

己	乙	戊	庚
卯	酉	寅	寅

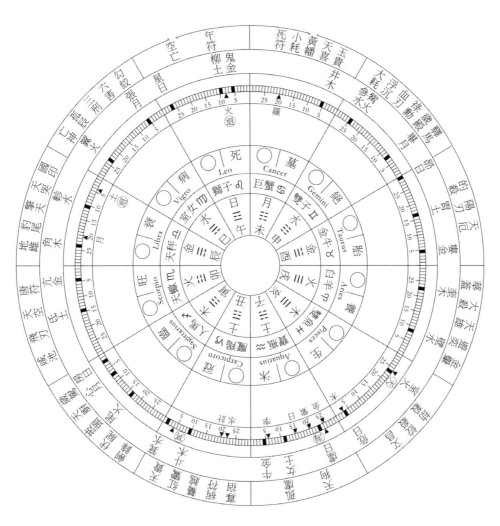

春有利名：2 月 11 日至 20 日金入亥與木相戰

⊛ 2月5日（十二月二十二日丙戌）

　　兩天多的日月合璧過去了，今天月去到卯宮，「玉兔東升」也，望文生義，也用不着我去解說，有誰說不吉呢？！如果在巳午間的時候向西方海平線進過去的話，當可見到她「猶抱琵琶半遮面」之態。這樣早西沉是失時。所以，今天可以說是男命勝過女命，傳統星命學會認定卯時、午時於女不利，但這不一定蘊合男命獨當一面的吉祥。

　　一日之計在於晨；男的在今天若果在辦公室的工作不忙的話，他就宜於出差，或做點公關的事。女的則需要安靜下來！今天是潛思默想的一天，今天也是極具靈感的一天。好好的讓心靈的世界告訴妳知道：

　　是夢醒了（2422），還是「難許自由身，是心難飛走」（2620，2820），一如美智子當年無法避開明仁太子？

⊛ 2月6日（十二月二十三日丁亥）

　　今天是星期六，如果不需要上班工作的話，對男或女仍然是靜思的好日子。愛情的花朵待放了，能夠結果則需要彼此間的努力——「能開頃刻花」，但要「祝花宜壽」（卯時日出時的啟示）。細看各時辰的「金銀」詩偈，無不點示這一回事。

　　假若有錯過了的良辰美景，現在男的不妨去收拾舊山河，申時說及「新枝發舊花」（2424），「金杯休覆水，琴瑟再調弦」是巳時2721之數，酉時更會「蓮花隨步起，風雨過池塘」（2325）。戌亥二時辰都不會說出「此情可待成追憶」的迷惘境地。

　　再過一星期，大年初一便會來臨；而今是要做總結的時候了！然而，要知道的是，打鐵需要趁熱。今天的「金銀」確實寫出了愛情有如「熱症」一樣，女的被異性夢魂縈繞，揮之不去了。木年的亥日主題就是這樣，反觀火年亥日則往往相反：「花開難結實」（2450），「無語怨黃昏」（2351）。

　　昨天巳時，今天辰時，「難許自由身，是心難飛走」一次又一次出現；男士們，機不可失！

⊛ 2月7日（十二月二十四日戊子）

　　日出後月仍在寅宮，其他諸星仍未轉宮。今天是星期日。

　　女人今天的情感世界有兩種明顯的傾向：接受和不接受異性變得涇渭分明。採取接受愛的——如果遇到的是好男人——可以「比翼雙飛」（2812），「冬天暖似春」（2711）。若果不接受真愛的，她不是索性做個「桑間女」（2307），將異性玩弄一下，或者不聞不問，就是寧可「空自老」（2408）；是鷗鷺的角色就繼續扮下去，寧可「不

與蛟龍並」存（2206），接受「冷淡是生涯」（3014）。

什麼是愛情，這個問題今天仍無解答，孔孟對它無興趣，是看不起女人吧！莎士比亞亦不知答案，今天的心理學家更不成！

寫「金銀」詩偈的高人怎樣寫男人的反應——對着上面的千面夏娃？他可「舞動錦飛鸞」（3305），「撫手上南山」（2206），「歡時起利心」（3115），或者不顧一切直到「強瀾四倒」（2812）！

不論是男是女，今天他們都一半是天神，一半是魔鬼。

⊛ 2月8日（十二月二十五日己丑）

月在艮山，今天的星象點出怎樣才算有成；男女有份，不會有性別歧視——上天一直隱示男女平等。天降雨給義人，也降雨給不義的人。太陽之下無新事，能夠看得天意則因人而異了！

論時辰，今天非午未兩個時辰不可。午時日在最高之處，男的今天是春天得時而動，「蠶營簇上繭，宛轉吐絲綸」（2612）。王言如絲，其言如綸，言出彌大也，《禮記》有鄭玄之註作如是說。至於女的，就是「神仙不用求，自有桃源路」（2612）。未時的「金銀」同樣吉祥（2713）：

「掌火焚山澤，連天草木除」（男）；「白鬢喜相逢，齊眉並舉案」（女）。

今年是木年，木在天門亥宮；歲星亦得地，行君子之道者必為君子。今天沒有所謂「凶」時，如果有的話，就是為小人者必為小人，在午和未兩個時辰都不能承受其福。

假若你今天要擇吉，你在午未之間作何決定呢？午時是靜態型，有點似不得志而獨善其身，而未時是動態型，得志則兼善天下。今天午時命坐陽刃，有天貴拱照；未時是驛馬，祿動，天廚對照；兩個時辰絕對不會百分之一百全吉。我們以為擇吉是自由的，不妨細想「自由意志」是什麼一回事。

⊛ 2月9日（十二月二十六日庚寅）

香港也進入急殘年中，因為還有幾天便是大年初一。學校放假，打工仔等待出雙糧過肥年。師奶要辦年貨而忙。今天最可愛的星象是「月在艮山，謂其無成不可也」！其所在之天宮是寅，有天廚，歲駕，看來是一吉象了！因此，對這個除夕而言，「有成」自然是與之相呼應，為殘年添上一點色彩。

在人生舞台上，今天是觀看眾生相的好日子，看看碰戲怎樣了。生於丑時的木年命男人會平步青雲（2208）；你會遇到他嗎？生於辰時的女人（2311）「手中持利劍」，小心她的一舉一動，說不定你會在街市或別的地方辦年貨，如果你遇到她

的話。凌晨的時候，你是否仍在酒吧流連忘返，令到你今天上班後還如未睡醒似的，你一定遇到「桑門陌上」的女人了——「金銀」2307如是說的。今夜不要再去了。「采蓮曲未終，扁舟空蕩漾」的是她。壺中自有天地，不要再作醉翁了——亥時上床入睡是健康的，至少在今夜而言。

⊛ 2月10日（十二月二十七日辛卯）

今天早上睡來已是月在摩羯，小心惹是非，其他諸星無什麼變動，只有水星去到子宮。羅計橫空，漏出火土。如果你自上月底以來感到經濟上有點壓力，年關不易過，今天開始一週內會舒服得多了，水星伴紫炁反而令你有孤高之感：眾人皆醉我獨醒。不僅如此，明天心理上更有別的變化，舊曆年人日之前也許得到親友稱許。金木相戰，春有利名之象也。如果你是小孩子，「利是錢」已有斬獲——希望你的赤子之心會有助力。這是星象所說的。

目前還未到有多少大變化的時候，年初七太陽會離子宮入亥——「一年之計在於春」適逢其時，貴人桃花拱照。直到下月下旬之前均利小試，文昌照命也。

今天平淡，男的要堅守崗位——午未兩時辰尤需如是，切勿與異性爭強，你只會吃虧的；其間有女強人在。若問凶時，男人沒有，女的在戌時。

⊛ 2月11日（十二月二十八日壬辰）

今天和異性關係有點吉兆，男女同論（2212）。男「分慶誕辰中，花下人相顧」，女「水邊多綠草，翠竹喜相逢」。不過，男的勿存歪念，女方喜歡的是老實、清高的人。

女的要小心會遇到這個不老實的異性，尤其是午間的時分；他會見獵起心。此人狼披羊皮，有點小聰明，年命非豬則雞。如果遇到他，酉時將會是妳的凶時。

說到擇吉，卯時、辰時最吉祥；其他時辰都不好，更不宜取午時去舉行婚禮——11：24A.M.～1：24P.M.（「金銀」3115）。

⊛ 2月12日（十二月二十九日癸巳）

今天做女人的若非因為是年廿九，為年貨而忙，則整天想到新年轉瞬到來，不知春來之後又怎樣。不是怕這樣，就是別的，情緒完全不穩定，又疑心生暗鬼。身邊的丈夫怎樣？他亦不好過，像是坐着小舟去到禹門，但見波濤洶湧，說什麼話女的都聽不入耳。

做男人在今天是受苦日，千萬不要惹上異性，不然的話，你就會被弄得團團轉。問題之所在是身在摩羯，必惹是非。女人今天有如維港被雲霧籠罩，男人是個看不

到碼頭所在的舵手，鳴笛也無用，只會弄到一團糟！

　　平時日子之中所謂吉凶不會出現；男的女的都是自討麻煩，早點休息為佳：「碧落出烏輪，眾星拱北斗」（2620）。

✳ 2月13日（十二月三十日甲午）

　　如果今天的天氣好，則是「多少魚蝦出，惟有歲寒情」（2315）；但若果陰霾密佈的話，這個年三十晚亦不好過，僅僅比昨天好一點點而已！原則上今天辰時對男的和女的都吉祥，因此最適合兩性化解昨天積下來的怨氣。

　　桃花見於卯宮，男女想明年桃花得力則需在辰時，午時，申時，或今夜凌晨購買桃花作應時之用。已婚者則要想清楚才好做，怕的是桃花會帶來第三者，必須避開這幾個時辰買桃花，或帶回家中。

　　酉時對男人凶，戌時則為女的凶時。

✳ 2月14日（正月初一乙未）

　　今天是大年初一，卯時最為吉祥，男女一樣；最好在這個時辰起床迎接東升的太陽，原因是你可以讓日月夾住這個時刻。辰時之時，如果家中有祖先神位的話，這是燒香的好時辰，金木兩星臨之下，取得「春有利名」之吉兆──片雲天外飛，可見雲中月。假若信仰基督教、天主教，那就祈禱好了！對於無神論者，這時也宜抖擻一下。

　　今天完全沒有凶時，星象如是，「金銀」詩偈亦如是。不要忘記的是，今天是情人節，日月夾住情星──充滿靈感了！若問「靈感」到來的時辰，女的在卯時，男的在申時，而對於年命為木的，更不可放過這時辰的第六感覺。茲列下七十歲以下之下木年：1950，51；58，59；72，73；82，83；88，89。2002，03（今年庚寅始自2月14日）亦應於卯申兩時辰出生之嬰孩，男女均大吉。所列出年份以立春為始，至翌年立春前為止。

　　寫到這裡，想起每個年初一總會在電視台報導搶閘出誕生的嬰兒，今年不會例外吧；其命局如下（男的正好和我一樣）：

　　（男）蠶營簇上繭，宛轉吐絲綸。強瀾既四倒，地道有常經。

　　（女）神仙不用求，自有桃源路。姻緣同比翼，風送上天去。

　　讓我在此祝福他們，希望他們比我更好，因為我沒有的是：生於情人節。

☀ 2月15日（正月初二丙申）

　　今天星象和昨天最大分別是月去到天門和金木兩星同處於亥宮之中。此乃利名近身之象。不過，相似之處是十二個時辰對男、對女都無凶象。由於日月夾住金水兩星，財、情俱得日月之庇佑，除辰時之外，申時亦大吉；文昌，玉堂貴人，桃花，天喜與之相關，我看不到為何今天會有不如意的事。

　　既然是假期，最適宜拜年，小孩子利是會比過往幾年更多；如果在外面出遊，一家大小都會見到「梅花待春風」的怡人景色。也許，今天的桃花已幻作為枝頭的玉李，即使是假山的小樹也散出金花了。萬里清風裡，明月落我家該是今天的答案。

☀ 2月16日（正月初三丁酉）

　　俗稱「赤狗日」，古代的人不出門，赤狗是燥怒之神，遇之不吉。不出門，不宴客，在家「謝年」，祭祀天地和家神；這傳統今天怎樣了？是的，今天的確有「金銀」說的凶象──辰時是女的凶時，午時則是男的。因此，身為丈夫的應在巳時祭祀諸神。星象所示是金木兩星像擁緊在一起似的，金為情星，由於木風強，金為木傷了！難怪 2618 女命之金銀有大圈十個，而 2519 也說：「要祝花宜壽，須求菊蕊仙」。

　　昨天日月夾住金木兩星，今天則是日月夾住相戰的金木。不宜求利求名是今天的中心；所以，不宜出外並非沒有道理。男的要小心午時，桃花帶刀，辰申兩時都有桃花拱照，最凶的是午時。如果外出，慎之。

☀ 2月17日（正月初四戊戌）

　　金星離開木星，走到前頭去，不再刑戰了。而且亦於卯時間離開天門；昨天不甚好的天象再不會在今天重現。因此，卯時末段是月的空亡旅程。月為妻，已婚女命卯時凶，酉時亦凶，陽刃臨命也！男命無凶的時辰，但亦無大吉的，一天平平而已；今天到明天午間之前，日會由子宮入天門，亦有日之初段空亡旅程。

　　如無必要，寧靜的時刻在今天尤其重要。刺激之事不宜，清晨（辰時）去散步，呼吸一下新鮮空氣應該是今天最好的節目，男女同論。如果今天需要上班工作，更要留意自己的情緒，以平常心面對四周事物。

☀ 2月18日（正月初五己亥）

　　今天更要比昨天面對一切，但在事情的處理而言，則有意想不到的力量湧現；看看在工作時它怎樣為你開始。今天的吉祥時辰以此為衡量標準。淡淡的心態勝於

激動和熱血奔騰，一切隨緣，隨遇而安；男女同論。男的看看早上能否到達這境地，女的成功機會比男的更容易，到了下班的時份到來，女的常可發覺自己是做到了！

月在文章璧府，日在空亡旅程的末段；前者安定，後者不穩。日為陽，月為陰；前者代表男性，後者則為女性。

初觀日到中天時的「金銀」就知其中底蘊了：

「在八方荒遠之地都是我的居處，輕微的變動也令我軀體受損的（男）；縱使月有圓缺，桂子仍然飄香千里（女）。」（2622）

⊕ 2 月 19 日（正月初六庚子）

月到滄海之時，三方無吉星拱照和直射；桃花，天貴，紅鸞與之相關切。上弦月的女神感到孤單寂寞；像妳一樣的今天少女會嗎？等待吧，看看四天後那時愛情的春花會否綻放，他總會找妳的，因為他今天的心情不穩定。縱使人生如夢，他仍然相信愛情，妳聽過邯鄲夢的故事嗎？盧生舉進士不第，在邯鄲縣投宿，煮黃粱吃。他未將之煮熟就打瞌睡入夢去了。片刻之夢是五十餘年，醒來黃粱仍未煮熟。

妳看到太陽卯時在天門，還未立定腳步嗎？「金銀」2408 說：日月煮黃粱——妳在滄海，他在天門，相距何其遠？！黃粱未熟，妳醒來，但他仍在天門發名利夢，有金木二星伴着他。

未時他也許會有音訊，到時妳就感到身登仙境了。如果還未有消息的話，將臨的星期四是日月合璧，到時自有分曉。在等待中的心情並不易受，妳得到的回報是重逢的喜悅。今天是等待的日子——對女人而言。今天也是做夢的日子——對男人而言。分別是愛之夢，名利之夢而已。

⊕ 2 月 20 日（正月初七辛丑）

今天是人日；事在人為，星象十二個時辰無不說明這一件事。對男、對女都是這樣，沒有凶的時辰。十二天前的己丑日和今天的辛丑日都是「丑」，不同的是日月金的所在，這就影響到對「金銀」之詮釋有異了。

今天是星期六，假日的氣氛很濃，仍然是做夢的好日子，是愛之夢和名利之夢，人可以成為天神。

你夢到那年在楓葉繽紛中與她攜手一起上南山，月色染雲霓。但你又想到，如果登上三公之位，那麼一生就平步青雲了！這時的你真是意氣風發，四方皆可去的。你有否作出明智的抉擇呢？每想及在年輕時真的需要幹一番事業時，你怎可以遠離塵囂？東山八麥遭到雪霜侵襲，你看不過眼，決定不上南山；你要清除野草，一把火就連好的也燒掉。你也想到要學子產從政，為國家民族做一點事。你遇到三伏的日子，舉目仰天人。夜空的星光如此奪目，即便在湖面反映出來的也令你感到眩惑

了！萬籟清風裡，玉人何處教吹簫？！

她怎樣了？！等待你的歸來——雨過天霽，青山多嫵媚！再一次與你舉案並齊眉。雲飛天外才見雲中月，人生的變幻真如淡雲，在家園或是異域都是一樣，她說杏花煙雨的江南也有暮色蒼茫的時刻，但願和你比翼雙飛，風迭天上去。是的，不用求神仙也可以尋得桃源之路。

「人生如夢，何曾夢覺！」蘇東坡如是説。

寫丑日的「金銀」作者是誰？今天是真正的人日，用不着像前人一樣去用晴陰雨雪占一年的病疫禍福了，因為星象在今天是日月夾着福德和金木兩星的。整篇「金銀」是人的真正寫照。

⊕ 2 月 21 日（正月初八壬寅）

日出前後寅卯兩時辰最好；如果留得住卯時 2210 那就好了，男的在春風中跳舞，女的待知音人到來。今天是星期日，辰時不妙，避之則吉：「當道雪中草，青蛇用蔽身」，「利器手中持，消息長無苦」。這要看看你在什麼地方，早上 7：24 ～ 9：24 有什麼地方可以去呢？假若你是當值警員要去追查一個疑犯，提防有被狙擊可能！

午時雖然不算好，但不如辰時之隱藏殺機。至於對常人來說，早上最好不要對任何人逞強，受損的是自己而非對方；男女同論。即便是夫妻兩人之間，更不要有小磨擦，它可能演發出難以控制的局面——任何人都會向對方施暴力。

黃昏到來之後，浪漫氣氛漸濃，不可錯過。

⊕ 2 月 22 日（正月初九癸卯）

月遶崑崙，也就是西洋星學說的月到雙子星座。午時之時，日月在角度上成直角，是風生浪擊之象。如果你在這個時候向東方海平面望過去的話，就會見到月在風浪中由水平線升起來。今天對男女最不利的就是巳午兩個時辰。

巳時「波浪急」（2313），午時「狂風惡」（2414）。

還未到黃昏，月離開昴而入畢宿，不僅是空亡旅程，而且詩云「月離於畢，俾滂沱矣」；到時下雨並不稀奇，風風雨雨不見於天則見於人事。月為情感之管籥者，所以女人要小心戌時，到時情緒不穩定了。

西洋占星學有一個神話說，獵人奧拉昂（Orion）觸怒了天后赫娜（Hera），她命天蠍去攻擊他；奧拉昂不敵，被天蠍螫死了。今夜亥時看看天蠍在東方冒出地面怎樣？這時的獵人星座便向西下沉，距海面 30°而已！稍遲，奧拉昂便被葬在波濤之下。

參宿三星是獵戶的腰帶，夏朝時「參」是族星，夏商兩族水火不容，參宿下沉

就是心宿（大火）升出水面。「人生不相見，動如參與商」。

中西神話說是都是今天見到的星象。是凶抑是吉呢？星象有圖無文。人事又如何，女人今天情緒不穩是誰的責任？獵人觸怒白色女神而自討滅亡，男人不妨深思一下自己是不是奧拉昂。

⊕ 2 月 23 日（正月初十甲辰）

今天早上月在雙子宮中度，明早卯時則入巨蟹宮的未宮了！今天也是日月合璧前的一天。

昨天和今天星象的分別是月之所在；僅此而已，其他星體躔度變化很小，影響也有限。然而，月今天升出水面之時不會有風生水擊之象了——與日交角是超過一百度。

昨天的神話引發出來的問題要到今天才有解答，那不是我而是「金銀」的解答，是午時 3115 的詩偈是說：（男）「趙人兼晉璧，歡時起利心」，（女）「活計水中萍，姻緣風裡絮」。這兩句詩說明了昨天和今天午時之別了！

為什麼今天沒有情感風浪，原因是今天日出之際充滿吉兆，男的女的「分慶誕辰中」，「翠竹喜相逢」（2212），稍有不美之處是午時提防遇到一個因財失義的男人，或者酉時的人會因追求權力捨棄愛情，因此為妻者惆悵不已（2818）。如果換作是辰時的，那就最好不過了（3313）：

「景星移北陸，五百里賢仁出，在南宮的則是情星；情歸何處？巫山十二峰的雲雨！」

吉凶時辰所在，這是女人要自己去擇取的事。白色女神會裁決他到底是君子好逑，還是個貪新忘舊，見色忘友的小人。

⊕ 2 月 24 日（正月十一乙巳）

這個月最好的應該是今、明兩天，尤其是對於擇善求真而言。要明白的是，日月合璧（或稱之為「拱照」）今次牽涉到的是亥卯未三宮——亥有文昌，未有玉堂貴人，卯有桃花。卯時坐文昌，玉貴桃花拱照，未時則身在玉堂貴人之地，文昌桃花拱之。亥時則坐桃花，文昌貴人拱照。此外，亥卯未三宮內的金木月羅亦佔同樣重要地位——金是天官星，木是爵星，月為天祿，羅是天耗。

由於每宮都有至少一個好的星曜，故亥卯未三時辰都吉。如果遇不到好的話則略有所失，不能說「不好」是由於得日月所蔭庇也！至於亥卯未三個時辰「金銀」所言，詩偈好固然好，但如果不好的話，這也不見得要緊。十全十美的事是不可能

發生的。2010 年庚寅

（2010 年 2 月 4 日～ 2011 年 2 月 3 日）

天祿	天暗	天福	天耗	天蔭	天嗣貴	天刑	天印	天囚	天權	科名	科甲 星妻	文星	魁星	官星	印星	催官	祿神	喜星	爵星	天馬	地驛	祿元	馬元	仁元	壽元	血支	血忌	產星	生官	傷官
月	炁	計	羅	火	孛	木	金	土	月	金		水	水	金	金	孛	金	金	木	水	金	水	水	金	木	土	土	木	字	羅

2010 年 2 月 24 日卯時

己	乙	戊	庚
卯	巳	寅	寅

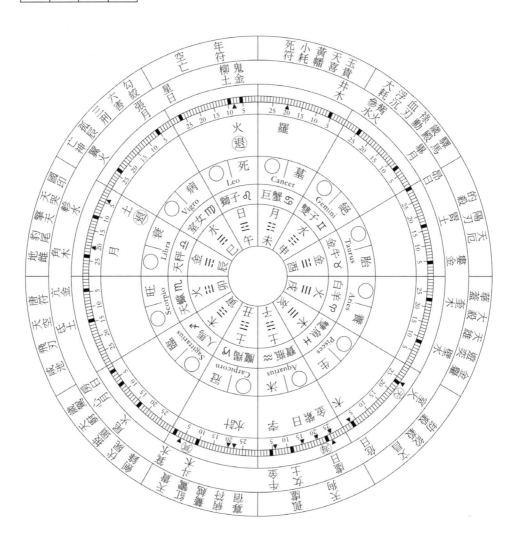

遇到日月拱照的日子，日月駕馭一切，不在亥卯未三個時辰，一切至少作平平來看，無凶時存在。今天是乙巳，文昌、玉貴、桃花是主家，流貫每一時辰，亥卯未三時辰乃落實之象。現在看看：

　　1・卯時（2313）：（男）「禹門波浪急，冬月井中魚」；（女）「日日任東風，女子貞不字」。男命於四十歲或多幾年鯉跳龍門，晉陞也，而女的「貞不字」典故出自易經屯二爻爻辭，《周易古經今註》高亨釋之為：不許嫁則十年乃克許嫁，三年不孕亦終有孕。

　　2・未時：（男）「子產畜生魚，校人得烹食」；（女）「萬里白雲繞，江南日暮春。」子產指鄭大夫公孫僑有高位，即便為他養馬的人也有食了（3117）。另外的2317說男的「江漾南山影，雁從雲外飛」，女為「姚黃並魏紫，相遇五更風」。姚、魏均為牡丹，富貴花也，姚為子葉金花，魏為千葉肉紅之花。

　　3・亥時：（男）「雷是震天鼓，青天無片雲」；（女）「金杯休覆水，琴瑟再調弦」（2721）。

✳ 2 月 25 日（正月十二丙午）

　　今天日月拱照要到明天早上卯時初才過去。其拱照之力瀰蓋到月由未入午宮之前的一刻，今天亥卯未時辰如下：

　　1・卯時：（男）「鵲巢高樹上，風雨絕塵埃」，（女）「冷淡是生涯，何須花簇簇」。玉貴乃朱紫客，無阻於儉樸生活。這是3014之詩偈；2414男女分別是「瓦冷霜華重，飛灰葭管中」，「豈料狂風惡，花開落嫩紅」；「瓦冷霜華重」用典出自《長恨歌》。

　　2・未時：（男）「地軸天輪轉，壺中日月長」，（女）「采蓮曲未終，扁舟空蕩漾」。（2418）

　　3・亥時：（男）「八荒惟我室，變動體無常」，（女）「娥眉月圓缺，桂子漫傳香」。（2622）

　　至於凌晨子夜屬明天，子丑寅三時屬乙未日的事了！

　　至此，我想說一些題外話，《香港亂噏》似是特別行政區最大特色，否則 TV 不會有這種諷刺節目。基此，也許我難免也被視為「亂噏」了。關於「日月合璧」星象，我的《命運組曲》已有最詳細的探勝，茲有一實例和昨天卯時之詩偈相同：

　　〈沒有你是多麼的憂黯〉是亡妻在明城寫於 1973 年 4 月 13 日巳時的詩，該日是己卯日，斯時日在戌，月在午，日月合璧也（寅午戌三合互拱），「金銀」是2313：（男）「禹門波浪急，冬月井中魚」；（女）「日日任東風，女子貞不字」。跟昨天（2 月 24 日）卯時一樣。

　　我過了十天馬上由港回美。我和曼於 1965 年結婚，兩個女兒分別生於 1966，1971；傳統社會認為生兒子才是有「所出」，女兒不算。因此，「女子貞不字，十

年乃字」爻辭終成事實，因為曼和我結婚後十年才有兒子；他是誕生於 1976 丙辰年的。郭僕註日：「字，生也」。

曼的詩寫於一張 Impression Card 上，原卡印有 So Blue …… Without You，題有日期和時間。此詩錄於《果老星宗新詮》附錄的〈兩岸詩選〉內。

⊛ 2 月 26 日（正月十三丁未）

今月最重要的兩天擇吉日子過去了，今天凌晨連續兩個時辰（子和丑）也很具深意（2812，2612，2713）：女的受惠多過男的。有夜生活者也許有用，對於較為早睡的人倒不如在夢鄉去看看怎樣好了！

今天是星期五，工作上的表現女優於男。如果其間有辣手的事，不妨先讓女職員去處理；她們樂意趁機展示一下自己的才幹。

黃昏前後一切要隨緣。亥時不利男，2523 引用典故說姬姓在戰國時為韓所滅，子孫播遷陳宋間；至於女則「把鏡稱月影，朱顏渾未改」。男人宜早睡。

⊛ 2 月 27 日（正月十四戊申）

如果昨夜到今早凌晨在外流連，則可能敗興而返。碰到潑辣婦並不出奇，你也許要攘臂才可以取到珊瑚樹，但願不會連鐵柱也要擊破（2610）。

今天是星期六，未時男女都吉，更利於年命屬木的男人。否則，女的受益於時令還是比男的為多。

⊛ 2 月 28 日（正月十五己酉）

洋人的情人節今年是年初一，今天則是我們的情人節，每年都是正月十五。細看之下，今天比年初一遜色。

月上柳梢頭是昨夜，月在柳土度，今天月已去到星日度了！蘇味道元夕詩云：「火樹銀花合，星橋鐵鎖開。暗塵隨馬去，明月逐人來。遊妓皆穠李，行歌盡落梅。金吾不禁夜，玉漏莫相催。」廿一世紀的情人節怎樣，會否有過之而無不及呢？

先看日出有何啟示。2117 詩偈大致可以語譯為：

（男）黃昏後天色已定，柳絲早將春色捆紮好了。

（女）人人說是桃李的春天，但要愛惜的是桑樹。

日落是酉時，男的「將燈入洞坐，洞裡有輕風」，女則「水畔插垂楊，孫陽黃金屋」（孫陽，伯樂也，古代善相馬的人）。

戌時平平，但亥時則應時而生，坐桃花，玉堂貴人和文昌拱照，利讀書人。整

天星象中以亥時最吉祥和合時，在桃花臨照之下，男的可以「蓮花隨步起，風雨過池塘」，女則「芳草碧連天，塵襟臨弦索」。這次的「塵」襟來自「暗塵隨馬去」的「暗塵」，不是風塵僕僕的塵。

日間時辰一般而已，原因是木掩日光；整天的意義只有亥時。如果抓不住亥時的話，但是虛度這個情人節了。

最後，桃花雖然鮮豔，但不要忘記工作的重要。

● 2010 年 3 月（March）

⊕ 3 月 1 日（正月十六庚戌）

今天太陽仍為木星掩蔽，不過卻比昨天好一點，但水星則由寶瓶轉入雙魚，日月對照，五畢氣聚天門。

木蔽陽光，日為夫，故卯時於女命為凶象。官星亦為夫，官星是水星，過宮也是空亡旅程，故午時女命亦見十個大圈；夫凶則自己也凶！不過，日落之後，女命則得天時地利，月升殿於張月度，助夫可也！

女命日間不吉，夜則吉。男命今天從妻。

屬男命的今明兩天需留意健康。

⊕ 3 月 2 日（正月十七辛亥）

木星今天再不易犯日了，而且太陽行速比它快一點。昨天、今天的男人都應感謝身邊的女人。有枕邊人的男人有福了，她不會丟下你的；兩天以來她都有「難許自由身，是心難飛走」的時刻。所以今天日出時的天象說你要為妻子、情人祈福，缺少了背後的女人你就一點成就也沒有。「金銀」的 2519，2919 要這樣演繹才對。

今早辰時月到天秤宮，為空亡旅程，宜靜不宜動；土星於約 3° 之處相迎，變成土掩月。土為妻，為身，為母，故今天下午勝於上午，男女無異。

⊕ 3 月 3 日（正月十八壬子）

早上醒來可以見到月亮在西方海平面上 30°，土星距離月 10°，所以比月先西沉。今天星象最大特色是月照天秤。在工作而言，星象於男女俱有利，步踏實地去幹，今天是會如意的。唯要留意的是，未時男的恐有意想不到的失誤，但有女貴相助的話，則不會被難倒的。

今天利於出差，男的小心桃花，女宜潔身自愛；可以做得到的話則整天都充滿吉祥。其實，今天根本無凶的時辰。

✳ 3 月 4 日（正月十九癸丑）

今天是星期四。

巳時的月已入卯宮，日月拱照玉貴、天喜，天耗星、羅睺亦受日月之光。這次日月合璧到星期六午時前才離去。正如以前指出過，這被視為受日月蔭庇的時辰為亥卯未，意謂天長地久的永恆一刻吧！

上次日月合璧出現於 2 月 24 日的乙巳日，今次是癸丑日。這兩次亥卯未三個時辰的「金銀」詩偈自然不會相同——雖然太陽都在亥宮，但月則上次在巨蟹宮，今次在天蠍了。到此，我分別將卯、未、亥三個時辰的「金銀」語譯於下：

卯（2309）：（男）自天而來用以調製米麵粉的水，它如滴漏出來的水一樣，可以往四面八方而去。（女）玉杯不一定用來載名貴的濃酒，它亦可盛清淡的，這有如龍和蛇會為一室一地而爭。

未（2713）：（男）你一掌推出，掌力如巨焰那樣具有威力，將山澤和連天的樹、地面的草都焚成灰燼。（女）到白髮幡然你會遇到意中人，彼此相敬如賓；這真的是梁鴻、梁光的再生緣了！

亥（2317）：（男）你心蕩漾出南山那樣歸隱的地方，往雲外飛去吧，不要再眷戀這塵囂之地！（女）富貴花中的「紫」有子葉黃花，「魏」則是紫紅的；它們都是牡丹，遇到五更風起，也會紅銷翠減的。

亥（3117）：（男）鄭大夫公孫僑畜養生魚，他的養馬夫可以烹食。（女）在萬里之外白雲怎會不環抱自己依戀的山巒？！可愛的杏花煙雨的江南也有夜幕低垂的時分！

✳ 3 月 5 日（正月二十甲寅）

不可錯過今天，因為今天仍然是日月合璧的好日子！三個好時辰的「金銀」可以這樣語譯出來：

亥（2418）：（男）天道左旋，地道右旋；壺中日月長。這是天長地久之象啊！（女）妳還未唱完採蓮曲，坐着的小舟還在蕩漾着。

亥（3018）：（男）那些在溪水的綠草像浮萍似的，她吐發出陣陣清香散在空氣中，太令人感到奇怪了！（女）母雞產下如鳳凰的小雞後，回首四顧，母子兩人原來不在塵埃之地了！

卯（2210）：（男）月下有芳枝臨風招展，猶如深秋的黃葉一樣，想着與春風共舞。（女）庭院深深深幾許，月色皎潔可愛，琴調能得幾知音？！

未（2814）：（男）在廣漠無垠的大地上面，清風陣陣吹來；秋月當空，讓簫聲傳到四周吧！（女）秋夜一聲雷鳴，明月要照的到底是哪一個人！我心屬於誰？！

未（2614）：（男）奮臂以起，為取值錢的珊瑚樹，你連鐵柱也擊破了；（女）

妳像鸞鳳一樣，為了引導小鳳學習飛動而忙個不休，其實那只是兒戲而已。

於各時辰誕生的人，詩偈所言就是命局，反復出現的生命主題；擇吉是寄望會成為事實。不過，譬如說在平淡的生活中，今天未時會否說有女命而為母者動了氣，被女兒激到氣沖沖──放開心懷吧，女兒不聽話是兒戲而已，何必那樣緊張？！

⊕ 3 月 6 日（正月二十一乙卯）

今天是星期六，早上卯時仍是日月合璧之好時光，辰時亦然，巳時勉強亦可以；但到午時則月由卯入寅，是「過境」的空亡之旅（void of course）──靜守，安常為吉。未時則穩定矣！其他時辰平平，只有戌時不可妄動，原因是金星由亥宮入戌，是男人情星入空亡旅途──戌時以辰宮為命宮。簡言之：

卯辰兩時辰，男女大吉。辰時亦吉。午時男女宜小心。未時男比女略好一點兒戌時男平平而女則不妙（凶也）。

卯（3311）：（男）朔風從北起，冰鑒照青天；（女）芝蘭出蓬蒿，莫染花間塵。

辰（2212）：（男）分慶誕辰中，花下人相顧；（女）水邊多綠草，翠竹喜相逢。

巳（2313）：（男）禹門波浪急，冬月井中魚；（女）日日任東風，女子貞不字。

午（2414）：（男）瓦冷霜華重，飛灰葭管中；（女）豈料狂風惡，花開落嫩紅。

未（2515）：（男）騎牛逐麋鹿，前程路不迷；（女）木非凡木比，可用作門楣。

戌（2618）：（男）身自攜筐去，憂勤等采薇；（女）○○○○○，○○○○○。

若問所謂吉時、凶時，上面第二段就是了。好奇者則可於卯辰巳午未戌詩偈中看看玄機，要知底蘊則非看星盤不可。如果今年什麼《通勝》與之不合，則他們都是不懂舊學的江湖術士而已。《御定星曆考原》卷六談擇吉時說：

「……一日之間有吉神又有凶神，且有一神而異名者，異其名矣。又有一為吉一為凶者。夫神煞之名不過五行（筆者按：五行見於星盤為金木水火土五星）之生旺休囚干支之刑沖合會（即星盤上各星之於彼此位置上的角度）以為斷耳。術數之徒乃甚言其吉凶以駭眾而震俗。偶有所驗群焉信之。而古之立說茫乎莫知其所由來矣。今吉凶神煞既然註釋，而又即用事註其宜忌，以為選擇之例，亦皆仍曆書之舊也。」（武陵版，頁100）

李光地是清康熙時之天文學家，也是一代理學家，《欽定協紀辦方書》的先驅者；他「所著書皆歐邏巴之學」（阮元語），寫《曆象本要》的他怎會不知星象與吉凶的關係？！

2010 年庚寅

（2010 年 2 月 4 日～ 2011 年 2 月 3 日）

天祿	天暗	天福	天耗	天蔭	天嗣貴	天刑	天印	天囚	天權	科名	科甲星妻	文星	魁星	官星	印星	催官	祿神	喜星	爵星	天馬	地驛	祿元	馬元	仁元	壽元	血支	血忌	產星	生官	傷官
月	炁	計	羅	火	孛	木	金	土	月	金		水	水	金	金	孛	金	金	木	水	金	水	水	金	木	土	土	木	孛	羅

2010 年 3 月 6 日卯時

己	乙	己	庚
卯	卯	卯	寅

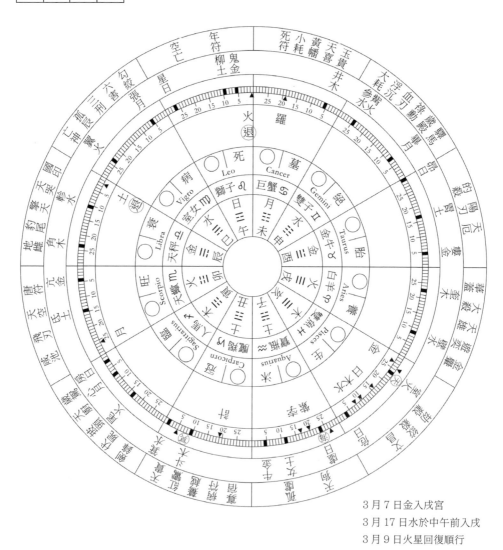

3 月 7 日金入戌宮

3 月 17 日水於中午前入戌

3 月 9 日火星回復順行

⊛ 3 月 7 日 （正月二十二丙辰）

今晨不宜於寅時起床，最好還是留在夢鄉為宜；星象與之相關是火星退行於兩歧之地。2311 詩偈說女的「利器手中持」，男的則如青蛇一樣，要蔽身於雪中草。在女則自己吉，在男則女凶。

卯辰巳三個時辰男女大吉，只有巳時略為遜也。

午時的男人「歡時起利心」，女則「姻緣風裡絮」——不宜於這時辰與男人談生意，寫「調笑令」。總之，要把握好時辰做事則非卯巳兩時辰不可，男女同論。

若問不利者，只有女人與之相關，是酉時；星象是月出心月入尾火度——「復虎尾，不咥人，亨」。

⊛ 3 月 8 日 （正月二十三丁巳）

月球今天仍在尾火度，雖然可以說「亨」，但老虎不咬你只是擺出紳士風度，其心怎樣你看得出嗎？

男人除卯時見有洶湧波濤（2311）外，日間當會如意，但卻非大展拳腳的時候。女的亦不過不失——除亥時因月由寅宮入丑宮以致有情緒不穩。如果男人能把握機會則男女都可以化不宜為吉祥的事。2721 說：「雷是震天鼓，青天無片雲」（男）；「金杯休覆水，琴瑟再調弦」（女）。

⊛ 3 月 9 日 （正月二十四戊午）

月在摩羯！此象要到後天巳時才消失。蘇東坡，韓愈因此象而被貶職，女的則需因惹是非而當機立斷，化不安為吉祥——私奔的星象。對於在職男女而言，能喜用之則男需女之扶持。不過，女的卻要具有慧眼，看清楚哪個男人才值得援之以手才成。火星這天開始順行了。

一日之計在於晨，日出之時男的「瓦冷霜華重」，女的「豈料狂風惡」，這意味着今天事態反覆，是否嚴重則視乎是哪一方面的事而已！

男人要留意未時，釣台下的水中會有鱷魚匿藏（2216）；酉時若路見不平拔刀相助，唯恐自己受傷（2420）。女的除戌時見不利（2521）——最好留在家中，不出外作任何活動——其他時辰平平。如果可以不被捲進是非叢中則最好。

⊛ 3 月 10 日 （正月二十五己未）

今天男人主題是「騎牛逐鹿路不迷」，女的則是看清楚哪個異性是「木非凡木比，可用作門楣」——2515 詩偈。

申時男女俱吉，彼此有利（2220）。午時男的要提防水中藏有鱷魚；巳時女命小心有不測風雲（2317）。值得留意的是亥時，女吉但男有敗亡之兆，需防患於未然，2523 云：「蛇鬥鄭門中，廣陵盟亦載」，此乃男的詩偈：魏敗亡自廣陵始；不宜有任何盟友，勿簽生意同意書，更忌山盟海誓之辭。至於女的則不然：「把鏡稱月影，朱顏渾未改」。

☀ 3 月 11 日（正月二十六庚申）

今天過了巳時月不僅離開是非之地，雖然下弦乃退氣之象，但在斗木度上仍是好的——尤其是對女的而言，火星在斗木度，通身有情。

男女如不安則要避開戌時，因為 2323 說別離之景：（男）「三月無根柳，空中舞柳花」；（女）「梨花滿院香，莫收春帶雨」。當然，輕者可以是機場送行，未必有「執手野踟躕」的悲涼感觸。

午未申酉四時辰對男對女都好，情感、事業無異。男的事業工作方面略優於兩性關係；女則不受此限制。

☀ 3 月 12 日（正月二十七辛酉）

星盤上的月亮今天受到紫孛會合的影響，不論男女，好處是易於心軟，不好之處則內藏心計。男的要避開午時，女的則為辰時；此間惟怕感情用事，因未達中庸、適當而在處事中帶給自己傷害。其他時辰不過不失；率性而行，不妄想，不強求自有快樂的一天。如果需要尋夢，亥時最相宜：「東海植扶桑，西海載弱水」，男人可以看看有無貴人自東面來，來自西面的則不妙了！至於女的，「天外雁聲孤，喚醒佳人夢」是說夢醒的時候！把握這個時辰，看看有無靈視——原因是火在空亡，火空則明，拱照於獅子座。火是女命的情星。前一段日子此象不能有力，退行也！

☀ 3 月 13 日（正月二十八壬戌）

今天午間月亮出寶瓶宮而入雙魚宮。如問不吉時辰，女的較男的要更小心，因為女命見有十個大圈，凶也！男的亦不見好得太多，2521 詩偈說男命「把扇作飛廉，糞塵咸席卷」。飛廉是風神，你手中的是扇吧！因此，縱便你想搖動扇子，你有否想到遺糞塵也被捲起？！

辰巳兩個時辰對女的有利，有緣而又有情的異性說不定於其間出現，尤其在巳時——「難許自由身，是心難飛走」（2620）。然而，小心不要「馮京」作「馬涼」，變成不是冤家不聚首，就是麻煩自討了！

至於男命，金星快到壁水度。今天是星期六，用不着上班，有夢何妨！今天金星引日，水則隨日西行，未時之時拱照己身，可以「東海植扶桑」而不致「西海載弱水」（2422）。

☀ 3月14日（正月二十九癸亥）

今明兩天月球在太陽後面，我們在地球上肉眼看不到她。亥時的天象正好是3327說的無異：（男）「地形接霄漢，在下有星辰」；（女）「風煙欲暝天，日暮江南樹」。月在退氣，月為情感之星，於這方面來說與金水字相似。如果以江湖術士的術數來看，亥日亥時是「自刑」，也許《通書》上說今天亥時是「凶」的時辰。

然而，以今天的星盤來看又豈會如是？！原因是「在下有星辰」正好是日月木水所在，拱照着亥時之命宮——卯。如果要找好的時辰，由午時開始到亥時為止，男女俱吉。雖然今天由子時至辰時是一般而已，但卻見不到凶象。也許今天要注意的並非吉凶的問題，而是月在退氣時帶來的情緒——不易對外間的事感到有勁力可言。

女的於申時可以「新枝發舊花」（2424），情感、工作都有此可能。辰時也有可能「鶯花三月景，天氣又重新」（2820）。試看亥時男命的人，桃花在命宮，玉貴拱照，豈可忽視？！

今天是星期日，何不好好的看看自己的情感世界！命宮的對宮有陽刃，但酉宮宮主金星早已去到戌宮——不列入亥時的拱照，直射星象之中，何凶之有？

日月同在水平線下，日月兩團圓，天地應難曉了！如果我還年輕，我絕對不錯過今天的亥時——兵家必爭之地。即便而今已是二十一世紀，這個亥時不談情感也可以用來傾談生意，或一些與男女情感不相關的事。若果談得不夠，甚至可以延續到凌晨的子時：「雲霞文發散，舞動錦飛鸞」（此乃明天凌晨子時3305的詩偈）。為什麼我作如是觀呢？今天是庚寅年的卯月（由3月6日至4月5日），亥時是在「注受」之地，上天將福蔭注入這時辰之地——卯宮。

☀ 3月15日（正月三十甲子）

今天日間未時的中段是合朔的時分，正好日月都在亥宮的25°～26°。這時，水星也與日月會合在室火度上，而金星則半月前進入戌宮去了！卯時的2408詩偈有云：（男）「水銀鑄鑄鼎，日月煮黃粱」，（女）「鸚鵡尚聲嬌，佳人空自老」。難道不是星象所示嗎——金星孤零零的在戌宮，而日月和水星互躔於亥宮的室火度上？

古羅馬有一個神話，索爾（Sol）和娜拿（Luna）結為夫婦，後來因鬥嘴而分離。索爾和娜拿到底還是深愛着對方；黃昏之際他將緋紅的血灑向天際，但是娜拿卻要在夜間伴着失怙的星兒，她的面色很難看，充滿憂鬱的哀痛。為了保持他剛愎的樣子，

索爾不肯向人間露出他對愛妻的懷念之情。他就在西沉之後待娜拿回來——在朔夜。看見嗎？他們兩人在水平線下，依依難捨了！

其實，在今天未時的時分，他們兩人是在地平線上的，只不過索爾用光輝蓋着娜拿，他不要我們看得到她吧了！未時的2812不是這樣描寫他夫婦二人嗎？詩偈是：

（男）強瀾既四倒，地道有常經；（女）姻緣同比翼，風送上天去。

希臘神話中的莎蓮娜（Selena）是娜拿的前身，而赫利奧斯（Helios）則化身為索爾——月和日為夫婦。

今天沒有什麼不吉祥的時辰，男女同論。通書上如有什麼時辰被列為「凶」的只是撰寫的人之無知，甚至是妖言惑眾的說話。

德國浪漫詩人海涅曾將這神話譜入詩歌中，是寫於1825-1826的《北海》「落日」一章，其中有這幾句：

「惡毒的口舌，就這樣給永恆的神本身

帶來了痛苦和毀滅。

可憐的神們，凄慘萬分……

只是拖曳着他們那悲慘的光輝。」

今天的索爾和娜拿怎樣呢？答案是：「不要夫妻吵架！」

☀ 3月16日（二月初一乙丑）

午時之際月到白羊，出現了日月夾着水星，稍遠則見金星引日而行。這是卯時的「漏水自天漿，八方皆可去」；金水月為有情之星，天有情，地亦有情。星命既談天覆地載，易經也說「天地氤氳，萬物化醇。男女構精，萬物化生」。雖然未到春分（還欠五天），但太陽所在室火已通戌宮，午時開始是「日月合璧」的正格——「鴛鴦璧合，鸞鳳和鳴」。

午時開始後日月火金就與戌宮的星宿相關。這個正格的「日月合璧」比以前所寫到「日月拱照」的星象還要好。如果擇吉，午時未時兩個時辰最吉祥；其他的哪有「凶」時？！它們不及午未兩時辰是程度上吉祥不能達到那樣美好吧了！現抄下午未兩時辰的詩偈：

午：（2812）（男）強瀾既四倒，地道有常經；（女）姻緣同比翼，風送上天去。

（2612）（男）蠶營簇上繭，宛轉吐絲綸；（女）神仙不用求，自有桃源路。

未：（2713）（男）掌火焚山澤，連天草木除；（女）白鬢喜相逢，齊眉並舉案。

我從未想到時辰用吉凶二分法。孟子說「順天者存，逆天者亡」（離婁上）；政權之得失，必須順天應人。《說苑》也有言：「齊桓公問管仲王者何為貴，對曰：『貴天』。桓公仰觀天，管仲曰：『所謂天者非謂蒼蒼莽莽之天也；君，人者以百姓為天。』」文子曰：「政失於春，歲星盈縮；政失於夏，熒惑逆行；政失於秋，太白出入無常；

政失於冬，辰星不效其鄉。」身為統治者如是，庶民亦不可逆天而行。吉凶無門，惟人自招！午未兩時如此美妙，誰不想做個順天以存的人？！

我在這兒寫的是 2010 年，明年的事於今不可印證。不過，但願這書到時可以帶給讀到這本書的人一些好的時光。

✳ 3月17日（二月初二丙寅）

辰時水星正式進入白羊，對宮土星直沖水星，激起水星怒氣，故破室火，剋戌宮。這辰時的星象正好是詩偈說的無異：（男）當道雪中草，青蛇用蔽身；（女）利器手中持，消息長無苦（2311）。男的要小心為女所傷；避之則吉，過了辰時便無礙矣！午未兩時辰男女都好，到申時更妙，男的「假山」也可以「生柳桂」，連女的「種出無方藥，方知造化神」──2715。

為什麼申時這麼好？命坐空亡，火空則明，有情之星金水月拱照於金羣之地也！

✳ 3月18日（二月初三丁卯）

今天星象與昨天之別有二，其一是水星已不在土星直沖的地方，其二則是今天戌時月球過宮，是空亡旅程。所以，不好的星象不是昨天的辰時，而是今天的戌時；男的無事，但女命則見十個大圈，是「金銀」的所說「凶」。如能安常，不逞強的話，當可轉凶為吉。詩偈說：

（2618）（男）身自攜筐去，憂勤等采薇；（女）○○○○○，○○○○○。

（2818）（男）掌上握風雲，前生已先定；（女）蘭房花正開，門悵人如玉。

若果問及男女俱吉的，今天的未時是相當好的（2515，2915）。

（男）騎牛逐麋鹿，前程路不迷。舉目仰天人，用除三伏暑。

（女）木非凡木比，可用作門楣。紅蓮初出水，春草怕飛霜。

✳ 3月19日（二月初四戊辰）

上午日月夾住戌宮及水星，水帶驛馬和祿動；工作上有利，亦宜出差，但對於女命，則要避開酉時。這酉時就是昨天抄下用於戌時的詩偈。為什麼要避開酉時呢？原因是這時的太陽西沉，孤月獨明於陽刃之地，無星相伴是星象，有人在旁則相悖矣！今天是星期五，若果放工後想出外消磨時間，明夜更為適宜，何不耐心等待一下呢？！

至於男命而言，今天是好日子，唯於午時不宜見獵起心，因為「多少魚蝦出，波流天日紅」（2315）總好過「趙人兼晉璧，歡時起利心」（3115），變成「貪」字見個「貧」，到時自食其果了！

☀ 3 月 20 日（二月初五己巳）

　　今天是星期六，晚飯後在酉戌兩時辰的女命為好的時分，勝於昨夜的酉時多矣！此時日已入白羊宮，金水引日，而月又在酉宮，日月貼宮夾金水，夾住了有情之星，又得情星火羅旺於南離之地拱照，豈不美哉？！

　　這是不是蘇東坡說的「柔情似水，佳景如夢」呢？！對於年青人來說，今夜確實如此了！老年人又怎樣？屠格列夫的《春潮》卷首引了一首俄國的古代情歌：

　　「歡樂的歲月，幸福的時日，

　　如滾滾春水，飛馳地流逝！」

　　「每到春來，惆悵還依舊」！「此恨不關風與月」乎？！

　　難怪申時 3018，2418 說「溪漾浮萍草」（男），「采蓮曲未終」（女）；酉時的 2519「要祝花宜壽」——「但願人長久」；整天的高潮於戌時是：（男）「碧落出烏輪，眾星拱北斗」；（女）「難許自由身，是心難飛走」（2620）。

　　今天的星象很不容易會出現，到了下月一日金星便入金牛宮，到時日月夾住兩星，不會在文章璧府上面了——夾的距離太遠而無力！要知道的是，金水不離太陽三宮——金星不離太陽 48°，水星則為 28°；此只出現於東大距和西大距。所以，我認為今夜的日月夾金水是不會年年有的。

☀ 3 月 21 日（二月初六庚午）

　　今天是春分，太陽直射白羊宮零度。早上卯時終月球也由酉入申，遠離金水二星疾馳而去了。過宮的日月本來是不穩定的事；昨夜太陽早就在雙魚和白羊兩歧之地，但由於日月夾金水，此不穩定並非身不安穩，而是情感自身的內在本質使之。

　　昨夜既有那樣子的良辰美景，今天凌晨自然不無延續的情懷，所以子時說男的「木牛出祁山」，女則「江梅花正吐」（2711）。跟着來的是男的「蠶營簇上繭」（2612），女則「姻緣同比翼」（2812）。然而，世間又怎會有「不易」的事呢？盛而衰，衰而盛，萬事有循環，是自然的律法，因此隨着太陽在兩歧之地卯時來臨，警誡信號來了（見 2414 和 3014）：

　　（男）「瓦冷霜華重，飛灰葭管中」；「鵲巢高樹上，風雨絕塵埃」。

　　（女）「豈料狂風惡，花開落嫩紅」；「冷淡是生涯，何須花簇簇」。

　　今天未酉戌三時辰「凶」，辰巳午未平平而已；男女同論。不過，春分這一天於中西星命學來說，是香港「時運、世運」，正如冬至一陽初生是「天運」，立春建寅是「人運」。如是，上述男女的詩偈所管籠的事會受時運、世運影響。看來「風雨絕塵埃」和「冷淡是生涯」是「順天而存」，而「瓦冷霜華重」及「豈料狂風惡」是逆天而行的結果。

　　今天是星期日，宜放緩步伐，舒展一下，不要尋求刺激。

2010 年庚寅

（2010 年 2 月 4 日〜 2011 年 2 月 3 日）

傷官	生官	產星	血忌	血支	壽元	仁元	馬元	祿元	地驛	天馬	爵星	喜神	祿神	催官	印星	官星	魁星	文星	科甲星妻	科名	天權	天四	天印	天刑	天貴嗣	天陰	天耗	天福	天暗	天祿
羅	孛	木	土	土	木	金	水	水	金	水	木	金	孛	金	金	土	水	水		金	月	土	木	孛	火	羅	計	冘	月

2010 年 3 月 21 日卯時　春分

己	庚	己	庚
卯	午	卯	寅

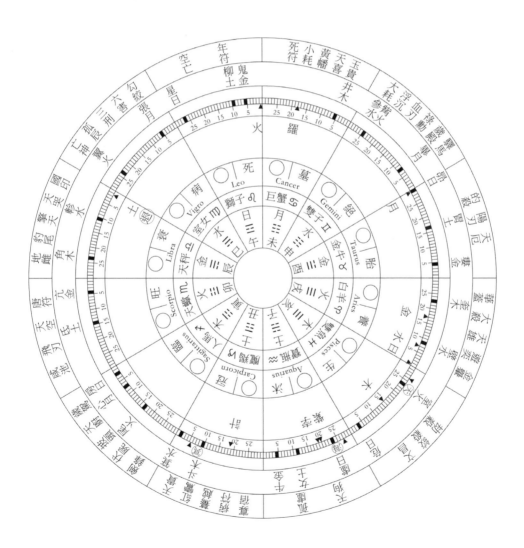

⊕ 3 月 22 日（二月初七辛未）

月球離金水太遠，日月夾酉宮，相距太遠，無力，剩下的是金水引日——此乃向陽之象，花紅當春。金水相生，水星近日；星象説明與水相關申巳最吉，那就是巳時和申時命宮所在。其他時辰一般而已，男女都無凶時。故於此只談最吉的：

巳時： 男命「江漾南山影，雁從雲外飛」説自由自在，也許有雲外音訊傳來好消息。女的「姚黃並魏紫，相遇五更風」只言富貴花唯恐被風吹襲，但由於星象並無此象，所以不應取 2317，而用 3317 的「菱花空穀響，桂子落重川」——有「收成」之意。

申時： 男命説「惟斯屬木人，水清在陰地」是有利於年命為木者。女的「雪裡出梅花，猶待春風至」是好戲在後頭，天時到了，自然地利人和——春風不一定指男女之情。

⊕ 3 月 23 日（二月初八壬申）

中午後月到巨蟹中度，入夜則火月同胃，得木拱照乃花月爭輝，風流瀟灑，精神光彩。若非火空則明，木在亥為文章秘府，則此象不成。

今天男女都無凶時，昨天申時的好象於今天是未時——日間最好的時辰。巳午兩時亦吉，但卻傾向工作方面而言。不過，黃昏時分酉時漫步星光大道或海濱可以應時：

（男）「紅波推畫舫，綠棹逐蛇龍」；（女）「江上月清明，金鞭何處去」。

在西洋星學的角度來看，這時分可以吸取星空的靈氣；看看日落後火月同宵的星象會有益無損——今年的月是天祿星和天權星，夜火是天蔭星。

⊕ 3 月 24 日（二月初九癸酉）

明天下午開始是日月拱照的大好吉日；因此，如有什麼大事開始要做，倒不如到時擇個吉時為好。今天午時男命凶——2420 説「仗劍斷鼇足」，而女命凶時則為 2618 的辰時十個大圈——星盤命宮見陽刃、的殺。

猶如昨天的火月同宵，今夜酉時看日落後可以峻賞夜色。

亥時最吉。2325 説男的「蓮花隨步起，風雨過池塘」，至於女的，昨夜「江上月清明，金鞭何處去」是否為今夜的「芳草碧連天，塵襟臨弦索」的伏筆呢？！沒關係，反正就快是日月合璧的日子了！

⊛ 3 月 25 日（二月初十日甲戌）

　　詩偈中有金玉、龍麟、桂蘭、星斗之類為「吉」，而刀箭、雪霜、旱雲、爭鬥、空缺（以圓圈為代表）為「凶」——這是《河洛理數》卷六（參評秘訣辨）。

　　在過去「戌」日實例之中，女命於「戌」比其他地支的日子最為吉凶分明。今天也不例外，午時女命見代表「凶」字的圓圈。前者是詩偈 2618，後者為 2521。今天星象所示為：

　　卯時：金星躔奎木度，破之；金為男命情星，但卻在火地，對宮退行之土無力生金，剋泄交加，凶象。

　　午時：月由巨蟹入獅子宮，此乃過境之空亡旅途；猶如卯時之金星，月也是有情之星，故女命凶。

　　巳未兩時辰男女俱吉祥，地支為「戌」的日子是吉凶最分明的（屬於木年份不可忽視戌口），可以上天堂，也可以卜地獄。我個人認為巳未二者之中，巳似較好一點：

　　巳時的 2620、2820：

　　（男）碧落出烏輪，眾星拱北斗。清淡梧桐樹，風搖金井間。

　　（女）難許自由身，是心難飛走。鶯花三月景，天氣又重新。

　　未時的 2422：

　　（男）東海植扶桑，西海載弱水。

　　（女）天外雁聲孤，喚醒佳人夢。

　　巳時男女的吉祥所帶戲劇情的成份較未時高。

⊛ 3 月 26 日（二月十一日乙亥）

　　昨天下午已開始日月拱照的日月合璧星象，是寅午戌三宮的互拱。

　　卯時以戌宮為命宮，坐金轝，金水引日，午宮有月，而且又見火空則明，對宮土退行，有國印，寅宮則見天廚歲駕。

　　未時以午宮為命宮，戌宮和寅宮吉，無奈子宮的孛星卻不利午宮——孛直射破午火，沖出年符（爭拗的神煞）。可見 2523 詩偈說的不會錯：「蛇鬥鄭門中，廣陵盟亦載」（男）；對於女命則不會不吉祥：「把鏡稱月影，朱顏渾未改」。

　　亥時是最吉的時辰，比卯時還好，由於日月兩邊拱照，火月同宵，金水引日，故「3327」云：

　　（男）地形接霄漢，在下有星辰；　（女）風煙欲暝天，日暮江南樹。

　　這兩個時辰中最好還是亥時，卯時亦有瑕疵：

　　（男）能開頃刻花，結果不能食；　（女）要祝花宜春，須求菊蕊仙。

　　好事不能長存，要抓住重要的一刻。

無可置疑的，今次日月拱照和上次（三月上旬）比較之下是遜色得多了——祇有亥時這時辰最吉祥。至於明天的，亦一樣不似這月上旬的——這次祇有今天是完整的。

☀ 3 月 27 日（二月十二日丙子）

今天在未時二刻（取一時辰分八刻）的時候，月由獅子宮入室女宮；可以這樣說，過後的日月拱照星象便不見了。但無論如何，未時正因月的空亡旅程而令到男命 2812 的「強瀾既四倒」，是否一倒不起則要看其本命了！而女的「風送天上去」到底是甚麼一回事亦不例外。如是，未時是半吉半凶。

卯時還是男女吉祥的首選，雖然女命詩 2408 云：「鸚鵡尚聲嬌，佳人空自老。」這不及男的「水銀鎛鑄鼎，日月煮黃粱。」

為何我以之為首選呢？！

似乎一般人多不相信「天長地久」而志在「曾經擁有」而已！是真心的話還是為己解嘲呢？這祇有女命主方知道了！

其實，若非未時有空亡旅程，今天日間哪有一個時辰不利男，亦不利女呢？！

☀ 3 月 28 日（二月十三日丁丑）

祇要星象無不妥的話，丑日可以說是吉祥的一天；十二個時辰都見不到「凶」的詩句。無可置疑的，午時是男女的首選，女的「自有桃源路」，男的要「簇上作繭」，趁在立夏未到，春天仍然得時，有恆心和耐性自會水到渠成。男的不可放過今天的午時，細看日支時辰和金鎖銀匙之數，各詩偈無一不吉祥，男女同論。

☀ 3 月 29 日（二月十四日戊寅）

今天酉戌兩時辰的月剛好在室女末度和天秤初度，其間為空亡旅程，女命先後為 2616 的「流鶯語燕嬌，日暮花飛雨」，以及 2517 的「玉雲荷盤裏，瓊珠碎碎圓」；傷得快，癒亦快。

如果亥時的 3018 可以承接下去便會「雞棲生鳳子，回首隔塵埃」。月在辰宮，土犯月尤佳。

男命和女命的戌時不算好，但卻不足構成凶象，避開這個時辰則日之將盡便是「地軸天輪轉，壼中日月長」，裏面自有天地了（2418）！

早點睡覺，尋一個甜蜜的夢！

✷ 3月30日（二月十五日己卯）

　　清晨醒來，日出之時正好月在西沉；月在望夜圓而美，但與日卻在對望的位置，不能同聚一地。在情感而言，男女各自精采，自賞多於傾慕，所以卯時天象說男的「朔風從北起，冰鹽照青天」，女則「芝蘭出蓬蒿，莫染花間塵」（詩偈3311）。今天不宜與異性糾纏在一起，自己做好份內事便好了。尤其要注意的是，如果妳有芝蘭的清香，就要在今天找出頭的時分，芸芸眾生隨波逐流，妳需突圍而出。

　　未時是女命的最好時辰：「木非凡木比，可用作門楣」（詩偈2515）——年命為木的不可錯過這時辰。若不是年命屬木的，則不是不成，而是需要格外小心2915——「紅蓮初出水，春草怕飛霜」。

　　男命最吉祥的時辰也是未時，整天無凶象可言。至於女的，雖然夜間天秤宮中不明孤月獨明，但土星退行，不是伴月，而是朝另一方面離去。夜間女命不宜與異性一起，其人與妳貌合神離　尤其是在日落之後，戌時的2618給妳十個大圈的凶象。今夜和明夜都不利女命，若求好轉，明夜才成。

✷ 3月31日（二月十六日庚辰）

　　今天利男的多，利女的少。雙方俱利者卯辰巳三個時辰而已，巳時之後女的走下坡，男的雖然不俗，但始終不及與女命俱吉的卯辰巳。

　　細觀天象，日有金水相伴，祇怕好景不常，兩天後金水便入酉宮，孤君無輔是太陽獨處戌宮。到時男的要拼命追上去才成；「彩袖殷勤捧玉鍾」，恐怕要明年才可復見了！

　　茲分別抄下卯時（2212）、辰時（3313）、巳時（2214）男和女的詩偈於下：

　　卯時：（男）分慶誕辰中，花下人相顧；（女）水邊多綠草，翠竹喜相逢。

　　辰時：（男）景星移北隆，熒惑出南宮；（女）雲雨歸何處，巫山十二峯。

　　巳時：（男）牡丹花影中，靈清海棠濕；（女）月之長大照，片雲天外遮。

　　星盤上火星正開始在午宮，辰時詩偈完全符合天象！

　　卯時的月亮在辰宮，到申時出天秤入天蠍，正如「金鎖銀匙」的2917所言：「月兔夜光圓，向晚金烏出」。這是日月對望的時分，到了酉時女的是2618十個大圈的凶時。這時辰之後是正式「玉兔東升」於卯宮，星盤上亦見夜火懸空，好一幅火月同宵的景象！昨天曾述及女命要「芝蘭出蓬蒿」的脫胎換骨，此刻戌時應該是完成的階段。女命不妨看看心靈上會否湧現第六感覺，親歷精神上進入新的境地。

🌑 2010 年 4 月（April）

☀ 4 月 1 日（二月十七辛巳）

今天是愚人節。如果因為被人愚弄，被愚弄者並非真正愚人，真正愚人是在今天眼巴巴望着水星這顆情感之星離去而不試圖挽救的人。明天日出之後的太陽會孤君無輔，要到今個月 20 日才去到金牛宮追隨金水情星。幸好過幾天是清明，如果換作是立夏的話，在火星拱日下的男人遂被「烈火摧枯，一陷千丈」了！

今天卯時日出對男人作出警告（2313）：

「為事業而想鯉躍的龍門，實在風高浪急，不要為了工作而冷落妻子，她會十年不孕、不生。」

男命和女命未時不俗，申時全吉——男的「壺中別有天」，女則「采蓮曲未終」。

戌時男命「碧落出烏輪，眾星拱北斗」，女命「難許自由身，是心難飛走」。

☀ 4 月 2 日（二月十八日壬午）

日出後水星走了，太陽在戌宮顧影自憐，孤君無輔！難怪「天垂象，見吉凶」了，午日卯時的「金鎖銀匙」2414 寫得十分逼真：

（男）瓦冷霜華重，飛灰葭菅中；（女）豈料狂風惡，花開落嫩紅。

這兩句是對昨天做了愚人的男人而發的。

至於不作愚人的則不用 2414，而是 3014 的「鵲巢高樹上，風雨絕塵埃」和「冷淡是生涯，何須花簇簇」來分別描述男女命。

申時最吉，「木筆寫青天」為男，「杏花須自紅」為女。

酉時男凶：「仗劍斷鰲足」。

戌時女命十個大圈。

午時男女均不俗。

今天大抵利女不利男；日間孤君無輔，夜間玉兔東升；戌有金峯，卯有桃花。昨天的愚人不能承受此種星象。

☀ 4 月 3 日（二月十九日癸未）

又是天地有情的日月拱照，今明兩天受益最大。

上月底的日月拱照不夠完美的於此可得到補償了。至於星象方面，今次更佳。月在艮山（寅宮），謂其無成不可也！日月拱照火空則明，是寅午戌三合的天象！

猶記以前說過，今天不妨再強調：「一切最吉的時辰是日月拱照的卯未亥三個時辰，一切最有意義的事須這樣擇取，務求美好的可以落實。」如果要找出比較遜

色的則是辰時，若得天貴之助則羊刃便難逞凶了！

卯時可助迷途羔羊走出迷宮，此指男人而言，女的則得其所用，木命者為得用之大才（2515）。

未時的 3319 於陷於谷底的男人走出生天，衰極必盛也，女則與金井梧桐無異；梧桐相待老，愛情堅貞。

説到亥時，星象是月在艮山的寅宮，2523 之男命「蛇鬪鄭門中」，蛇妖敗亡，自己重見天日，而女命則朱顏未改，與風華正茂之時無異。

其實，今天自凌晨開始的子丑寅三時辰都吉，子時的月亮經空亡旅程入寅宮，穩定後男的宜進取，女則坐享其成：詩偈是 2812 的「姻緣同比翼，風送天上去」，2713 的「白髮喜相逢，齊眉並舉案」和 2814 的「一聲秋夜雷，明月落誰家」。

✳ 4 月 4 日（二月二十日甲申）

今天仍然是日月拱照，如果不是此象，由於昨天今天的水星已在酉宮，孤君無輔的男人哪裏有救！

還未見到日出！寅時就先來報訊：「假山生柳桂」和「種出無方藥」指命宮中木在亥，長生之地也！《果老星宗》説：「亥有木星，主圖書，乃文章秘府之星。」好了！

卯時到來之時正是「金鎖銀匙」的 2616 説「斗秤皆均物，權衡有萬殊」——時斗杓指向申宮，白羊宮中的太陽重遇天秤上退行的土星，這時太陽在壁水，接近 15°。日為君，月為臣，君慶臣會於日月拱合的一天！

亥卯未這三個今天最佳時辰的「金鎖銀匙」怎樣説：

亥時（2424）：（男）波中生日月，鏡底見乾坤；（女）螺蠃負蜈蚣，新枝發舊花。

未時（2220）：（男）惟斯屬木人，鏡底見乾坤；（女）雪裏出梅花，猶待春風至。

卯時（2816）：（男）冰霜得令節，以候辨陰陽；（女）芳草正連天，那看黃梅雨。

（2616）：（男）斗秤皆均物，權衡有萬殊；（女）流鶯語燕嬌，日暮飛飛雨。

今天是甲申日，今年是庚寅，如果以傳統通書來説，今天正是天沖地沖（甲庚沖、寅申沖），歲破，豈無凶時——尤其寅申兩時辰則非「凶」不成了！我已述及寅時，補上申時 3321：

（男）井上有綠李，鹽梅氣味同；（女）花開向春晚，花謝果還稀。

星盤上妻宮為有木的亥，有文昌直照，拱照的則為天貴；稍為不算好的是陽刃宮，但無星落實其凶，那就是「虛」凶，不足為要也！

無怪乎李光地會這樣説：「術數之徒乃甚言其吉凶以駭眾而震俗」！我要説的卻是：「今年的《通書》作者中，凡説今天寅申為凶者皆不學無術之徒！其實，星象無凶時，即使「金鎖銀匙」亦然，現特地抄下其他時辰之男女詩偈以作佐證：

辰時（2917）：（男）江上一犁雨，芳菲起淡煙；（女）月兔夜光圓，向晚金烏出。

（2517）：（男）金魚溝內躍，風動紙鳶飛；（女）玉堂荷盤裏，瓊珠碎碎圓。

巳時（2418）：（男）地軸天輪轉，壺中日月長；（女）采蓮曲未終，扁舟变蕩漾。

（3018）：（男）溪漾浮萍草，流芳自吐奇；（女）雞棲生鳳子，回首隔塵埃。

午時（2319）：（男）木筆寫青天，硯內龍蛇動；（女）杏花須自紅，葑菲定不美。

酉時（2222）：（男）紅波推畫舫，綠棹逐蛇龍；（女）江上月清明，金鞭何處去。

戌時（2323）：（男）三月無根柳，空中舞柳花；（女）梨花滿院香，莫收春帶雨。

我未抄的子時祇有「劍」字或可被視為「凶」，其實這未必對，2513 的化青蛇未必一定是事實：

（男）花渠暗水流，出沒有難識；（女）風蒲美轉定，能化青蛇劍。

至於 2913 則是：

（男）秋月照寒冰，飛雁落沙汀；（女）風吹香夢醒，天曉子規啼。

今天十二個時辰於此一目了然；如果江湖術士的《通書》說及凶時，他就說多錯多了！座中自有江南客，莫向山中唱鷓鴣。

✳ 4 月 5 日（二月二十一日乙酉）

今天是清明節！節氣時刻皆以地之經度而定，在香港來說，上午六時二十分之後已入節氣了！禁火寒食，上墳掃墓，踏青春遊的習俗到今不變。

卯時 2717 指出：

（男）柳線繫春光，暮天色已定；（女）傳言桃李春，為惜桑樹是。

對男對女是應時的話，因為隨着日月合拱剛好過去，今天為先人奉上靈柴，我們會否聯想到人生有酒須當醉，一滴何曾到九泉？！

月也在摩羯宮了，是否「身後是非誰管得」？

時代不同了，以前采薇是征夫為王事而到邊境守衛，妻在家守候，載傷載哀。今天丈夫去掃墓，妻子莫阻撓，阻撓則凶矣！

辰時的 2618 詩偈應作這樣看。順夫之意非真凶也！何不趁清明時節而作春遊呢？！

人生如朝露，巳時給你一點靈感吧！

未時到來，男的不妨思索自己是否「尋釣夢春澤，投身北海間」，而女的則知道「暮去更朝來，春花幾芳馥」是甚麼一回事？

今天掃墓後要靜思一番，沒有甚麼吉凶可言，靈感湧至方是最大的收獲。所以，亥時得文章秘府的拱照乃今天的總結：「蓮花隨步起，風雨過池塘」。

✸ 4月6日（二月二十二日丙戌）

　　昨日、今日、明日都是身在摩羯，最好是對異見包容，男女同論，包括對家人和同僚。沒有人可以幫你做到，因為孤君無輔。昨天辰時的 2618 於今天是日出於卯的主題。女的尤其要提防爭拗和是非的出現。不然，則卯時和午時可能變成戰場，為的是無謂的瑣事 2521：

　　（男）把扇作飛簾，糞塵咸席卷；（女）○○○○○，○○○○○。

　　最好的時辰不是沒有，但必先要置身是非之外，才會見到巳時 2620、2820 的吉象：

　　（男）碧落出烏輪，眾星拱北斗；（女）鶯花三月景，天氣又重新。

✸ 4月7日（二月二十三日丁亥）

　　月退氣，女的情緒易陷低潮而難以自制；男的愛莫能助，孤君無輔，幸好在壁水度上，仍可保持澹然清澈之觀感底動力。

　　今天的未時月在兩歧，男女都不穩定；前面紫孛向月招手，尤怕紫怒於子，2523「蛇鬥鄭門中」的「散」象驗於家屋，女之「未改」不是指其貌而是木性！如是，未時則為雙方最「壞」的時辰！

　　整個下午和黃昏的「金鎖銀匙」詩偈男命在動態：午時提及「變動」，酉時「隨步起」，戌時「風雲起」。而女的則為情感上的反覆：午時「蛾眉月圓缺」，申時「新枝發舊花」，酉時「塵襟臨弦索」，戌時「飛花落燕泥」！

　　最好時辰是辰時，男的見「眾星拱北斗」，女為「天氣又重新」（2620、2820 兩詩偈）。最好和最壞兩時辰之外怎樣則祇有當事者才知了！

✸ 4月8日（二月二十四日戊子）

　　今天早上土星已退行到室女宮末度，前後在 27°～30° 的範圍內活動，或前行、或退行，要到 7 月下旬才離去。此乃土木對沖的星象——木在亥、土在巳。

　　除了月每月經小周天一匝外，羅計橫截漏出天蔭火星和天囚土星，祇要金水和日未越過羅睺，下個月下旬之前天囚和天蔭可以說是夜間的天象特色！火星女人情星，情星生天囚土，為情所困也！當土星未退入室女宮前，土對生亥宮之金，金為男人情星，男人遂為愛情之囚人了！

　　火星是尅金星的，金一旦與火有關係，拱合、對沖以至會合，英雄難過美人關！很多人說「男追女，隔重山；女追男，隔層紗」，何解？金不能敵火也！更何況，金需要火煉才成，所以每個成功男人後面必有一個女人是自然律。

　　話說回來，木土對沖必有刑傷；土為災至緩，木之對尅急而速。應期唯有命主

原星盤可考，不屬流日星盤範圍的事。有傷必重，那祇有事主才知了！

今天月在寶瓶，紫宇貼身相迎是主象，其他星位與昨天分別不大。日出的卯時2408說男命「日月煮黃粱」，在發夢，人生大夢也（邯鄲夢）！而女的則如嬌聲鸚鵡空自老。

巳午兩時辰的男命宜出外傾談生意，「木牛出祁山」說會有小成。

未時若有不妥，可向異性求助。

至於女命則今天由於月近宇，情感滿溢；留意未時向妳求助的異性是誰，他可能是妳的 Mr. Right。

☀ 4 月 9 日（二月二十五日己丑）

以前說過，丑日對於男命和女命來說是吉祥的一天；今天的星象中申時命宮土被木沖，這需要看清楚一下才成。此象名為「土埋雙女」，如果今天有暴雨警告，尤忌土崩樹塌，可以有2614說的「擊破生鐵柱」，或2814之「一聲秋夜雷」的摧毀力。年命屬土和水，木更宜小心。

如果不是由於這星象的凶象，今天屬於申時的2614和2814詩偈本身不可用「不祥」兩字論之。

至於吉祥的則非午未兩時辰莫屬了！午時2612的「宛轉吐絲綸」隱言宰相職掌絲綸，內居黃閣，今居高職的男仕不可錯過午時，女的「神仙不用求，自有桃源路」亦然。午時俱利男女，未時次之。

其他時辰，包括凌晨的子丑寅，日落起酉時至戌亥沒有不是吉時的。

☀ 4 月 10 日（二月二十六日庚寅）

辰時月過宮入亥，天門上是日月夾木；但由於過境屬空亡旅程，難怪2311說出凶象：

（男）當道雪中草，青蛇用蔽身；（女）利器手中持，消息長無苦。

辰時利女不利男，故男命者小心於此時辰中遇到異性中有惡婦！

於昨天起至這月十九日，每天申時是內藏凶象的——即使「金鎖銀匙」詩偈述及吉祥之語，它依然是吉中藏凶的時辰。

今天最吉祥的是戌時，卯宮坐桃花，火月三方拱照；雖然月在退氣，不過可借火光，「金鎖銀匙」詩偈是2917：

（男）江上一犁雨，芳菲起淡煙；（女）月兔夜光圓，向晚金烏出。

如此佳景不可錯過，因為亥時更見2418的：

（男）地軸天輪轉，壺中日月長；（女）采蓮曲未終，扁舟空蕩漾。

《詩經》說「窈窕淑女，君子好逑」，今天詩偈並不意含終局是否「琴瑟友之」

或「鐘鼓樂之」。❶後事如何，且待事主分解了！

❶ 《詩經。周南。關雎》：「關關雎鳩，在河之洲。窈窕淑女，君子好逑。參差荇菜，左右流之。
窈窕淑女，寤寐求之。求之不得，寤寐思服。悠哉悠哉，輾轉反側。參差荇菜，左右采之。
窈窕淑女，琴瑟友之。參差荇菜，左右芼之。窈窕淑女，鐘鼓樂之。」

✳ 4 月 11 日（二月二十七日辛卯）

還未到天亮時，木星便露出於東方海平面，卯時則見太陽，三十度內無星相
伴。如果雲層不湧現便是「朔風從北起，冰鑒照奇天」的景象，其實也似是「芝
蘭出蓬蒿」吧，稍遲，金水也冒出水面，太陽被金水和木月上下環抱着。這辰時
彷如 2212 說的無異：

（男）分慶誕辰中，花下人相顧；（女）水邊多綠草，翠竹喜相逢。

日月中間夾着木星。我在三月十五日時談及索爾和娜拿的神話，前者是太陽神，
後者為白色女神。看來他倆明夜在白羊宮中作每月一度相逢時，第三者不會夾在其
中的。

今夜戌時，月亮仍在亥宮與木星一起，而太陽在戌宮也許等得不耐煩，真的想
找個藉口離去：「采薇」！假若他真正走了，到白色女神明夜回到相逢之地便人去
樓空了！

今夜戌時危機重重；男的想走，女的則小心在危月度上遇到的不是木星，而是
墳墓四星。上次未說完的神話於此再加上這般小插曲以補不足。

今天最好的時辰是未時的 2515：

（男）騎牛逐麋鹿，前程路不迷；（女）木非凡木比，可用作門楣。

✳ 4 月 12 日（二月二十八日壬辰）

今天是「日月合璧」的正格，出現於亥時，時月剛入戌宮初度，日在壁水末度。
今年祇有三天，到 15 日凌晨後便完結，時月出戌入酉。入宮是月的空亡旅程，末度
也是不穩之地，會否是「凶」象呢？

一點也不凶！

亥時的 2820 和 2620 分別說出男女之象：

（男）清淡梧桐樹，風搖金井間；碧落出烏輪，眾星拱北斗。

（女）鶯花三月景，天氣又重新；難許自由身，是心難飛走。

索爾即使想走也不成，娜拿怎會放過他，其實，日間無一個時辰不利男，女的
亦然（除了戌時）；今天最重要的不是那些時辰而是亥時。

如果要擇吉，不是「最好」的就不要，次吉（second best）要來何用？！

2010 年庚寅
（2010 年 2 月 4 日～ 2011 年 2 月 3 日）

天祿	天暗	天福	天耗	天蔭	天嗣貴	天刑	天印	天囚	天權	科名	科甲星妻	文星	魁星	官星	印官	催官	祿神	喜神	爵星	天馬	地驛	祿元	馬元	仁元	壽元	血支	血忌	產星	生官	傷官
月	炁	計	羅	火	孛	木	金	土	月	金		水	水	金	金	孛	金	金	木	水	金	水	水	金	木	土	土	木	孛	羅

2010 年 4 月 13 日卯時

乙	癸	庚	庚
卯	巳	辰	寅

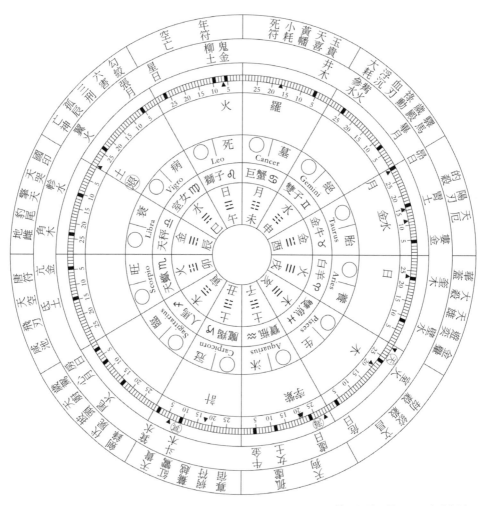

4月8日至5月5日，木土對沖。

✴ 4月13日（二月二十九日癸巳）

今天這個吉日又如何？在「金鎖銀匙」而言，昨夜的詩偈見於戌時而非亥時。
亥時的2721：

（男）雷是震天鼓，青天無片雲；（女）金杯休覆水，琴瑟再調弦。

索爾與娜拿分別一個月再次復合，老天當然勸她可一不可再，索爾也許覺得上次娜拿不對，雷鳴不已！然而，有雷無雲又怎會下雨呢！娜拿又怎會不知月有陰晴圓缺？！

今天沒有一個時辰是凶的。

日落的酉時，以至戌亥都吉祥，男女同論。

✴ 4月14日（三月初一甲午）

星曆上「朔」的一刻於香港計算所得是19:07，是戌時，「金鎖銀匙」的2521說：

（男）把扇作飛簾，糞塵咸席卷；（女）○○○○○，○○○○○。

索爾和娜拿快要作別了，為何不「凶」呢？！

亥時的「二六二二」更清楚的說及索爾（男命）的「變動體無常」；「八荒惟我室」是自我解嘲吧——當然，瀛寰的四方八面是太陽系移動之所。月無色，日月共在水平線下，天空祇見天囚土和天蔭火，正好是詩偈女命的「娥眉月圓缺，桂子漫傳香」。

「我離開你，為的是將來回到你的身畔」，這是泰戈爾的名句，也許娜拿更會這樣對索爾說：「不要哭泣，祇有這樣我們才可以將離愁變得美好。」

神話故素這裏可以得到星象的印證，明早凌晨之後娜拿便要踏上旅途，帶着悲愴的心在空亡旅程中往金牛宮而去。到那時候，可憐的索爾獨處於白羊宮中，他還需渡過五個孤單的日子才成。他步伐緩慢，但他要追娜拿，他的金水情人在金牛宮待他到來，這是他未知道的事。不過，今早他和娜拿升到海平面之時他就知道今夜是離別前的一刻了：

（男）瓦冷霜華重，飛灰葭莩中；（女）豈料狂風惡，花間落嫩紅。

索爾比唐明皇幸運，他祇需捱一個月「翡翠衾寒誰與共」便不會孤獨了。三十天後娜會再回來！

今天除上面幾個時辰之外還有未述及的，它們都算是吉時。在直照不如臨照，臨照不如拱照的星象下，今天不可以算是日月拱照而是日月會合的一天。

✴ 4月15日（三月初二乙未）

昨夜於戌時合朔，月於今早子時和丑時之間出白羊而入金牛宮。娜拿的離去於

索爾來説是「強瀾既四倒，地道有常經」，對娜拿而言則是「姻緣同比翼，風送上天去」——這是子時的「金鎖銀匙」2812詩偈——她知道索爾會待她再來，到時「白鬢喜相逢，齊眉並舉案」了。

丑時的啟示確實如此，因為命宮在寶瓶，一火高明於南離之地：「掌火焚山澤，連天草木除」。看來索爾要抖擻一番去指揮雨暘，叱咤風雲了！這才是太陽之所以為太陽。

關於日神月神的神話，各個文化無不各有異同之處，非洲發現夏娃始祖的足跡是考古學的論據。如果由非洲神話來看，日月會合出現日蝕乃日神和月神交歡的一刻亦不無道理。據云他倆有七個子女。是否那就是水金地火木土天王、海王七個星體呢？！——幾年前天文學家將冥王星剔除了。

好了，今天時辰吉凶怎樣了？除了木土對沖的申時可作吉中藏凶未看之外，以「金鎖銀匙」的角度觀之則衹有亥時男命2523屬「凶」：「蛇鬬鄭門中，廣陵盟亦載」，原因是「刀箭、雪霜、旱雲、爭鬥、空缺」為凶。

今次日月會合沒有日蝕之象，如果有的話，那是凶象嗎？空亡旅程是凶的嗎？今早子丑兩時辰是吉還是凶？西洋占星不喜歡用「災禍」（Diaster）一辭；我們説到的「災禍」，西洋以「麻煩」（Trouble）代之。

誰無麻煩？問題是多少吧！索爾和娜拿怎會無麻煩？！天神也是有血有肉的，跟我們又有什麼分別呢？！

✴ 4月16日（三月初三丙申）

今天是星期五，月到滄海，金水引從，而日則在後緊追。日落後月和金水便可以在西方海平面上顯得清楚了。獵戶戀慕的七姊妹昴星團也出現在夜空之中，金牛是二者一水之隔。千萬年以來臘戶與巨人互息干戈，無奈七姊妹對他來説是可望而不可得，這也是天神的苦惱。不過，索爾較他的運氣好，可以和妻子一個月聚會一次。

人間的事今天怎樣？

午時男女俱吉，2319説：

（男）木筆寫青天，硯內龍蛇動；（女）杏花須自紅，葑菲定不美。

男命可以一展身手，女命不要作「大頭芥」，不要妄自菲薄，好好的一顯才華吧！

如是，未時則會更進一步「待春風至」！

申時是「花開向晚」。

女命除子時見到「青蛇劍」為凶象外，其他各時辰都不錯。

男的一天內無凶時。

至於已婚的男女，亥時該是甜蜜的一刻，2424：

（男）波中生日月，鏡底見乾坤；（女）螺贏負螟蛉，新枝發舊花。

✺ 4 月 17 日（三月初四丁酉）

男命今天最凶是午時，時月出金牛入雙子宮，酉宮有羊刃，兩頭皆要忌，怕見血也！故午時 2420 説：「仗劍斷鰲足，鴻飛荒野山」。劍乃兵器，凶象也！至於女命，這午時卻是好的：「枝頭春玉李，一朵綻先紅」。

與午時剛好相反的是辰時之男吉女凶；男的「掌上握風雲」（2818），女的十個大圈（2618）。當然，不可忘記的是申時木土對沖之隱藏殺機。

亥時蛾眉月開始西落，日火三方拱照，命坐歲駕天廚，這該是整日最好的時辰，2325 説：

（男）蓮花隨步起，風雨過池塘；（女）芳草碧連天，塵〇臨弦索。

女的要走，踏着蓮花微步，男的不可不追，即使冒着風雨也要，假若半途而廢則渡不過橫塘路，到了日送芳塵去後，恐怕會如賀鑄自歎着：「錦瑟年華誰與度」？

✺ 4 月 18 日（三月初五戊戌）

今天水星開始退行，孛星早就失躔於女土，加上南離火盛，於太陽不利。

日出時（卯時）「金鎖銀匙」詩偈隱言對女命不妙，女有十個大圈（2618）。

到午時亦凶，蓋月在雙子中度，與土、天王成 T 型星象。

唯一對男女最有利的是巳時和未時。今天男命勝於女命，辰時是表演身手的好時辰，不妨借此討異性的歡心。

✺ 4 月 19 日（三月初六己亥）

太陽於午時出戌入酉，今午和明早與巳宮土星成 150°，暗藏水火之爭持。

到了申酉之間的時辰，月又面對出雙子宮入巨蟹。由於太陽過宮會影響各時辰命宮的改變，今天未時命宮為室女——昨天仍是申時命宮——對宮木星直沖土星，故未時為最不吉利的時辰。更何況，其詩偈 2523 云：「蛇鬪鄭門中，廣陵盟亦載」，此指男命而言。女命雖然不算差，最好還是安常為妙。

今天是今年以來最不穩定的一天，即使是有好事出現，那祇屬曇花一現吧了！

卯時日出，一日之計在於晨（2519）：

（男）能開頃刻花，結果不能食；（女）要祝花宜壽，須求菊蕊仙。

亥日的「金鎖銀匙」本來不俗，尤其是女命的寅辰申三個時辰，但受到日月的空亡旅程破壞，大煞風景了！

⊕ 4月20日及21日（三月初七庚子及初八辛丑）

子平命理所謂「六害」中有「子未」者在今明兩天也許會出現，原因是土星和海王星分別躔子巳兩宮的28°和29°，輒差在一度之內，祇要月球移到未宮（巨蟹宮）同絡之處，「上帝手指」（Yod）便會被形構出來。此象會於五月十八和十九日再現；短期內僅此兩次而已！江湖術士祇懂得玩弄文字魔術，沒有人知道六害之根身。

「上帝手指」是説，不全盤大勝則大敗，無折衷之處可言（參閱筆者之《命運組曲》頁九十八捷克哈維爾當選為總統一例，或者《鬼谷子真詮》「辛甲」一則中述及大陸命盤二零零八年的實例）。

「上帝手指」是前生債務，為避免涉及哲學問題之出現，姑且釋之為「先天」債務，蓋「先天」者，套用李光地的話：「風氣未開，而開風氣之先者，為先天；時事既至，而因時立事者，為後天，『時』字雖在下句見，然所謂先、後天者，只是先、後此時耳。」因此，「先天」債務可以説自來到塵世後之「業」所累積得之債務。

今天是4月20日，明天是4月21日，兩天卯時之際，月分別移到未宮8°和21°，原則上明天戌時前後才落實月在28°～29°之間。然而，在「福星未到先見福，災星過後始為災」（《果老星宗》語）的研星態度下，我們不妨將應期範圍擴大一些——今夜、明天，以至後天上午都置於可能「應期」之內。

這次「上帝手指」會應驗甚麼事不是旁觀者可以知道的，為此，本書附錄「金鎖銀匙」可作參考。今夜仍為「子」日，明天是「丑」日，後天是「寅」日，看上去祇有寅日辰時和午時的2311和2513有不祥之處，其他詩偈也有好些不錯。

⊕ 4月22日（三月初九壬寅）

「月上柳梢頭，人約黃昏後」●是今天的主象。這也是日出於卯之時2210説到：
（男）芳枝開月下，秋葉舞春風；（女）深園空夜月，琴調幾知者。

昨天提及辰時的2311不利是女命，男的要用「青草蔽身」，因為她「手持利器」。

今天是女命算作自我檢討的時候，「手持利器」型不屬男人「娶妻求淑女」的對象。祇有女強人才會手持利器，致使月掛柳梢之時還是孤獨在園中徘徊。

戌時到了，別的女孩子是「玉雲荷盤裏，瓊珠碎碎圓」，之後還會唱出「采蓮曲未終，扁舟空蕩漾」——金水拱照，羅火在七宮，火月同宵於遷移宮。

男人今天除辰時小心惡婦之外，可以説整天都吉祥，尤其是有女孩子肯和你演一幕「人約黃昏後」的好戲。

---

❶ 宋歐陽修《生查子·元夕》：「去年元夜時，花市燈如晝。月上柳梢頭，人約黃昏後。今年元夜時，月與燈依舊。不見去年人，淚濕春衫袖。」

⊕ 4 月 23 日（三月初十癸卯）

戌時月出午宮入巳宮，女命十個大圈，凶。

幸好亥時是日月拱照，於女命是一百八十度大翻身，「寒人下秋天，連芳濕五彩」。

不過，今次日月拱照的亥卯未三個時辰祇有亥時可取，原因是卯時命宮有陽刃的殺，無一個好神煞，未時命宮亦然——勾絞、六害、三刑、孤辰和亡神。亥時命宮卻有紅鸞和天貴，可以抗衡不好的驀越、病符和寡宿。更不可不知的是未宮的土星還有木星直沖。

日月拱照意味着天長地久。在如此情況下，最好還是避開卯未兩個時辰，而獨取亥時作擇吉之用好了！但若果單從擇善求真來看，今天的卯未兩時辰是未到日月拱照的時分：女命戌時凶，未時男女雖好，但有隱憂；其他對男女都不俗。

然而，不可不知的是，這次亥時日月拱照也是 T 型星象的出現：土星和天王星在室女、雙魚分別躔 28.5° ～ 29°，而月則於亥時掠過摩羯 28° ～ 29°。身在摩羯必惹是非，但 T 型星象又是人生的轉捩點，這時「金鎖銀匙」的 2519、2919 說：

（男）能開頃刻花，結果不能食。駕屋橋梁上，依山又帶河。

（女）要祝花宜壽，須求菊蕊仙。寒人下秋天，連芳濕五彩。

詩偈似言根基不穩，不能持久；事情會曇花一現，如何處理才對呢？

⊕ 4 月 24 日及 25 日（三月十一日甲辰及十二日乙巳）

我將這兩天置於一起，最大的目的是對 23 日，日月拱照 T 型星象下兩詩偈的回應。23 日至 25 日三天的日月拱照卯時未時不利擇吉，祇有亥時可取，此乃不容置疑的事實。昨夜亥時隱言根基不穩，接續之下的子時（24 日凌晨）有結果了，因為 2509 說：

（男）微漲天河流，冬江雪浪起；（女）夕陽無限好，爭奈易黃昏。

是外面的壓力使然，抑或是外在因素：女方父母反對？

24 日女命情感有若坐過山車，忽晴忽雨，2410、2311、2212、3313、2214、2917、2517、2818、2618 描寫得太逼真了，但亥時日月拱照正是 2620、2820 的難得詩偈：

（男）碧落出烏輪，眾星拱北斗。清淡梧桐樹，風搖金井間。

（女）難許自由身，是心難飛走。鶯花三月景，天氣又重新。

為何這樣子？

答案是：「好事多磨」！

好了，不可放棄！

二十五日卯時日出詩偈再點示彼此情感的內心世界波濤洶湧，2313：

（男）禹門波浪急，冬月井魚中；（女）日日任東風，女子貞不字。

這天女命的詩偈亦是過山車的模式，戌時「難許自由身，是心難飛走」又再湧現，終以 2721 為今次日月拱照唯一可取的亥時作結：「金杯休覆水，琴瑟再調弦」。

人生中最重要的是抓住好的轉捩點。凡人皆有好的機會，如果不錯失的話，成功總會到來——好的開始是成功的一半！錯過了海畔的晚風的人就會與星光無緣了。

✳ 4 月 26 日（三月十三日丙午）

日出之時的月亮剛好西沉到水平線下，是月照天秤。日在金牛，與水星一起。辰酉有日月水，可以暗合。月照天秤星象有利於事業，此乃甘羅封相之象，所以今天的重點是工作而非過去三天的聚焦於異性關係那樣了！然而，日在西沉宮並非得位，尤其是見羊刃、的殺，過兩天月在卯宮，星象月卯日酉，乃「殘壞命」，而日卯月酉則是「富貴命」。所以由 26 至 30 日早上宜小心處理一切。

今天最好處事低調，男女寧取 3014 而非 2414 詩偈所言：

（男）鵲巢高樹上，風雨絕塵埃；（女）冷淡是生涯，何須花簇簇。

弄出「瓦冷霜華重」和「花開落嫩紅」則不妥了。

巳時中要用「忍」字訣，男的要避開「魚龍相約侵」，女的不可作「逼人」的「春花」，取 2216 而非 3216。

如是，午未申三時辰自有收獲，即使酉時男凶，戌時女凶亦可減半。

✳ 4 月 27 日（三月十四日丁未）

今天比昨天容易得多了！

若問吉凶，女的沒有，男的則在亥時 2523 說的「蛇鬪鄭門中，廣陵盟亦載」。原因是月在辰宮出軫水入角木，不穩之象也！

如果不是日在酉宮的話，未日的詩女命而言是大醇小疵的。比男的還要好一點。自未時開始女命「錦繡藹春閨，梧桐在金井」，「雪裏出梅花，猶待春風至」，「暮去更朝來，春花幾芳馥」，「天外雁聲孤，喚醒佳人夢」，「把鏡稱月影，朱顏渾未改」何等充滿詩意。「未」日是今年的「婦女日」，正如卯時詩偈所言的「木非凡木比，可用作門楣」——年命為木者較其他年命尤具優勢。

✤ 4月28日（三月十五日戊申）

　　今天日出後日月對望，是望日，可惜美中不足的是由於日酉月卯而失位，變成「殘壞」的日子。話雖如此，「壞」中求「美」亦非不可能的事，因為今天詩偈本身無所謂凶象存在。女命整天吉祥，尤利是黃昏之後玉兔東升；至於男的則利晝不利夜，暮色到來最好在家休息。卯時詩偈2616、2816說盡今天主題：

　　（男）冰霜得令節，以候辦陰陽。斗秤皆均物，權衡有萬殊。

　　（女）芳草正連天，那有黃梅雨。流鶯語燕嬌，日暮花飛雨。

　　女命中未婚和已婚者有別，自申時起前者「花開向春晚」、「江上月清明」、「梨花滿院香」、「新枝發舊花」，而後者則為「花謝果還稀」，「金鞭何處去」，「莫收春帶雨」、「蜾蠃負螟蛉」。

　　既是「殘壞」的日子，男的祇好等待「辦陰陽」，「權衡」不在於己而在於天。

✤ 4月29日（三月十六日己酉）

　　辰時的月出亢金入氐土，不穩之象。故2618女命見十個凶圈。

　　午時男命2420是「仗劍斷鱉足」，持「劍」亦凶。

　　卯時2717說出今天的主題：

　　（男）柳線繫春光，暮天色已定；（女）傳言桃李春，為惜桑樹是。

　　富貴在於桑麻，不在桃李，春光微弱，何如黃昏之景——由絢爛而回復平靜。

　　如何抉擇？盡在亥時之詩耳！詩偈2325是：

　　（男）蓮花隨步起，風雨過池塘；（女）芳草碧蓮天，塵〇臨弦索。

　　桑菜用於飼蠶，桑實可食，木則可作製器之用。今天已非農業社會，但「家」仍是重心。祇見「事業」而不見「家庭」的人不妨深思一下亥時詩偈的深義。

✤ 4月30日（三月十七日庚戌）

　　卯時月出卯宮入寅宮，是空亡旅程，女命為凶，男的「憂勤等采薇」，女的十個「凶」圈。

　　女命午時亦凶。但是，月在艮山（寅宮）豈可謂之無成呢？！

　　甚麼時候才是月在艮山？那是以丑為命宮的亥時——天貴玉貴相對照，紅鸞天喜橫空，2226說得好：

　　（男）四境風雲起，金烏照太空；（女）四野風煙暝，飛花落野泥。

　　辰時的月在卯宮28.5°，詩偈是2719：

　　（男）夜寢游仙夢，通靈各有神。

（女）江水映秋風，水落花去速。

詩偈是巳時 2820 和 2620 的前奏曲。

「通靈」！這是第六感覺。

為何會這樣？

原因是月在明天辰時就會去到寅宮 14°，到時會跟土星和天王星構成一個 T 型星象，而此星象是人生「大轉變」的啟示。

所以，巳時詩偈所示不可忽視：

（男）清淡梧桐樹，風搖金井間；碧落出烏輪，眾星拱北斗。

（女）鶯花三月景，天氣又重新；難許自由身，是心難飛走。

這個月 23 日有 T 型星象，今天會否是明天 T 型星象的前奏曲呢？！今天辰時到來，男的要好好的搜尋六感了！

今天女命情感世界波濤起伏。男命看上去充滿吉兆，有靈感則更吉。

◐ 2010 年 5 月（May）

☀ 5 月 1 日（三月十八日辛亥）

我在過去好幾次提及過第六靈感的湧現，昨天亦再說及！別低估天王和土星成 180° 的相向，1935 年和 1936 年有不少高度藝術性的電影、詩歌、音樂在此星象下產生。今天辰時月與天王和土星組成 90° 的 T 型星象。祇有月可以在一個月通過寅宮和申宮與之奏出三重唱。遲兩天金星入申後也可以，但太陽到達之時，天王和土已不在所需之度數上了。

把握「辰時」的際遇，在辦公室中或外面無大分別。昨天抄下「眾星拱北斗」，「是心難飛走」的詩偈 2620、2820 別有深意。

2010 年庚寅

（2010 年 2 月 4 日～2011 年 2 月 3 日）

天祿	天暗	天福	天耗	天蔭	天嗣貴	天刑	天印	天囚	天權	科名	科甲星妻	文星	魁星	官星	印星	催官	祿神	喜神	爵星	天馬	地驛	祿元	馬元	仁元	壽元	血支	血忌	產星	生官字	傷官羅
月	炁	計	羅	火	字	木	金	土	月	金		水	水	金	金	字	金	金	木	水	金	水	水	金	木	土	土	木	字	羅

2010 年 5 月 1 日卯時

辛	辛	庚	庚
卯	亥	辰	寅

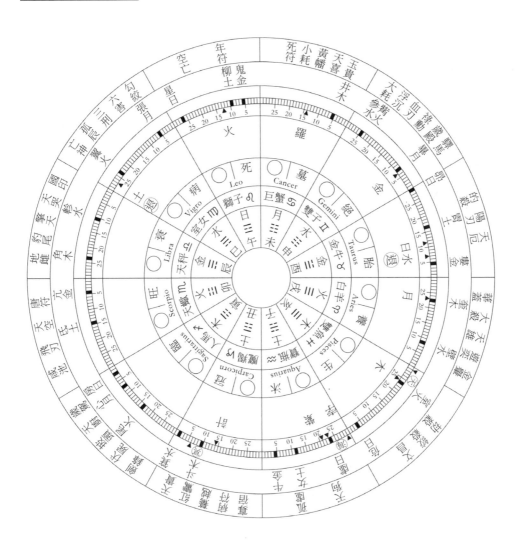

☀ 5月2日（三月十九日壬子）

昨天和今天都用不着談別的時辰星象，原因是在星光下，「戲肉」是T型星象，即使我們因不懂星命而不知其出現，四方八面的一切無不聚焦於它身上。

昨天和前天的2620、2820乃其外相，今天則變為2812和2612；天土「突變」的主題，配合木天四度內互通（共躔室火）的特性——「自由」的凱歌，「陶醉」和「欣悦」的感覺就是未時詩偈説的：

（男）強瀾既四倒，地道有常經。蠶營簇上繭，宛轉吐絲綸。

（女）姻緣同比翼，風送天上去。神仙不用求，自有桃源路。

其實，午時已為之鋪路了，2711如是説：

（男）木牛出祁山，流馬入斜谷；（女）冬天暖似春，江梅花正吐。

冰冷的心也春花怒放了！

☀ 5月3日（三月二十日癸丑）

月亮早上已身在摩羯，明天亦然。然而，金星卻在申宮11°與天王、土星進入另一方的T型星象。

午時詩偈是2713，為之奏出昨天「自由」的凱歌，令人陶醉和喜悦。也許月在摩羯帶來一些是非，未時使出一招顧太真遇麻衣道人授掌心雷法：「掌火焚山澤，連天草木除」，女的又怎會不喜上眉梢呢？！

天海兩星成30°角，這會持續到月底才會相距大於1°而減力，但其互相暗頂正意味了「界線」之消失，「分離」的則「復合」。縱使金星獨行帶有殺傷性，異性間的紛爭亦可紓緩了！

☀ 5月4日（三月二十一日甲寅）

今天仍見月在摩羯，要到明早才離去。日金火月計羅差不多都在不同宮之中度，而最不可忽視的是日火成90°角，在13°55′的同絡，90°為「三刑」。火為女的情星，日為夫，已婚的男人要「忍」，即使是未婚的男仕，更不可激怒女上司。不然的話，她會拿出「無形」的刀來對付你，尤其是辰時，過後則無事矣！

☀ 5月5日（三月二十二日乙卯）

金土和天王T型星象，日火90°之三刑，身在摩羯則成過去，難再生事。今天戌時因月在兩歧之地，女命見十個凶圈，命宮主木星出危月入室火，帶劫殺殺和劍鋒，而帶刃之金則直沖寅宮。

午時男女命不很好，感情上恐有風暴（2414、3014）。

未時宜修補（2515、2915）；這有助化解一下戌時對女命之凶力。

做丈夫的今夜宜為妻子祈福，男拜羅，女拜計都是傳統做法，蓋亥時命宮在丑，羅計橫空，亥時的的 2519 似為此象而寫：

（男）能開頃刻花，結果不能食；（女）要祝花宜壽，須求菊蕊仙。

道家的拜祭是形式上的事，我不以為非形式不可，一個人如真誠為妻子祈福，在內心之中，這就足夠了！

✳ 5 月 6 日（三月二十三日丙辰）

火日之三刑過去了，天王、土星和金星之 T 型星象躔度輒差在 1° 之內。

戌時命宮在寅，正好承受着四正的 T 型星象；我在這月 1 日述及第六靈感湧現，再要在這兒強調一次，原因是戌時 2719 詩偈說：

（男）夜寢游仙夢，通靈各有神；（女）江水映秋風，水落花去速。

上次此數出現於 4 月 30 日的辰時，是日間，今次則在戌時，是晚上，協於時，其力彌遠。有靈感則有「靈」（Spirit）；所以，今夜要好好安睡，亥時詩偈 2620、2820 說的不一定指世界的事，「難許自由身，是心難飛走」是心靈世界中會現身的「靈」。不要忘記的是，辰時 3313 早就點出今天主題：

（男）景星移北陸，熒惑出南宮；（女）雲雨歸何處，巫山十二峰。

今天早上立夏，除酉時女命見十大凶圈之外，日間和晚上男女命總是好的。T 型星象之隱力不可忽視，再過一兩天後金星就離開躔點了。到月臨雙子宮時，此星象亦成過去了！取而代之的便是木土對沖，於這個月中旬至下旬為止。

✳ 5 月 7 日（三月二十四日丁巳）

今天酉時月由寶瓶入雙魚，空亡旅程之象於 2919、2519，女命不是「寒人下秋天，連芳濕五彩」便是「要祝花宜壽，須求菊蕊仙」。此乃詩的語言，有點是秋菊遇雨吧了，無「凶」可言。

由卯時的「女子貞不字」，辰時的「靈清海棠濕」，巳時的「上林花正發，只恐起東風」，午時的「天長地久時，只怕多風雨」，未時的「姚黃並魏紫，相遇五更風」，女命似乎並不易受。此乃情感風暴，並非甚麼「麻煩」！

趁着今夜火空則明和 T 型星象的妙力，巳日戌時變成整天最吉祥的一刻，男女如是；一句「眾星拱北斗」加上「是心難飛走」乃不移的事實——出現於外在世界或是心靈世界都是一樣的。命宮坐歲駕，驛馬歲殿和祿勳直照，金轝在拱照，怎會不吉祥呢？！

☀ 5月8日（三月二十五日戊午）

昨天開始有二星象需要留意，那就是已經離開室火初度而穩定下來的木星，定與天王星相距4°，在亥宮裏。我曾經提及過「亥有木星，主圖書，乃文章秘府之星」，「營室（指室火度）乃上帝之離宮，金水木日月計拱此宮則有又章秘府之象，以其近帝宮也」！

天王木星會合有何意義？

1609年春至1610年秋，天木相會在5°內，卡卜勒（Kepler）發表其天體運行定律之第一和第二定律，伽利略在望遠鏡中看到一個前人想像不到的絢爛夜空。此後逢此二星會合都有驚動學術界的事發生。達爾文、弗洛依德、彭克、海森堡、懷海德的發表驚人之作，甚至我曾在《中美國運和天命》提及過羅薩（T. Rosak）《反文化製作》都與之有關，更不必說1969年阿波羅登陸月球的偉舉了。

我的每日談不是談上面的東西，重點是放在人事世界之中。不過，我不想錯過在這裏借星象點示其重要性。如果輕差可以容許二星會合前的兩個月內，則此星象於今年初便開始了！因此，甚麼人都有機會得到這次天木二星會合所賜的天恩——國家或地方的時運亦然。

好了！話歸正題，今天日運如何呢？一如平常的午日，今天祇是一般而已！日出時的啟示是2414、3014的「瓦冷霜華重」，「豈料狂風惡」。男命酉時「仗劍斷鰲足」，女命戌時十個「凶」圈。趁着是週末一天，放緩步伐，減慢節奏為妙。

好的時辰是凌晨子丑寅，不在日間。如果想寧靜的，早點上床睡覺。

略有可為的是申時，不過卻難有大成。水星要到兩天後才不退行，待到日月夾水才好轉。有兒女者這未臨幾天內要留意他們的健康。

☀ 5月9日（三月二十六日己未）

昨天今天凌晨都是好時辰，你不會因睡覺而感到錯過了子丑寅三個時辰，說不定由於月於文章秘府而令你感到有活力，好好的利用身在秘府的妙力。

今天日出時有好的徵兆，男的騎牛逐鹿出迷路，女的則是此本非凡木，可作棟梁才。申時於木命的男女吉，其他時辰都不俗；今天要有夢，男的可以夢到扶桑，女的則在於有夢才可以在夢中醒來。

如果要小心的則是亥時對男命不好——蛇鬭鄭門——女命無不妥之處。

今天是屬於心靈世界的，物質世界的名利是次要，千萬不要將二者的重要性倒置。

⊕ 5月10日（三月二十七日庚申）

　　子丑兩時辰間月出亥入戌，不是飛星渡河漢，而是「空亡旅程」的暗渡。「花渠暗水流」，「風蒲美轉定，能化青蛇劍」祇屬夢境而已。

　　寅時退行之水星已被日月夾住，立夏後火旺南離需以水為救也！過了今天之後水星可以隨日，「濟潤變化乃是晴霽兼行，萬物精彩」，週末兩天之後的今天上班工作會有好處，原因是整天的詩偈都不差，申時詩偈3321說：

　　（男）井上有綠李，鹽梅氣味同；（女）花開向春晚，花謝果還稀。

　　不算是好收穫，但卻勝於無成，這兩詩偈是對四旬的中年男女而發的。至於年青青的男女，午未兩時辰不俗，可以自我表演一番，尤其是年屬木的男命。

⊕ 5月11日（三月二十八日辛酉）

　　午時男命要小心，不可燥動，太陽過胃土初度星盤上之17°黑點；酉乃羊刃宮，還有十天太陽才離開酉這個不利之地。因此，午時詩偈「二四二〇」再提醒男命：「仗劍斷鰲足」的劍是利器，不宜出差，否則會流落荒山，不知哪兒是出路。

　　如果辰時自以為「掌上握風雲」，則會樂極忘形，誤以為去甚麼地方都可以吃得開，這是錯誤之源。辰時曾有言「憂勤等采薇」，此句亦為「出差」寫下伏筆。「采薇」一事是為上司而為，在太陽在羊刃宮時，亦不可為。

　　至於女命，防辰時有「凶」。

　　巳時是警誡信號：「能開頃刻花」，向花蕊仙為妻祈福。

　　若真的要出差，留待亥時則無礙矣：「蓮花隨步起，風雨過池塘」。

　　由未時至亥時男女命俱吉。

⊕ 5月12日（三月二十九日壬戌）

　　星象和昨天有點相似，午時月由白羊進入金牛宮，是「空亡旅程」；女命因此象而見十個凶圈（2521）。男命若於昨夜沒有出差，今天卯時更不可動行程。

　　看看辰時有無第六感，「夜寢游仙夢」也！

　　看樣子，男的會有轉機，因為巳時女命「難許自由身」，「天氣又重新」——此乃木年卻於女命最具深義的詩偈（2620、2820）。不要作兒戲，不要以為她與你一樣：「不一定要天長地久，而志在曾經擁有。」如果你「把扇作飛簾」（2521），恐怕會逼她為你殉情的，所以在「糞塵咸席卷」下，她會被你逼上絕路。到時你不能在「東海植扶桑」，而是在西海的「弱水」——舟不能浮，鳥飛不渡——情海茫茫，不見彼岸。

為何如此凶險？日月夾羊刃、水星夾於中，退氣則情不足，而今這顆有情之星順行有氣了！對宮天蠍有飛刃和桃花，好一幅桃花劫的畫象了！男女主角是誰才對呢？！

✦ 5月13日（三月三十日癸亥）

土和天王幾天內的 T 型星象漸漸消失（看流日之輒差要在 1°），而木土的對沖（成 180°）幾天之後就會出現──僅幾天的持續而已！

今天比前兩天的好轉，不過月在退氣之女人不如男人那樣處於有優勢的位置。可以這樣說，女人今天易於情緒低落、為情感的低氣壓籠罩。細看亥日十二時辰的詩偈可見一斑。

卯時是一日之計在於晨，其詩曰：

（男）駕屋橋梁上，依山又帶河。能開頃刻花，結果不能食。

（女）寒人下秋天，連芳濕五彩。要祝花宜壽，須求菊蕊仙。

男人可以在詩偈兩副對句中選擇，女的亦然，後果自負。總之，缺少了天土兩星的支撐，木土對沖仍未成象，所賴者唯文章秘府中之木天互通有情而矣！二星在三度之內，文章者，情信也！今天的男女不易找到有寫情情信的人了。口說無憑，白紙黑字乃一盟誓。

✦ 5月14日（四月初一甲子）

今天辰時合朔，月也戌時踏上空亡旅程──出酉入申。辰時詩偈 2509 說女的「夕陽無限好，爭奈易黃昏」，月與日一合之後就分離了！戌時的女命又怎樣？2315 說「紅梅映蒼竹，惟有歲寒情」。金星引月，水星隨日是主象。金帶刃，今天又過兩歧之地的黑點（23.5° ～ 24.5° 雙子宮）。女命小心未時是否「神仙不用求，自有桃源路」，有固然好，沒有的話也無不妥，祇怕「日在酉宮」之不利是金帶刃。萬一「文章秘府」的力未應於己，則申時的「風蒲美轉定，能化青蛇劍」是「凶」器。

今天男命亦要小心，若果未時應驗的不是「蠶營簇上繭」，而是強瀾四倒的話，那就不易受了！

不要以為這些事不會發生，因為卯時男命詩偈 2408 說「日月煮黃梁」，這是邯鄲夢──夢中盧生遇到佳人，相約成婚，後中狀元，授翰林之職，任途坦蕩，最後的上相，封趙國公。八十一歲一病而終，驚醒方知是夢！

⊕ 5 月 15 日 （四月初二乙丑）

早上月在昴日，要到午時才出昴入畢，縱使箕風畢雨是可能的自然現象，但今明兩天這不足以對人事世界有壞的影響。丑日在木年始終是充滿吉祥的一天——壞極有限。「太白夜食昴，長虹日中貫，秦趙與天兵，茫茫九洲亂」不可能出現，尤其是火日又不同宮，哪有火日爭光的事？

午時月的空亡旅程會有不穩，該是感情上的。問題在男而不在女，祇怕男的「強瀾既四倒」而非「蠶營簇上繭」（2612、2812），但女命則不僅無礙，且又有機與男的比翼相飛。

今天女比男吉祥，除午時之外的隱憂，整天彼此都吉，今天的丑日比以前略差一點是遇最吉祥的詩偈時月在空亡旅途，再加上日在酉宮見刃。月在驛馬，宜動，是進取的一天。

⊕ 5 月 16 日 （四月初三丙寅）

再捱幾天之後日入雙子宮就可擺脫在刃宮不好之處，自水星回復前行太陽亦得濟潤，此乃不可置疑的事。

其實，木年的寅日也算是吉祥的日子，卯時為一天的中心主題：

（男）芳枝開月下，秋葉舞春風；（女）深園空夜月，琴調幾知音。

這幾句詩偈是對辰時而發的——男是以草蔽身的青蛇，女手持利器，怕的是被他噬一口！

既然木星和天王同躔於文章秘府，今天有緣在一起的男女不妨細思一下，應否放棄互相猜疑的態度。亥時到了，夜觀星象吧！「地軸天輪轉，壺中日月長」。看看星空上的雙子星座好不好？卡斯佗（Castor）願意將生命的不朽拿出來和普歷斯（Pollux）分享，這也是 3018 詩偈暗示的：

（男）溪漾浮萍草，流芳自吐奇；（女）雞棲生鳳子，回首隔塵埃。

浮萍依溪而生，子依母而活，你們怎樣了？

2010 年庚寅

（2010 年 2 月 4 日～ 2011 年 2 月 4 日）

天祿	天暗	天福	天耗	天蔭	天嗣貴	天刑	天印	天四	天權	科名	科甲星甲妻	文星	魁星	官星	印星	催官	祿神	喜神	爵星	天馬	地驛	祿元	馬元	仁元	壽元	血支	血忌	產星	生官	傷官
月	炁	計	羅	火	孛	木	金	土	月	金		水	水	金	金	孛	金	金	木	水	金	水	水	水	金	木	土	土	木	孛	羅

2010 年 5 月 16 日卯時

辛	丙	辛	庚
卯	寅	巳	寅

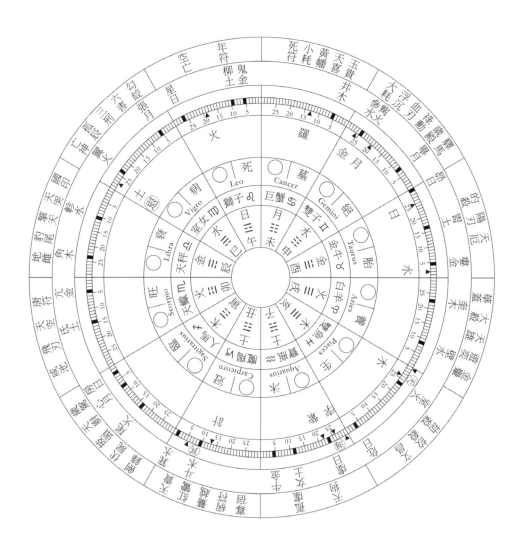

⊕ 5月17日（四月初四丁卯）

凌晨後月歸垣，日月夾住金星於雙子宮。這是身臨玉貴之地，天貴直照，紅鸞天喜橫空。日出時有這樣的啟示：

（男）朔風從北起，冰鑒照青天；（女）芝蘭出蓬蒿，莫染花間塵。

這說明女命要自愛，不要隨波逐流；若果可以做到的話，不難應驗未時2515所言的「木非凡木比，可用作門楣」，否則見凶於戌時的2618十個大凶圈。今天財宮被日月夾住，引誘力太大了！戌時對宮見到此象，金帶羊刃，不可因財失義。若不存警誡之心，男的會「結果不能食」，因此，女的需求蕊仙來自保。

「用心於不爭之場，投跡於知幾之地，財禍不入慎象之門。」王勃亦如是說。

⊕ 5月18日（四月初五戊辰）

今天開始六天之內木土均在互對之宮27°對沖。換言之，也是文章秘府上木和天王星直沖退行之土。由於月於卯時不在申宮17°，T型星象是虛設了！儘管如此，木土對沖於人事世界又怎樣呢？！

土不在張月度上，因此不會傷月，但木的對沖激起其怒氣，巳宮所受到之害為土埋雙女。這三天仍然以巳宮為子女宮，為父母者宜留意子女的起居。

對男命女命而言，今天是不錯的（除卻酉時女命見凶圈之外），卯時詩偈充滿吉祥之兆，男的「分慶誕辰中，花下人相顧」，女之「水邊多綠草，翠竹喜相逢」是一天的主題。

水在婁金度，金在參水度；金水互通而有情於日也！夏天之日不可無水。

酉時不利女命，今天尤甚，原因是酉時以卯宮為命宮，日西沉，卯宮又是桃花帶刃。除此之外，日間夜間都是男女命的好時辰。卯時主題會否帶來最佳的結果？解答是亥時詩偈2620、2820的落實性怎樣，程度因人而異——亥時以丑為命宮，七宮見井木上的月，木與火對望：

「當月在七宮，木火排在一直線，
平靜就會引領星體，
而愛情也為諸星把航，
這是水瓶時代的晨曦！」

(When the Moon is in the Seven House and Jupiter aligns with Mars,
Then peace will guide the planets,
And love will steer the stars.
This is the dawning of the Age of Aquarius.)

三十年前安迪威廉斯（Andy Williams）的流行曲 Aquarius/Let The Sun Shine 在美國早就家傳戶曉，知道甚麼是愛的星象了！這兒的木是其餘氣——紫炁。不過，要小心八宮見火；是這般情緣的夭折。

☀ 5 月 19 日（四月初六己巳）

火羅夾月是今天主象，夏月「水孛潤之而不寒，羅火照之而不燥，喜木炁以相扶」，今紫孛為木水之餘氣在對宮直照，誠屬佳象也！

與昨天一樣，男女祇有酉時稍差，日在西沉宮：

（男）能開頃刻花，結果不能食；（女）要祝花宜壽，須求菊蕊仙。

戌時到了，又是 2620、2820 的好詩偈。如此佳句，不妨反覆再抄：

（男）清淡梧桐樹，風搖金井間。碧落出烏輪，眾星拱北斗。

（女）鶯花三月景，天氣又重新。難許自由身，是心難飛走。

今天雖然不俗，但情感波濤卻在所難免，女的宜得到男的扶持才成。

☀ 5 月 20 日及 21 日（四月初七庚午及初八辛未）

好了，太陽在今晚子夜出酉入申；原則上兩歧之地一切都不穩定，尤其是子夜前後，不過，離開西宮帶刃的凶地總算好的。

今夜酉時男命「仗劍斷鰲足」，戌時女命十個凶圈。

明早二十一日子時男命「強瀾既四倒」，丑時「掌火焚山澤」，於男命大貴氣力矣！我建議男命今夜宜早入睡鄉，避過艱辛的時刻，女命亦不例外，反正木星加天王星通室火度而有情也許星象會帶來第六感。

午日的主題不吉，男命「瓦冷霜華重」，女命「豈料狂風惡」，難有大成的時辰，一切以腳踏實地為吉，最好不要牽涉到異性關係上去。明天辛未日比今天庚午好得多了，2515 說：

（男）騎牛逐麋鹿，前程路不迷；（女）木非凡木比，可用作門楣。

二十日早點入睡，翌日醒來可以見到太陽展開笑顏了！不僅如是，這次早睡也同時避開日出之前出現的月球「空亡旅程」——真是早睡身體好！

☀ 5 月 22 日（四月初九壬申）

日西月東，土埋雙女，火旺南離是星盤上的主象，不過，不易看到的是晝火夜土分別有不同的角色。其次是木土和冥王星的 T 型星象若隱若現。如果將天王和木星的文章秘府星象連在一起，則天冥之 90° 角度不一定是上世紀三十年代之經濟大蕭

條，以及四十年代見到在紛亂中新國家的建立——巴基斯坦，印度和以色列。

土星目前是退行，但在今月底便回復前行，配合天木的或後，與冥王星構成的T型星象一直影響着今年。既然土冥二星分別有其特性，90°會成為其爭持點，變成以殘暴的面孔相對峙。「手中持利器」、「仗劍斷鰲足」、「蛇鬪鄭門中」多少是其反映，即使「掌火焚山澤」和由菖蒲草化出的「青蛇劍」也會帶上殺傷力了！

時運的星象不一定馬上見到其被印證之處，但它們對人的潛在影響是存在的。

好了！今天是週末，也是鬆弛的好日子，紓解兩天來的壓力和鬱結。看來日間和晚上於女命不俗，「月兔夜光圓」、「采蓮曲未盡」、「梅花待春風」、「江上月清明」、「梨花滿院香」都充滿詩意，而男的「江上一犁雨」、「地軸天輪轉」、「未筆寫青天」、「紅波推畫舫」、「空中舞柳飛」、「波中生日月」也不遜色。週末的生活應該如是。

⊛ 5月23日（四月初十癸酉）

由於T型星象中的冥王和土星底隱象，今天辰時為防不快，男女都宜對容忍多下一點功夫，不然的話，掌心雷可帶出殺傷力，因為午時男命「仗劍斷鰲足」也是凶的。

中午之後應不難見到愉快的時光，「尋釣夢春澤」、「紅波推畫舫」、「將燈入洞房」，甚至夢到在「滹沱河」上看雪花紛飛，借助文章秘府的靈視力，讓時光倒流，回到年青時代去做避雨的時候，在雨傘之下，扮演木刻名畫中的主角。

為甚麼我作這詮釋呢？

午時月在空亡旅程，出巳入辰；穩定下來便是申子辰的三合，日在申、月在辰，亥時命宮在子，驛馬祿勳拱照命宮，斗杓直照。子宮無好的神煞，孛先入為主，是有情之星。亥時詩偈說男命「蓮花隨步起，風雨過池塘」。到何處去呢？這要借助文章秘府之力了！

⊛ 5月24日（四月十一日甲戌）

以前多次提及過日月拱照是最吉祥的星象，不過吉祥到甚麼程度，則繫於時辰所坐的命宮。今次申子辰三宮中以申宮最好，有驛馬、祿勳，辰宮則有國印，坐卯時申宮有利於職業，坐未時的則可望有職權。至於亥時命宮中的天狗、孤虛不利於求子息——唯一可取是孛星有情而已！人生不可能十全十美，故於這次擇取吉之時，要清楚知道自己要的是甚麼才好，以免將來後悔！

看樣子今早卯時在日月拱照的吉象，應驗的是2818：

（男）掌上握風雲，前生已先定；（女）蘭房花正開，門帳人如玉。

這才能配合祿勳和驛馬的神煞；國印的拱照亦添助力，而且更有金星相助，是天官星，科名和仁元。

未時以天秤宮為命宮，孛拱照，屬天貴天嗣。在雙子宮則為天官星（金星），更妙；利於職權，所以國印是有力的神煞。未時詩偈是2422：

（男）東海植扶桑，西海載弱水；（女）天外雁聲孤，喚醒佳人夢。

至於亥時的星象，昨天亥時已說子宮無好的神煞，祇取孛星為有情之星。紫在孛後，為清高之星，難免有情處帶孤獨感也！是好是壞乃觀點與角度的問題了！日拱照，正如詩偈2226說：

（男）四境風雲起，金烏照太空；（女）四野風煙暝，飛花落野泥。

以流日而論，今天午時為女命凶時，巳時男女命均吉。但無論如何，亥卯未三個時辰確是值得深思的時辰；看來權力和愛情間無折衷之處，二者不能並存。

☀ 5 月 25 日（四月十二日乙亥）

今天未時月出辰宮入卯，有不穩定之象的空亡旅程：男的「蛇鬭鄭門中」，女的「朱顏渾未改」。既為日月拱照，所以卯時的主題不會是2519而是2919：

（男）駕屋橋櫟上，依山又帶河；（女）寒人下秋天，連芳濕五彩。

亥卯未三時辰祇有卯時是日月照，未亥兩時辰拱照已成過去了！

男命今天不如女命，前者祇開頃刻花，反觀女命於亥時最吉，若非女命的「鶯花三月景，天氣又重新」的話，男的恐怕於「蛇鬭鄭門中」倒下！男命需要女的扶持和濟助，正因未時是男命最凶險的時辰，女命整天的時辰都好。

☀ 5 月 26 日（四月十三日丙子）

到明天午時上四刻的月球仍在卯宮，今天比昨天吉祥，祇要月在空亡旅途時不燥動或逞強，男並不比女的遜色。

子午時是今天的關鍵，男的可能性是「日月煮黃粱」和「水銀鑄鑄鼎」——出桃花、飛刃之地而入天廚、歲駕的寅宮。由於火旺於午宮，但土星則有退力乏力之虞，男命無玉貴之助（拱照於未）則未必可以避過跌倒之險。他需要「文章秘府」中的天王和木星了！

然而，以子日十二時辰各詩偈來看，子午時他不動不成，因為他要「木牛出祁山，流馬入斜谷」，要抱著「鞠躬盡瘁，死而後已」的精神方成。諸葛亮六出祁山，一生中的失敗並非不能出祁山，而是「江流石不轉，遺恨失吞吳」——未時之「強瀾既四倒」指的是「失吞吳」。如是，男命今天可以有救，原因是有「江梅花正吐」和「比翼雙飛」的女貴。

這是指已婚的男人而言，未婚的則要看他的造化了！女命整天都吉，男命則要看他的婚姻狀態。玉貴和貴人有異；玉貴不是庸脂俗粉，而是可登上玉堂之地的女貴。

⊛ 5 月 27 日（四月十四日丁丑）

在寅宮的月是「月在艮山」，謂其無成不可以。更何況，丑日的詩偈是本年十二地支的日子中最吉祥的。今天是男是女都吉祥，丑未時及的「掌火焚山澤」不是摧毀性的掌心雷──如果是「摧毀」，那是指瘴疫之地的沼澤和野草、枯樹而發的清除行動吧了！然而，如果深究一下天文學史，這「掌火焚山澤」實在是邱希里（Hercules）力拼海蛇凱達那（Hydra）時的場景：艾奧奴斯（Iolaus）以熊熊熱鐵助邱希里砍下凱達那的頭；凱達那生有九個頭，邱希里斬下一個，被斬處則長出兩個。如果沒有艾奧奴斯斬草式的動作的話，邱希里根本不能完成屠割九頭海蛇的苦差──這才是真正的「謂其無成不可」也。

為何我認為「掌火焚山澤」是經過包裝的神話呢？

五千年前，金牛眼（Aldebaren）是春分點，即今天的戌宮0°，在飛馬座（Pegasus）下面。邱希里也曾殺死巨獅，海蛇座在今天獅子座南面，黃道則在兩星座間穿過。五千年前的戰場就在這兒附近了！

我為「掌火焚山澤」做了如上演繹後，丑日為何是吉祥的就不言而喻了！因此，今天這丁丑日又是日月對望，日落也就是月的升起，丑戌時是兩重月在艮山──天盤地盤也：「水影照天文，森羅成萬象。片雲天外飛，方見雲中月」。

今天男女命俱吉，十二個時辰都好。

⊛ 5 月 28 日（四月十五日戊寅）

今天月仍在寅宮，除了火星躔柳土末度，對宮流孛成180°直沖外，其他各星躔度變化很少。所以，祇有月的移動才是重點所在，辰時月出房入心宿，過黑點為不穩之象。詩偈2311說女命：「利器手中持，消息長無苦」。這是女命今天最不好的時辰。除此之外，寅日略遜於丑日，對男女命而言，今天仍不失為不錯的一天。

申時是最好的時辰，尤其是有職在身的男女；詩偈：

（男）假山生柳桂，秋月散金花；（女）種出無方藥，方知造化神。

女命不妨借助「文章秘府」中木星之力。

雙魚是基督教的符號，如果妳是教徒，願神給妳靈感去種無方藥。

☀ 5 月 29 日（四月十六日己卯）

今天是星期六，金羅戰於午宮，日於申宮為孤君無輔，與月對望。水獨居酉宮，躔婁金成泛濫之家，因此有助削弱旺火，而天王則在戌宮初度──與冥王星成 90° 角。木獨坐天，直沖對宮退行之土。

因此，木土，孛火，金羅都牽涉到對沖或相剋的星象，水不宜獨處，日孤居；缺少如此星象則看不出今天卯日「金鎖銀匙」詩偈之凶象。

戌時女命有十大凶圈乃天王冥王成 90° 角，金羅戰於命宮所致，即午時命宮中土受木沖：「瓦冷霜花重」、「豈料狂風惡」，巳時以午為命宮，孛沖火，破午宮，的確是「禹門波浪急」！

好的時辰是子時，以亥為命宮──「文章秘府」，所以可以有甜蜜的邯鄲夢：「日月煮黃粱」。

至於未時，命宮坐國印，日在驛馬宮帶祿勳拱照，另一面則孛拱於寶瓶：「騎牛逐鹿路不迷」是男命，女則是作門楣之好木。

未時於現實世界有利，子時則為夢境而已！可以這這樣説，男女祇是未時，其他的則不可妄動了！

☀ 5 月 30 日（四月十七日庚辰）

今天星象和昨天唯一有明顯分別的是月在摩羯，始於凌晨。寅時月在箕水初度，身不穩，惹是非，詩偈 2311 説女命「利器手中持」，幸好仍是睡覺時刻，難成凶事。

辰時以未宮為命宮，中有金罜，木在「文章秘府」拱照；今天取辰時而不取戌時來引證詩偈：「景星依北陸，熒惑出南宮」，乃紫氣在北之子宮，火在南方之午宮。「文章秘府」也許藏有宋玉「神女」、「高唐」二賦吧，所以女命為「雲雨歸何處，巫山十二峰」。

午時以巳為命宮，泛濫之水拱於金牛：「多少魚蝦出，波流天日紅」。

至於巳時，取 2214 男命：「牡丹花影中，靈清海棠濕」──女人情星為水之餘氣月孛所傷。

子時不如昨天是以亥宮為命宮，孤日拱照，不宜女命：「夕陽無限好，祇是近黃昏」；但酉時則利男不利女──前者「掌上握風雲」，後者十大凶圈。

唯一值得取的是亥時，是月孛有情，詩偈是 2620、2820，女命好是不容否認的──已成「是心難飛走」、「天氣又重新」。

至於男命，看他是「風搖金井間」還是「眾星拱北斗」方知好壞了！

⊕ 5 月 31 日（四月十八日辛巳）

星象中月比昨天好得多了！

昨天計在月前，掩月之光；今天則已越過計都，前有紫孛遠道招手相迎。另一吉象是金羅前兩天正面相迎，故有戰鬥，但今天兩星則相背向前行。戌時金月對照而有情，天喜紅鸞橫空，天貴對玉貴，怪不得有昨夜 2620、2820 的同樣詩偈了！

今天金羅不再刑戰，影響不可謂不大，起碼「金鎖銀匙」中沒有代表「凶」的圓圈。

亥時是好的結束（2721）：

（男）雷是震天鼓，青天無片雲；（女）金杯休覆水，琴瑟再調弦弦。

但究其緣由，那就見於一日始於晨的詩偈：男的「禹門波浪急」，女的「貞不字」。

整天中的女命是處於情感的波濤起伏之中，男的則不然。月在摩羯之是非看來是女的一方，不過到最後的喜劇收場卻證明了愛情是仙丹，是還魂丸！

附錄

● 1．日支各時辰和金鎖銀匙之數
——火年命部

（2010 年 1 月 1 日至 2010 年 2 月 3 日適用）

子日

時辰	金鎖銀匙
子	3331
丑	2232
寅	2333
卯	2434
辰	2535
巳	2636
午	2737
未	2838，2638
申	2939，2539
酉	3040，2440
戌	3141，2341
亥	3242，2242

丑日

時辰	金鎖銀匙
子	2232
丑	3333
寅	2234
卯	2335
辰	2436
巳	2537
午	2638，2838
未	2739
申	2840，2640
酉	2941，2541
戌	3042，2442
亥	3143，2343

寅日

時辰	金鎖銀匙
子	2333
丑	2234
寅	3335
卯	2236
辰	2337
巳	2438
午	2539，2939
未	2640，2840
申	2741
酉	2842，2642
戌	2943，2543
亥	3044，2444

卯日

時辰	金鎖銀匙
子	2434
丑	2335
寅	2236
卯	3337
辰	2238
巳	2339
午	2440，3040
未	2541，2941
申	2642，2842
酉	2743
戌	2844，2644
亥	2945，2545

辰日

時辰	金鎖銀匙
子	2535
丑	2436
寅	2337
卯	2238
辰	3330
巳	2240
午	2341，3141
未	2442，3042
申	2543，2943
酉	2644，2844
戌	2745
亥	2846，2646

巳日

時辰	金鎖銀匙
子	2636
丑	2537
寅	2438
卯	2339
辰	2240
巳	3341
午	2242，3242
未	2343，3143
申	2444，3044
酉	2545，2945
戌	2646，2846
亥	2747

午日

時辰	金鎖銀匙
子	2737
丑	2638，2838
寅	2539，2939
卯	2440，3040
辰	2341，3141
巳	2242，3242
午	3343
未	2244
申	2345
酉	2446
戌	2547
亥	2648

未日

時辰	金鎖銀匙
子	2838，2638
丑	2739
寅	2640，2840
卯	2541，2941
辰	2442，3042
巳	2343，3143
午	2244
未	3345
申	2246
酉	2347
戌	2448
亥	2549

申日

時辰	金鎖銀匙
子	2939，2539
丑	2840，2640
寅	2741
卯	2642，2842
辰	2543，2943
巳	2444，3044
午	2345
未	2246
申	3347
酉	2248
戌	2349
亥	2450

酉日

時辰	金鎖銀匙
子	2440，3040
丑	2541，2941
寅	2642，2842
卯	2743
辰	2644，2844
巳	2545，2945
午	2446
未	2347
申	2248
酉	3349
戌	2250
亥	2351

戌日

時辰	金鎖銀匙
子	2341，3141
丑	3042，2442
寅	2943，2543
卯	2844，2644
辰	2745
巳	2646，2846
午	2547
未	2448
申	2349
酉	2250
戌	3351
亥	2252

亥日

時辰	金鎖銀匙
子	2242，3242
丑	2343，3143
寅	2444，3044
卯	2545，2945
辰	2646，2846
巳	2747
午	2648
未	2549
申	2450
酉	2351
戌	2252
亥	3353

● 2·日支各時辰和金鎖銀匙之數
——木年命部

（2010年2月4日至2011年2月3日適用）

子日

時辰	金鎖銀匙
子	3305
丑	2206
寅	2307
卯	2408
辰	2509
巳	2610
午	2711
未	2812，2612
申	2913，2513
酉	3014，2414
戌	3115，2315
亥	3216，2216

丑日

時辰	金鎖銀匙
子	2206
丑	3307
寅	2208
卯	2309
辰	2410
巳	2511
午	2612，2812
未	2713
申	2814，2614
酉	2915，2515
戌	3016，2416
亥	3117，2317

寅日

時辰	金鎖銀匙
子	2307
丑	2208
寅	3309
卯	2210
辰	2311
巳	2412
午	2513，2913
未	2614，2814
申	2715
酉	2816，2616
戌	2917，2517
亥	3018，2418

卯日

時辰	金鎖銀匙
子	2408
丑	2309
寅	2210
卯	3311
辰	2212
巳	2313
午	2414，3014
未	2515，2915
申	2616，2816
酉	2717
戌	2618，2818
亥	2519，2919

辰日

時辰	金鎖銀匙
子	2509
丑	2410
寅	2311
卯	2212
辰	3313
巳	2214
午	2315，3115
未	2416，3016
申	2517，2917
酉	2618，2818
戌	2719
亥	2820，2620

巳日

時辰	金鎖銀匙
子	2610
丑	2511
寅	2412
卯	2313
辰	2214
巳	3315
午	2216，3216
未	2317，3117
申	2418，3018
酉	2519，2919
戌	2620，2820
亥	2721

午日

時辰	金鎖銀匙
子	2711
丑	2612，2812
寅	2513，2913
卯	2414，3014
辰	2315，3115
巳	2216，3216
午	3317
未	2218
申	2319
酉	2420
戌	2521
亥	2622

未日

時辰	金鎖銀匙
子	2812，2612
丑	2713
寅	2614，2814
卯	2515，2915
辰	2416，3016
巳	2317，3117
午	2218
未	3319
申	2220
酉	2321
戌	2422
亥	2523

申日

時辰	金鎖銀匙
子	2913，2513
丑	2814，2614
寅	2715
卯	2616，2816
辰	2517，2917
巳	2418，3018
午	2319
未	2220
申	3321
酉	2222
戌	2323
亥	2424

酉日

時辰	金鎖銀匙
子	3014，2414
丑	2915，2515
寅	2816，2616
卯	2717
辰	2618，2818
巳	2519，2919
午	2420
未	2321
申	2222
酉	3323
戌	2224
亥	2325

戌日

時辰	金鎖銀匙
子	3115，2315
丑	3016，2416
寅	2917，2517
卯	2818，2618
辰	2719
巳	2620，2820
午	2521
未	2422
申	2323
酉	2224
戌	3325
亥	2226

亥日

時辰	金鎖銀匙
子	2216，3216
丑	2317，3117
寅	2418，3018
卯	2510，2019
辰	2620，2820
巳	2721
午	2622
未	2523
申	2424
酉	2325
戌	2226
亥	3327

3 · 金鎖銀匙原文及釋義

⊕ 河洛水部參評秘訣

	男命豎看	女命豎看	歲運豎看
3330	洞門無鎖鑰， 便是一閒人。	閨門深似海， 應不染紅塵。	半空明月稀， 一枕清風靜。
	沒有鎖匙的話，門不能開，洞不能進人，做個閒人好了！不要忘記一個人的心也有鎖，無鑰匙怎辦？！	閨門深深深幾許，紅塵不到之處也！	「半空明月稀」是夜空，另一半則為畫；夜間最好清涼如水；這會否是「烏鵲南飛」呢？！
2231	月在清波底， 維舟向樹邊。	年來十二月， 月長日西沉。	酒醒何處去， 柳岸晚風經。
	舟在樹邊，月在水底；千萬不要以為可以將月撈起。	日為君，日沉西乃不見君面。	今朝酒醒何處？楊柳岸，曉風殘月。
2332	商山秦嶺花， 開向三冬雪。	花果一時新， 回首四面隔。	商山采藥去， 意望作神仙。
	花開向冬雪，不得時，亦不得地，倒不如效法商山四皓作隱士可也（東園公，夏黃公，綺里季，角里）。	當妳有花有果之時，回首一看，似乎被隔開了！	商山，隱士神仙之地也。
2433	元宵好燈燭， 卻向五更明。	紫燕語離情， 新巢重引子。	將軍欲斷橋， 謀為何計策。
	元宵佳節大放花燈，人山人海，火樹銀花合，星橋鐵鎖開，真是熱鬧了！無奈的是你則要待到五更才見月明。	小孩子長大後便要走，待有新巢後才再生育另一個好了！	斷橋就是自絕歸路，好處是敵人不可以追過來，你要謀求一下了！
2534	三年不言道， 夢傳說旁求。	牛女星方度， 誰家波浪生。	梅花開雪下， 已自壓群花。
	殷高宗夜夢傳說可輔政，命人畫像尋訪，三年後得之。	牛郎織女相會後竟然銀河生波浪，是誰惹起的呢？	梅花生雪下，壓倒其他的花了！

	男命豎看	女命豎看	歲運豎看
2635	觀鼎取其象， 稼穡下艱難。	花上鶯聲急， 東風歎短長。	蒼鷹與狼犬， 須日漸從遊。
	觀鼎取象，稼穡艱難矣，是不是鼎內所煮的不算好餚呢？！	鶯兒在花上唱歌，唱得如此急，東風也要歎氣了！	蒼鷹和狼犬，一在天，一在地，時間久了才可以從遊。
2736	結繩代書契， 八卦未曾成。	革故取鼎新， 姻緣事非偶。	駿馬已登途， 阻防蹄暫住。
	結繩記事的時代，伏羲未曾作八卦。	革故取鼎新，遷都也要遷鼎啊！姻緣一事亦然，要變則要結婚才成。	駿馬已踏上旅途，有些少阻礙才停下來而已。
2837	華渚星虹動， 海棠雲雨飛。	羅帳怕霜侵， 雲外衣裳冷。	凰鳴在高岡， 百鳥皆集視。
	一切都在動了，上天見有星移，下則雲雨俱至，與海棠共舞了！	「羅衾不耐五更寒」，後主曾這樣寫過，皇帝嚐到人生之苦味，妳不要以為上天獨要難為你了！	鳳在高崗上鳴，百鳥也得集視，看看牠想說甚麼。
2938	鴻毛飛白雪， 羊角上清霄。	惟願日長好， 旬西還自東。	用扇作飛簾， 糞塵如風捲。
	「鴻毛飛白雪，羊角上青霄」是不是禪道；看看羊角之年是否指午（馬）？不要排斥羊年之可能仍屬存在。「上青霄」是好抑是壞？羊角，龍捲風也。	但願日長久，西下之後的翌日又再東升了！	飛簾者，風神也！搖動扇子，捲起了塵，廢物。（流年兩句參閱木部2521）
3039	魚蝦北海過， 海水變桑田。	葛藟系樛木， 前程自有期。	鑿井得逢泉， 先勞而後暢。
	魚蝦北海過不易見到，如果有見到的一天，海水又會變為桑田。	《詩》周南：「南有樛木」。絞者，纏結也。葛藟者，葡科，果實黑色，甘平無毒，供藥用，故「葛藟，虆之」。前程自有期，是否說藥到病除？	鑿井逢泉，為何不會先勞而後暢？！

	男命豎看	女命豎看	歲運豎看
3140	惟魚與熊掌， 二者豈能兼？	清溝自澄澈， 莫使決污泥。	生義人所欲， 二者豈能兼？
	魚與熊掌，二者不可兼得！選擇之重要可見矣！	清清的溝道，潔身自愛吧！不要讓污泥掉在溝內，妳也明白青蠅一點，白璧也成污的道理吧！	生義人所欲也，你可以殺身成仁，但也可以帶著污名而活下去，並接受人家的鄙視眼光。
3241	虎皮包干戈， 華山未歸馬。	江天欲暮時， 惆悵神仙侶。	蝴蝶上天飛， 尋花去上苑。
	用虎皮包著干戈跑到華山去做甚麼呢？華山是論劍之地嗎？	快要見到日落西山了，妳和他這對神仙侶感到惆悵。	蝴蝶不愛滾滾紅塵而向天上飛去。
3332	自牖看天心， 咫尺天顏近。	春風酒一壺， 明月人千里。	雲滿芳郊外， 此心惟是憂。
	伯牛有疾，孔子問之，自牖執其手；自牖看天心，有如伯牛自牖看孔子，天顏近身在咫尺之間也！（見木部3016流年歲運。）	明月人千里就是說所思者在遠方，面對著春風酒一壺也祇好等待。	雲滿芳郊可恨者無雨，怎不憂從中來？！
2233	月出四更靜， 長天惟字橫。	要知天不曉， 月色轉三更。	定前須向日， 何必更登樓。
	月出四更比月出五更好，至少還見到長天雁字橫；在現實世界中是說兄弟合心。	三更月仍然算是好的，再遇兩更之後才見天曉。	向日即朝陽，近君也；自有貴人扶持，何必登樓去寫登樓賦。
2334	海棠三月開， 雨洗胭脂臉。	梅子墜金風， 不見釵頭鳳。	馬過危橋上， 提防足下空。
	唐明皇愛海棠春睡圖，你的海棠到三月開，三月是多雨的季節；那時會雨洗海棠的。	宋林逋隱於西湖，植物畜鶴，謂之梅妻鶴子，今妳「梅子墜金風」且又「不見釵頭鳳」指的是甚麼人生？	馬過危橋小心跌到谷底！
2435	白露結珠花， 東邊太陽上。	明珠生老蚌， 莫戲綠楊津。	○○○○○， ○○○○○。
	白露結成珠花，佳象也！珠者，珍珠也！配以「太陽東升」，好景持續也！	老蚌生珠是由於戲於綠楊津，好嗎？	歲運流年逢此數凶！

	男命豎看	女命豎看	歲運豎看
2536	繡針為鐵柱， 江海暗中瀛。	鐵磬與銅盆， 相剛方穩當。	得薪又無米， 恍惚又憂惶。
	江海中有瀛洲，瀛亦作瀛寰，瀛為海，寰為宇宙。繡針可為鐵柱，江海亦為神仙之地矣！	銅盤對鐵篝，剛對剛始可持久；不然的話，妳就前孤後寡了！此乃汝之擇夫玄機，要嫁個殺星重的男人！	得薪又無火，要待普羅米修斯救命了！
2637	二氣包鰲極， 五行猶未分。	天邊問明月， 已度又還圓。	夜深聞雷聲， 疑有所思時。
	陰陽二氣者，日月也！鰲者，鼇也！女媧煉石補青天，斬鼇足，時五行未分，祇立了四極而已！你的五行怎樣？	幾度月還圓？妳問明月好了！「月如無限月常圓」應該就是答案。	夜深聞雷聲，疑有所思的是雲和雨嗎？
2738	花箋黑水染， 空有五雲飛。	仙曲何人和， 玉簫吹夜寒。	扁舟兼得舫， 向後飛出常。
	「空有五雲飛」見於故宮珍本，今本「月」為誤。花箋已為墨水所染，五色又怎能塗上去？！「五雲」指五色，青赤黃白黑也！	妳吹奏的是仙曲，凡人怎能欣賞，玉簫也會吹夜寒了！	扁舟是小舟，舫者，此處作兩舟相併。
2839	赤電閃紅旗， 黑雲拖鐵騎。	月中丹桂子， 開處待秋風。	蛇蟠當道上， 進退自為憂。
	如以天覆地載來看，兩詩偈乃主動出擊之象，守株待兔則會空無所獲。	男命與女命不同，女命則要守候，八月十五自有桂子落。《禪林備覽》如是說，白樂天詩：仙花桂子落紛紛。	蛇蟠當道，進亦憂，退亦憂。
2940	巫山千里遠， 欲聽鳥聲音。	鄭北春風生， 霜雪摧蒲柳。	禽蟹脫雲谷， 振羽欲飛時。
	巫山千里遠，那兒朝雲暮雨，你不想去嗎？鳥聲音不是巫山十二峯可以有的。	鄭北，鄭州北部也！為甚麼「鄭北春風生」就會「霜雪摧蒲柳」呢？鄭州之星野在辰，看看辰年是否不利於「春風」？鄭州緯度約為北緯35°，春風到來之時仍有霜雪。	禽蟹脫雲谷自然想飛了！

	男命豎看	女命豎看	歲運豎看
3041	龍舟爭勝負， 欲定一時名。	東風蒲柳花， 西風何太急。	畫舫過洪波， 棹短難得渡。
	「龍舟爭勝負」何解？五月五日為端午節，節日有龍舟賽。《遼史，禮忘》五月重五日以五彩繫為索纏臂，謂之合歡結。看樣子男命得此數要爭名了！不爭也不成。	五月梅花照眼中，此間也是菖蒲可收之時，蒲節生香了！東風過後西風又至，女命得此數，好事來得匆匆，去也匆匆。	畫舫較舟大，棹短不宜，安能渡江？！
3142	檟棘共梧檟， 取養在場師。	鮑魚混芝蘭， 馨香依舊在。	桂林無雨露， 山澤有風雲。
	「養其檟棘」（孟子告子篇）。檟棘，檟棗也！檟，茶樹。梧杉木，如何取養？那就要視乎其產地了！	鮑魚，芝蘭之味不同；二者如相混的話，馨香仍在。	桂林，郡名，約在今廣西之地，雨露不多但山澤則有風雲。若以桂樹成林之地釋之，亦無不妥之處。
3334	物鈞衡斗正， 益寡以裒多。	楊朱惡修身， 難遇天仙子。	閒更聽駐笛， 躁進恐無由。
	物之均衡以斗正之，《易》謙卦：君子以裒多益寡。裒，聚也！作正道，作謙謙君子。	至於楊朱，拔一毛而利天下，不為也，難遇天仙子了！	閒來聽到駐笛之聲，無躁進的道理。
2235	龍蛇爭一室， 飛向百花叢。	雲開月色新， 陰晴猶未保。	猛虎居林叢， 笑吼自生風。
	龍蛇相爭，倒不如飛入百花叢中好些。（男命見木部2515流年歲運）	雲開見月了，這是夜間，未知陰晴如何。	虎在林中，笑吼生風（看看是否寅年）。
2336	高下花飛處， 鶯聲春晝聞。	水二府蓮花， 塵中留不住。	三月豔陽天， 融和生宇宙。
	飛花翻騰，或高或下；鶯聲則在春晝了！	蓮花生於水，出於污泥而染，塵中留不住了！水府之女神，「如願」也。	三月是艷陽天，西洋人認為4月是戀愛的季節，怎會不融和呢？！

	男命豎看	女命豎看	歲運豎看
2437	水入犀牛角， 龍蛇出海來。	極目高樓上， 太陽天上天。	野火自燒山， 禽飛並兔走。
	犀牛角是空的，可作杯子用，盛水，甚至盛酒。至於龍蛇為何出海，魚龍變化也！魚可以變蛇，也可以變龍——這是詩的語言。	未登高樓，但知太陽在天：上高樓後才知太陽在天上之天。	野火燒山，為了逃命，禽飛兔走了！
2538	坐井觀天象， 明知八陣圖。	荷葉疊青錢， 鴛鴦水面風。	飛鷹思得兔， 反獲豈容嗟。
	坐井觀天的人眼光短近，不知世界之廣，你以看天象為已解嘲。其實，你是知道自己一點也不懂。你已在八陣圖中迷失了自己。是嗎？	妳愛財，看到荷花疊著青錢，於是鴛鴦戲水了。小心會有各自飛的一天！	飛鷹要捉兔子，到頭來卻被兔子捉住，不要歎息了！
2639	荊棘凱風吹， 枝頭煙一抹。	春光重首〇， 何人落少年。	立地待行人， 長江空渺渺。
	《詩》國風有「凱風」四章四句：凱風自南，吹彼棘心，棘心夭夭，母氏劬勞。凱風自南，吹彼棘薪，母氏聖善，我無令人。爰有寒泉，在浚之下，有子七人，母氏勞苦。睍睆黃鳥，載好其音，有子七人，莫慰母心。「荊棘凱風吹，枝頭煙一抹」意在斯乎。	女命有一凶，「春光重首〇，何人落少年」，「〇」是甚麼？	待之久矣，行人來至！
2740	玉兔與金烏， 東西任來往。	芙蓉在秋江， 風露已高聲。	江山千里外， 遇處可為家。
	日月兩曜天天一升一起，東西任往來。	芙蓉，荷花也；「涉江採芙蓉，蘭澤多芳草」，女命之「芙蓉在秋江」說她自己在秋江，採落芙人仍未到，「風露已高聲」了！	去到千里外，有遇則可為家。

	男命豎看	女命豎看	歲運豎看
2841	剝果見花開， 時人逞爛熳。	雨餘雲半飛， 〇濟自東出。	腐草化為螢， 難於分明白。
	剝果才見花開，時人顯露出爛熳之情。剝，削也，落也，去皮也！	女命亦有一凶：雨餘雲半飛，〇濟自東出。	腐草化為螢，何能分別二者？
2942	玉壺無別物， 赤蟻眾蜂屯。	氣情貞玉德， 豐薄奇佳人。	暗室偶逢燈， 自然分明白。
	玉壺，酒壺也，內無別物，有者則是如蜂屯之渣滓。《文選》張衡《南都賦》：「醪敷徑寸，浮蟻若萍」。「蟻」有赤蟻，綠蟻之別也！《金鎖銀匙》亦有「綠蟻伴佳人」句（土部，2468女命）。	氣情如玉德，堅貞不屈，真佳人也！不過，是豐抑是薄呢？！	暗室中偶而見到燈，裡面是甚麼，當可揭曉的。
3043	江梅開雪下， 先報一枝春。	對鏡看青鸞， 光陰來不再。	折梅逢馹使， 寄與隴頭人。
	江梅先開，先報一枝春。	對著鏡子一看，光陰一去不返了！夫妻之鏡，曰鸞鏡，溫庭筠有詞：鸞鏡與花枝，此情誰得知。	「折梅逢驛使，寄與隴頭人，江南無所有，聊贈一枝春。」此乃陸凱自江南寄梅給范曄之詩。
3336	紅蓮依綠水， 搖影動龍魚。	〇〇〇〇〇， 〇〇〇〇〇。	枯魚時得水， 喜躍自無窮。
	紅蓮，綠水，多配合！「搖影動龍魚」，抑是魚龍動搖而見影？！	女命凶。	枯魚得水，喜躍無窮。
2237	龍行蛇穴去， 飛雁遇風吹。	一枝林下竹， 難脫錦棚兒。	春雷自收聲， 蟄蟲從此振。
	龍入蛇穴，混雜也！飛雁遇風，兄弟分開了！	林下有一竹一枝，怎能脫離錦棚之兒呢？棚，棧也，板閣曰棧，連閣曰棚。	春雷之後，蟄蟲開始出來了！

	男命豎看	女命豎看	歲運豎看
2338	點火茂林頭， 猛風吹蔓草。	日月兩團圓， 天地應難曉。	得弓無箭用， 欲射不能為。
	點火於茂林頭，而地面蔓草受狂風猛吹，是「有美一人 邂逅相遇」（《詩》鄭風「野有蔓草」）嗎？	日月團圓祇見朔日。這是地球上的所見天象，天地知道嗎？	有弓無箭怎辦？！
2439	燭心作梁棟， 不假斧斤成。	日月願長明， 天地先來禱。	朝霜逢暖日， 立便減寒威。
	以燭心作梁棟，就用不著借刀斧為用了！要有心，有真意。	日月兩曜想長明，天地先來為之祈禱。此處「日月」喻夫妻。	太陽東升，晨霜的寒威會退減。
2540	射隼於高墉， 飛鳥已先散。	寶釵金鏡裡， 重整舊家風。	淺水內藏魚， 莫遂優悠性。
	解上六有言：公用射隼於高墉之上，獲之，無不利。不過，飛鳥已先散去了——等待一下，你會有所獲的。	拿出妳的寶釵金鏡，重新內面家風。	淺水內藏魚，你不要優悠，牠們可能躍跳啊！
2641	九州四海凶， 舉目是我家。	若問好姻緣， 紅絲牽傀儡。	鴉與人同群， 吉凶還自異。
	四海九州都凶，今舉目所見之地就是你家之所在了！	問及好姻緣的話，紅絲所牽的人祇是一個傀儡吧了！	人鴉同群之時吉凶各異。
2742	草際飛螢出， 火星流入西。	春山與秋水， 幾度撼東風。	中秋月夜明， 何方不照耀。
	《詩》說「七月流火」，秋月也，火星流西，螢火蟲出矣！	春山秋水，春風幾度矣！	中秋之月最明朗，何方不照耀呢？！
2843	方寸木不揣， 可使高岑樓。	○○○○○， ○○○○○。	片片○雲壑， 難分始與終。
	山小而高謂之岑，以方寸之木也可以築高樓嗎？用大木又如何？找得到嗎？	女命凶。	流年一凶，猜看「○」指甚麼字可以填進去，如果猜得出則知凶之底蘊。

	男命豎看	女命豎看	歲運豎看
2944	江山千里外， 草木放精神。	風損花枝折， 醫治待神仙。	清秋天宇闊， 雁字寫長空。
	江山千里之外，草木也一樣有精神的。	花枝被風吹折，待神仙到來將之療理吧！	秋高氣爽，長空有一字雁陣。
3338	三月艷陽景， 一襟風月閒。	朱顏枝上花， 萬里雲空碧。	二龍爭一珠， 一得還一失。
	正當三月艷陽之時，你的風月之事卻變得休閒，會否將來後悔？	枝上花朵美麗極了，萬里無雲。行人不見，自然沒有行雲。無雲怎會有雨？！	二龍爭珠，誰得？誰失？
2239	周流天地間， 還波水常性。	○○○○○， ○○○○○。	鷺鷥覺魚鉤， 昂頭須觀步。
	周流天地間，祇有水泛則流，你是不是一個執性不定的人？會否決諸東則東流，決諸西則西流，遇冬則結，遇夏則散？	女命凶。	鷺鷥察覺到魚上鉤，於是昂頭觀步。
2340	蒼湘湖水上， 應有洞庭人。	可惜花開處， 天公歎不常。	風雲相會處， 平步上青天。
	在蒼湘湖上，自然有洞庭人的。	落了，花又再開，天公也為無常而感歎。	風雲相會之處可以令你平步上青天。
2441	雪浪震天鼓， 扁舟在下行。	雪浪震天鼓， 扁舟水上行。	塞花紅日近， 迤邐有疏通。
	「雪浪震天鼓」男命是「扁舟在下行」，而女命則為「扁舟水上行」，何解？前者說在鼓聲下面，但女命則在水流的引領中慢慢離去。		迤，地勢斜延也！
2542	掌中秋月扇， 舉動好風生。	春風玉鏡臺， 莫落他人手。	大鵬生六畜， 其羽可為儀。
	掌握着秋月之扇自可生風。究竟有此需要嗎？秋天到了，金風吹爽也！	春風玉鏡臺，莫落他人手；不可失身也！	漸上九日：鴻漸於逵，其羽可為儀，吉。

	男命豎看	女命豎看	歲運豎看
2643	流轉運元氣， 陰陽有準繩。	水上種仙花， 花開根未穩。	秋露既成珠， 團圓多不久。
	別本作「流轉運元氣，水上種仙花」第二句可能不是「陰陽有準繩」。男命可以水上種仙花，女命則不易，蓋「花開根未穩」也。		秋露既已成珠，團圓也不會太久；中秋之月指人月俱圓，之後則不會年內復見此象。
2744	兩羊排山崖， 披煙看鉤棧。	庭竹長尤孫， 歲寒風雪裡。	燕雀出巢來， 自有飛騰志。
	有兩隻羊排立於山崖上，牠們俯瞰下面的鉤棧，此時煙靄彌漫，這景象說的是甚麼呢？鉤，疑作「釣」。有釣棧則亦義有釣磯，煙波釣叟是誰？	庭竹生長得細小，在歲寒風雪裡怎樣了！	燕雀出巢，志在飛了！
2845	登山延木設， 桃吐落楊花。	嫣婉〇宜求， 難敎霜點鬢。	蛇鼠正相觸， 難道無兩活。
	別本作「登山延木設，桃吐洛陽花」，「落陽花」，誤也！2845原則上是與2645相呼應或對立的。今2845說「外面」，而2645說「內面」。	女命有一凶，「〇」會否是「不」字；不須找胭脂香粉了，妳不能用霜雪點染鬢髮啊！人老了就是老，生為有好模樣就美，是嗎？	蛇鼠相觸可以並活嗎——怕的是蛇會吞食老鼠！
3340	一點浮雲翳， 鴻羽逐風飛。	畫堂人散後， 燭影怕當風。	夜月望青天， 悠悠生意 。
	天氣翳熱，所見是一點浮雲而已，有雲也會有點微風的，鴻羽可以逐風飛動了！	畫堂人散後，祇剩下的是妳一個人，燭怕當風，它的影亦一樣怕。	對著當前夜月，難道你不會無感觸？！
2241	舟放浪波飛， 洞庭風送雁。	梅花迥出群， 清香自瀟灑。	好禮富人家， 未若貧而樂。
	有風就會有浪；舟在湖中行，波浪被掀起了；洞庭湖上，雁兒有風送行。	梅花清香瀟灑，非別的可比。	富有之家雖然好禮，未若貧而樂也！

	男命豎看	女命豎看	歲運豎看
2342	華亭鳴鶴唳， 雲月出西山。	井畔聽瑤琴， 知音且如此。	冬霖忽晴霽， 有炊盡忻顏。
	陸機乃吳國名將陸遜之後，華亭人，吳亡入晉，委身成都王司馬穎，兵敗被讒。遇害前曾歎道：「華亭鶴唳，豈可復聞乎！」語帶相關，乃不能盡忠，忠臣不能為用。	井畔指四旬之際抑是汲井之畔呢——聽到瑤琴之聲，不見其人乎？	冬雨去後，有炊盡「欣」顏，或「忻顏」，自喜也！
2443	琴上掛田租， 移人於河東。	姻女乘龍去， 猶疑結子昌。	池畔撫琴聲， 游魚已出聽。
	琴掛於田上出租，往河東去矣！	姻女乘龍去，看來似是結子昌盛，《詩鄭風》子之昌兮，挨我乎堂兮。豐，刺亂也，婚姻之道缺陽倡而陰不和，男行而女不隨。	池畔撫琴，有游魚出來聽了！
2544	虎兕出於柙， 征夫不能行。	好生橫翠黛， 曉露滴方環。	戰勝凱歌回， 論功先後處。
	《論語》季氏：虎兕出於柙，龜玉毀於櫝中，是誰之過與？！	橫翠，翠眉也。眉連娟以增繞兮，目流睇而橫波（《文選》傳毅舞賦）。女命美貌，內藏殺氣。	凱旋歸來，論功行賞。
2645	軒輅颺清風， 虛心皆自齎。	煙柳弄輕風， 垂絲系白日。	廟廊重百器， 寶鼎玉居先。
	一個虛心的人有福了，連其軒輅也有清風。軒，大夫以上之乘車；輅，大車也，《論語·衛靈公》乘殷之輅。	煙柳弄輕風，垂絲繫白日之「日」指丈夫。	廟堂百器之中以寶鼎及玉為首。
2746	乘舟渡日月， 天表厭煙波。	鸚鵡在金籠， 聲嬌得自由。	野渡自逢舟， 先勞而後豫。
	煙波、煙靄、煙雲者皆雲氣也，故煙雲過眼，事物不留痕跡。乘舟渡日月暗示日月往來，光陰流逝，生命亦過而不留。細想一下人生何意義吧！	囚於籠中的饒舌鸚鵡一樣有牠的「自由」：嬌聲滴滴。	野渡遇到有舟，先勞苦而後歡樂。

	男命豎看	女命豎看	歲運豎看
3342	岩畔青松樹， 根磐石上生。	井上種仙花， 子結玲瓏蕊。	鳳簫無孔竅， 何用奏韶音。
	你如岩畔的青松樹，根生於磐石之上；隱固堅定。	井上種仙花之「井」可以說是汲井，也可以指四旬之中。以前之婦女用不着有職業，故「井」指四旬，今則不能不考慮「井」作汲井。	沒有音孔的簫怎能奏出好音呢？！
2243	金波浸明月， 雷電捧天香。	芝蘭誰種得， 還羨滿庭芳。	日升被雲大， 時下暗光輝。
	金波下有明月之影，雷電捧出天香；雖雲水底見月為一幻象，此兩句指不尋常之虛名虛利也！是否「似是真時真亦假」，唯己自知矣！	芝蘭者，「與善人居，入芝蘭之室」，《孔子家語‧六本》如是說，故芝蘭亦比喻賢能者，妳看上去愛滿庭之芳香多於賢能的丈夫吧！	勿升被雲大，「勿」疑誤當為「日」字。
2344	蜂釀百花酒， 其甘與世殊。	春歸當斷路， 梅子釀酸時。	卞和獻璞玉， 先辱後榮恩。
	蜜蜂採百花，釀成之酒豈是其化的可以比擬，蓋其甘味最為獨特也！	梅子已經發酸之時，芒種後逢丙入梅，小暑後逢未出梅。春天已逝，路斷矣！	卞和者周時楚人，得玉璞於楚山，先後於屬王、武王獻玉，皆被視為詐，兩足盡失。文王即位，卞和抱璞哭之，王使人琢之，果美玉也，名曰卞氏之璧。典故見於《韓非子》「和氏」。
2445	竹花開石上， 結果不生笋。	琵琶江上曲， 回首重堪悲。	大風多拔木， 根本難兩留。
	竹花開於石上，此不得地，結果不生笋矣！笋，筍也！	典故為白居易《琵琶行》中之彈琵琶女子，妳恐怕年青時過「今年歡笑復明年」的日子，「老大嫁作商人婦」本來還可以，可惜「商人重利輕別離」，愛馳色衰！	狂風拔木，連根拔起，幹枝與之俱毀矣！

	男命豎看	女命豎看	歲運豎看
2546	點火入九淵， 匱中有龜玉。	花開桃岸雨， 子結桂林霜。	良田種松竹， 節操自盤根。
	點火而入九淵之地去找尋金匱，裡面藏有龜玉。龜玉，重器也！	桃花岸邊有雨，桂林則有霜雪；昆山之玉，桂林一枝怎樣了？女命當與科舉登第賢良對策無涉。此數言其得子也！	在良田上種松竹好嗎？
2647	寸陰惟我惜， 稼穡為君愛。	春園恣竹閒， 士女競光陰。	風恬浪自靜， 過渡不為憂。
	大禹惜寸陰，陶侃惜分陰，稼穡則君之所愛。光陰、稼穡有無輕重之分呢？！	春園恣意竹之清閒，士女則與光陰相競逐，捉住青春，不要讓它溜走！	風靜浪靜，可以渡河了！
3344	泰宇清明地， 無言獨履霜。	繩繩〇在堂， 要接連天宇。	夜雨正逢春， 宇宙生和氣。
	泰，極大也。泰宇是清明之地，竟然令人感到如履霜雪一樣。	女命一凶：到底是甚麼在堂？	「一雨成秋」不難理解；但是「夜雨成春」則不然——此兩句其實是說天地交泰。
2245	雲電斗星見， 石路馬蹄輕。	齊大非吾偶， 姻緣自己排。	登樓眺望間， 乘興立千里。
	斗星看見雲電，馬在石路上輕輕踏地而行！	齊大非偶，門戶、身家等情勢令婚姻無法和諧的人應該明白，姻緣是自己的，最重要的是由自己安排！	登高遙望，可以極身遠處，乘興去吧！
2346	北斗日中見， 斯言傳古今。	白璧一雙好， 留心手內擎。	〇〇〇〇〇， 〇〇〇〇〇。
	日中見斗，這句話自古流傳至今了！掀開《易經》一看，那是豐卦九四；豐其蔀，日中見斗，遇其夷主，吉。明白嗎？	有白璧一雙，多好！留心手內擎！擎，舉也！這是雙柱擎天之象，是操於己手的。	流年凶。

	男命豐看	女命豐看	歲運豐看
2447	初生嫩松柏， 栽向雪霜中。	○○○○○， ○○○○○。	○○○○○， ○○○○○。
	你是初生嫩松，被人栽於雪霜之中，看來不得地之下，你長壽，但一生都在冰冷之地。	女命與流年俱凶。	
2548	惟我有用禾， 一井供萬竈。	秋月當空滿， 雞鳴又向西。	決水東西流， 難定從彼勢。
	祇有你才有禾黍，一井之地可以有萬竈之多也！	正好當秋月空滿之際，雞鳴了！牠叫向西面。留意酉年！	決水向東抑向西而流才好呢？看來不是這時可以知道的。
3346	茆屋蒿供祭， 百神皆享之。	蕙帳共蘭房， 春風與明月。	筍生於林下， 長養自萌芽。
	用不着要奢華大殿了，簡樸的茅屋來供祭百神也成的。諸神都會接受。	女命如魚得水，有蘭房蕙帳，春風明月！	生於林下的竹筍，自會長出萌芽。
2247	煙霞朝日食， 吾道不雷同。	綠衣緣自部， 何用假黃裳。	惟魚與熊羆， 二者豈能兼？
	日食煙霞，想做煙波釣叟嗎？我則不同矣，人各有志也！	綠衣和黃裳有何分別？前者隱喻為妾，後者則為正室。《詩經》之綠衣四章中莊姜傷己也，妾上僭，夫人失位。妳不是正室之命。	魚與熊掌，二者豈可兼得？好好地作出適當的選擇吧！
2348	去敲天上鼓， 跌足履冰霜。	晚風留芍藥， 須避築風臺。	背月登樓望， 風生星斗移。
	去敲天上的鼓嗎？其實那是「履霜，堅冰至」（坤初六）！《書說命》：若跌弗視地，厥足用傷。跌者，足親地也！	若果在晚風到來之時保留芍藥的話，最好還是築一個避風臺。芍藥，初夏開花，大而美艷。留心妳人生中的夏日。	「背月登樓」並非「登樓望月」，背著月祇會見到星斗，風生之時怎辦？

	男命豎看	女命豎看	歲運豎看
2449	紅添綠減處， 鳥啼三月天。	月娥留桂子， 圓缺又同情。	雞兒方出殼， 各自奔前程。
	紅添翠減好嗎？柳永說紅衰翠減，苒苒物華休。紅添是花多眼亂，煩惱多矣！鳥啼三月，流鶯為你帶來災禍。	秋有桂子墜，月娥將之留住了，是圓是缺都有情。	雞兒出殼可各自為己而奔前程。
3348	丘陵勢自殊， 井地分經界。	為問女佳人， 春光能有幾。	機事不密成， 反遭其悔吝。
	丘陵之地有高有低，但平地可用界線來區劃，作井田亦無不可。	祇想問妳這位女佳人，妳一生以來春光有幾？！	做事不夠機密便會自取其咎。
2249	太歲屬木人， 厥德從風掩。	莫羨螽斯好， 青天露不宜。	○○○○○， ○○○○○。
	生於納音年命為水的，與太歲為木，於你有何關係？小心流年屬木，或者是，木年遇到的屬木的人──厥德從風掩！厥，其也，厥德，其德也！	螽斯，蟲名，色綠褐，繁殖很快，古人用「螽斯」喻多子。莫羨螽斯之繁殖速度，但螽斯卻不宜外露，青天之下如被農人發覺牠們蝕害着農作物，其命休矣！看來女命逢此數者要猜想一下其含義的。	流年凶。
2350	天為蓬島屋， 風雲作錦屏。	迷失從前路， 桃源尚可尋。	遙望海漫漫， 不見蓬萊島。
	以天地為屋宇，以地為蓆，此劉伶之人生哲學也！今此數以「天為蓬島屋，風雲作錦屏」又如何？是否說風雲際會之時命主會得錦屏？！	妳以前錯過了入桃源的機會，不過今天仍有可尋之路。	一片汪洋，看不到篷萊島了！
3350	邃屋密房間， 鳳凰在鼠穴。	好修清淨緣， 莫入風塵隊。	園林過風處， 草木自修然。
	鳳凰非梧桐不棲，非琅琊不食，你卻在鼠穴之中，在邃屋客房間。你到底是個甚麼人，與鼠輩為伍？「鼠」為密碼。	要好好清修，千萬不可墜入風塵。	風過大林，草木皆迴偃。

	男命豎看	女命豎看	歲運豎看
2251	提劍北方起， 飛金雪嶺塵。	百花蜂戀採， 勤苦為誰忙。	蓬萊須日見， 遙望水漫漫。
	劍為金，北方為雪嶺，此兩句可作禪語觀之。刀箭，雪霜，旱雲，爭鬥，空缺之辭帶有不吉之意。至於金玉，龍麟，桂蘭，星斗則作吉論(詳見《參評秘訣辦》)。	百花蜂戀採，勤苦為誰忙。妳是花還是蜂？為誰辛苦為誰忙呢？	遙望海水漫漫，蓬萊仙島何在？今年非往那兒不成了？怎辦？！
3352	雨漲長江急， 煙波萬頃潮。	天邊有明月， 何處照人間。	古鏡復重磨， 百金須有喜。
	大雨之後，長江水流洶湧，水位高了傾刻之間煙波萬頃，洪峯到來。	天邊有明月，如此明朗，到底她照向誰家？妳幾時才會明花有主？	古鏡重磨，光芒自如了！百金也需要有喜色的。

⊕ 河洛火部參評秘訣

	男命豎看	女命豎看	歲運豎看
3331	宇宙世三才， 乾坤猶未足。	空中光焰出， 調鼎事重新。	食鼠有餞糧， 大數皆前定。
	「三才者，天地人，三光者，日月星。」宇宙就是這樣嗎？看看《三字經》怎樣說下去的「三綱者，君臣也，父子親，夫婦順……」又怎樣，「乾坤猶未足」，令你感到的是甚麼呢？！	「空中有光焰出」是指陽光吧，要調理鼎中食物啊！妳會知道那是重新的事。	鼠入倉廩，一生衣食無憂；甚麼是餞糧？乾食也！「糧」亦作「糇」。
2232	卻將三尺竿， 來作中流柱。	喜鵲營巢久， 鳩居忽變遷。	急水補漏舟， 狂波難砥柱。
	立竿見影，將竿子來作中流砥柱成嗎？	喜鵲營巢，久矣！鳩拙不能為巢，霸佔鵲所成之巢。留意第三者是誰！	舟漏又逢狂波至，你可以獨立不撓嗎？
2333	天表霓虹見， 風吹向洌泉。	莫報東風急， 好花春日開。	倉庫鼠損處， 小虧有大盈。
	《易》井洌寒泉食，洌，水清也。天空有霓虹，清泉有清風吹來，你的人生主題就像這樣的畫。	不要報說東風很大，好花是在春天開的；妳明白「報喜不報憂」嗎？	老鼠在倉中藏着，吃了不少東西，不過，這仍算是小虧有大盈。
2434	鳳簫無一竅， 不用奏韶音。	雖無金銼刀， 解使琴弦斷。	孤雲纏出嶺， 〇去便無回。
	簫子沒有音孔，那又怎可以奏出美音？！	琴弦會斷，好自為之吧，即便不用大刀也會斷！	有一圈表示凶事存在：孤雲剛好出嶺，想必一去不返了！
2535	杯水成海河， 乾坤自我持。	青天雷一聲， 驚散梁間燕。	紅塵百花處， 蜂蝶兩交加。
	能夠將一杯水變成江河之浩蕩，這是個甚麼人？他還手弄乾坤，主宰一切啊！	一聲春雨之後，梁間燕子被驚散了。	看到紅塵百花之處蜂蝶交加，你以為這是好的景象嗎？

	男命豎看	女命豎看	歲運豎看
2636	田既授以井， 心寧安厥常。	龜鶴期高壽， 風光恐暗移。	三足鼎分峙， 缺一尚不可。
	有田，有井就是耕田而食，夫復何求，帝力於我何有哉！	龜鶴壽命很長，但歲月無聲地流逝，韶華不再。	三分天下，鼎足而立，缺一不成也！
2737	穴居而野處， 棟宇自清涼。	魚水百年間， 錦鱗三十六。	扶梁憑短棹， 得渡過江東。
	易曰：上古穴居而野處，後世聖人易之以宮室，上棟下宇，以待風雨。	一百年的日子不短，三十六歲可得錦鱗也！不可錯失機會。	不要怕，祇要有短棹就能得渡和去到江東之地。
2838	清波泛百川， 引出蔆浦澤。	出海珊瑚樹， 枝柯只自垂。	呂公遇鐘離， 得舟須變觀。
	百川泛着清波，湖澤內蔆草不少，包括水蔆、馬蔆、辣蔆。	珊瑚出水就是離開它們的生存境地，枝柯也垂下來了！	呂洞賓遇到了鐘離，得到金丹之後還得看看有甚麼轉化才成。
2939	閑鎖芳亭月， 門扃細柳春。	身在寶瓶中， 莫行金井畔。	燕期秋社歸， 遙遙看初路。
	鎖住在亭中的月，將柳色的春天關在門內吧！	妳身在寶瓶，不要向金井畔走過去；寶瓶，子宮也，井，四十也，看看是否天機！	秋社，立秋後第五戊日，縣州官司祭社稷於壇，春祈秋報也！燕期秋社歸，遙遙看初路；他們要南歸了！
3040	一蟲生雨翅， 飛入百花叢。	麗日正芬芳， 春風吹綠柳。	黃蜂與粉蝶， 撩亮百花叢。
	這條蟲竟然生出兩個翅膀，飛入百花叢去了 —— 是不是採花賊？！	珍惜你的青春吧 —— 麗日正芬芳，春風吹綠柳。	蝴蝶和黃蜂在花叢中飛來飛去，牠們挑弄花兒攫取其蜜！
3141	拱把之桐梓， 斫為棟樑材。	孤舟流水急， 〇向溪灘〇。	工師得大木， 必去勝其任。
	桐、梓、喬木，產地北自遼寧，南至廣東；二者均可作棟樑材。	有一隻孤舟在洶湧湍急的河中會怎樣？它可能被沖向爭灘的岩石，舟破人亡。	得到大木的工師一定勝任的。

	男命豎看	女命豎看	歲運豎看
3242	田獵在高山， 邇麟棄麋鹿。	春風花始開， 枝頭慳結子。	良馬羈其足， 百鞭亦難進。
	去到高山田獵，近麒麟，棄麋鹿吧！	春花在風中飄香，還不是枝頭結子的時候。	一匹好馬的腳被縛住，策鞭牠是無用的，牠怎能走動呢？！
3333	秋天霖雨集， 平地水中行。	玉樹好移根， 東風終結子。	輕舟將過浪， 一喜一憂驚。
	《左傳隱九年》凡雨自三日以往為霖。秋天霖雨之下，平地不浸，不過卻可以涉足而行。	玉樹，喻材美也，芝蘭玉樹，欲生於庭階，玉樹好移根指丈夫會因工作而移動，嫁雞隨雞，嫁「玉樹」隨「玉樹」吧，東風終結了！	輕舟終會穿過波浪到達目的地，有驚有憂，但也有值得高興的時候。
2234	獨將一葉舟， 去向桃花浪。	丁香連豆蔻， 結果玉梢頭。	燈光夜結花， 吉兆先期報。
	獨自坐著一葉小舟向着桃花浪走過去。三月桃花浪會否洶湧呢？！	杜牧詩云：娉娉嫋嫋十三餘，豆蔻梢頭二月初。是妳嗎？十三歲在今天未算成年，結果玉梢頭會否不適宜呢？！	燈花所示是吉兆，高興嗎？
2335	金錢買松竹， 白雲深處栽。	○○○○○， ○○○○○。	道途皆平坦， 涉履更何憂？
	用錢去買松竹而去白雲深處栽種，這是甚麼意思？有錢後要歸隱？抑是說：不要勞碌了，錢賺不盡，不如歸去？	女命十個大圈，凶。	一條大道，平平坦坦，有甚麼可擔憂呢？！
2436	燭與月爭光， 飛空天上絮。	寶瑟十三弦， 更張韻更清。	舟行得水脈， 波浪不為憂。
	火日爭光、燭月爭光的火或燭是你吧！自暴其醜而已！你不知道飛絮就是飛絮嗎，它們怎可以飛到雲霄？	「錦瑟無端五十弦，一弦一柱思華年……」，這是李商隱寫的，妳的祇有十三弦，細讀一下該詩看看感受怎樣？	順水行舟，何憂？！

	男命豎看	女命豎看	歲運豎看
2537	壁上畫山水， 四時雖如一。	春風應轉蕙， 秋水有明珠。	過江及思飲， 臨渡卻思回。
	在壁上畫山水，畫出是那一季節的就永遠都是那個季節的山水。看看你月建屬春，屬夏抑是秋冬！	春風應轉蕙，而明珠則見於秋水，感謝上天恩惠吧！	今年真是十五個吊桶，七上八落！臨到渡口時想折返，過江後才想飲水。
2638	鐵船再江水， 船內有魚游。	秋月來天上， 清光照世間。	老驥強伏櫪， 志在遠方遊。
	滿載江水的鐵船有不少魚在游。你做的是甚麼生意？牠們自由自在，而你又不會怕牠們跑掉。	秋月是最美的，正如清光來世間一樣。	「老驥伏櫪，志在千里，烈士暮年，壯心未已」這是魏武帝樂府，不同者是「志在遠方遊」吧了！
2739	冬生秦嶺上， 蘭蕙出蓬蒿。	金石兼盟好， 光陰自短長。	捕禽與得兔， 凡事無心出。
	秦嶺在冬天會有雪，你是甚麼呢？應該用哪一種植物代表你？不過，到最後你會像蘭蕙一樣，在蓬蒿中「出人頭地」。	「金謂金銀之屬，石謂玉石之屬。其質堅貞，故多以喻堅貞之事物」（《辭源》）。金石盟或金玉盟，情愛賢貞之盟約也。	光陰自短長，但愛情則天長地久，勉之。得兔或得禽都是無心而得。留意兔年或人命為兔的人。
2840	律己非繩尺， 修身無斧斤。	寤寐將何倚， 雌雄在河洲。	百花開爛熳， 蝶蜂戲春園。
	自律非繩尺可辯，修身也不可以用斧斤；重要的是用「心」。	寂寞沙洲冷，是嗎？雄的、雌的鳥也有時偶遇於沙洲之中；有緣千里能相遇。	百花如此美麗，難怪見到蜂蝶在春園中相戲不休了！
2941	九年禹洪水， 七載湯亢陽。	親親人未久， 重整舊家風。	銅壺並滴漏， 一定不由人。
	禹用了九年才治水成功，湯也有七載亢陽。加油！	你要重整舊家風，親親人未久也！	銅壺滴漏為時間作記錄，你不能左右時間的流逝。

	男命豎看	女命豎看	歲運豎看
3042	舟停綠水上， 雁字寫長空。	寒梅空自白， 芳草為誰新。	秋天淨如洗， 雁字寫長空。
	「舟停綠水上，雁字寫長空」似是一幅畫，不妨試圖自觀一下有甚麼含義。這絕對不是「秋江上，看驚弦雁避，駭浪船回」（辛棄疾《沁園春》）之景。	芳草為誰而青。王孫遠去，還是王孫應恨別。一個女人最大的悲哀就是被人遺棄。	「秋天淨如洗」和「舟停綠水上」分別太小了。「雁字」指雁行。
3143	飯糗猶茹草， 被袗衣鼓琴。	前生緣分定， 虛度幾重山。	深潭龍自躍， 變化得其時。
	孟子曰：「舜之飯糗茹草也，若將終身焉」及「舜之為天子也，被袗衣，鼓琴，二女果，若固有之」(盡心章句下)。	赤繩繫足，前生緣分已定，有情千里能相遇，祇不過在未遇之前虛度歲月！	潛龍蟠於沮澤，應鳴鼓而興雨，看看哪年才是龍年。
3335	廣寒深邃處， 凜凜扇寒風。	東君休嘆老， 花謝又還生。	神仙居洞府， 欲括世榮枯。
	嫦娥是在廣寒宮之深處匿藏着，你感到寒風陣陣了！	東風也會老去，不要氣餒，花謝之後又再花開。	神仙隱於山中洞府，祇想概括世間之榮枯。
2236	畫間人秉燭， 直入洞房中。	夫人神氣定， 綽有林下風。	人山去采木， 自可求良匠。
	為甚麼要拿着燭火？是要入洞房中嗎？	妳這位王夫人真有神氣，開大仁於施捨，有林下之風（見《世說賢媛》）。妳是個值得被人稱頌的婦人。	入山去採木自然可以尋找到良匠的。
2337	蓬萊隔弱水， 子女生舟中。	○○○○○， ○○○○○。	風急水漫漫， 不見蓬萊島。
	蓬萊與弱水相隔，前者在東，後者在西；前者為神仙之島，後者則為死亡之河。生於舟中的女子是神仙還是魔鬼；她可以帶你上天堂，但也會令你下地獄。小心！	女命大圈十個，凶。	大海茫茫，風大浪大，哪兒可見蓬萊島？！

	男命豎看	女命豎看	歲運豎看
2438	麥秋天氣到， 燕語畫梁頭。	烏鵲駕天橋， 佳賓莫空負。	鼎中兼有物， 濟事自無虧。
	「麥秋梅雨遍江東」，麥秋，指農曆四月孟夏，如用西曆，即 5 月 MAY。燕子在畫梁頭了！	烏鵲為你築成天橋了，不要辜負這些佳賓，去會妳的牛郎吧！	鼎中有可以吃之食物，哪裡會虧待你？
2539	鴻影淚秋塘， 月中星斗見。	有鹿自銜花， 無猿誰獻果。	寶劍試重磨， 光芒須復現。
	飛鴻在秋上的池塘上鳴叫，猶如月中可望見星斗。	鹿雙啣花而來，如同有猿才可以去把果獻給牠。	劍重磨，光芒如昔。
2640	椒花守歲除， 剝棗已先爛。	滌器有長才， 玉容何惜整。	塞雁偶失群， 難期排陣序。
	除下守歲的椒花之時，剝棗早已爛了！棗為普通栽種之果樹。	洗滌器皿中有長鑱，用不着它來為己整飾了！	雁行失序，有兄弟走了，怎可以有一字橫空的陣勢呢？！
2741	天地我屋宇， 坎離為戶庭。	莫誇魚水樂， 提防泛柏舟。	李下去彈冠， 自可生疑慮。
	如果天地是屋宇的話，坎離的方位就是戶庭了。	不要自誇有魚水之樂，提防妳是詩經《柏舟》的失位夫人；妾上僭也！	「瓜田不納履，李下不整冠」，君子之所以防未然也！
2842	影浸秋波下， 聲傳空谷中。	花開春正好， 人不在長安。	呢喃雙紫燕， 春日自融和。
	空谷響，空谷足音也！詩疏「在彼空谷」喻難得的人物或言論，莊子曰：「聞人足音而喜矣！」那浸在秋波下的影卻是虛象，小心、小心。	花開時節到了，可惜人不在長安，擇取花枝誰與共，天涯望盡又憶君。	燕子在春日營巢，情意綿綿的彼此互說情話。

	男命豎看	女命豎看	歲運豎看
2943	霓裳羽衣曲， 不鼓缶而歌。	紅蓮開水面， 青草怕飛霜。	春燕日事巢， 須分前後至。
	驚破霓裳羽衣曲！缶，盛酒漿之瓦器，秦人以之為樂器，擊之以節歌者。「詩陳風宛兵」坎其擊缶。	紅蓮在水面綻放，青草卻怕飛霜，妳的一生角色是蓮抑是草？	燕子營巢，分工合作，一前一後。
3044	青天一輪月， 卻向五更出。	長空月一鉤， 卻向五更出。	旱苗逢時雨， 秀實得其宜。
	五更天才月出，是否遲了？這天象中的月有的是甚麼月相呢？猜猜看。	至於女命：長空月一鉤也是五更才出，猜猜看是上弦抑是下弦？（話雖如此，有月勝於無月）。	大旱逢雨，怎會不得其宜呢？！
3337	鯤浪上扁舟， 縱橫隨波動。	瓜葛本相連， 荊棘何勞爾。	雞雖將出聲， 五德有鳴期。
	北冥有魚，其名曰鯤（鯤，大魚也），莊子如是說。你怎會去到北海？這種大魚被波浪湧上你坐的扁舟，縱橫隨波動，你要怎樣處理牠？	瓜葛本就相連，荊棘也是一樣。	雞出聲啼叫教人起床，五德也這樣做。何謂五德，是仁義禮智信嗎？
2238	泥橋逢雨雪， 淺水釣金鱗。	玉容那改移， 只愁花驚鏡。	旱枯並水竭， 魚鱉豈容身。
	連天風雪，過橋的人將木橋踏成泥橋了，淺水處可以釣金鱗吧！	妳不知道自己老了，天天照鏡哪裡看得出「變」之所在？但是，鏡子卻能見妳之不見；妳的丈夫就是妳的鏡子。	一片乾旱，角鱉哪有容身之所？！
2339	連峰接雲漢， 秋月照空山。	秋風麗日中， 蜂恨花須落。	負鼎去三場， 遂成湯天下。
	連串山峯上接雲漢，無奈明朗的秋月卻照着空山。	秋風的殺氣重，花也要凋謝，太陽高照，蜂兒抱恨。	遷都就是遷鼎，盤庚三遷，終居於亳，今河南偃師縣，改國號曰殷，有天下，商道復興。

	男命豎看	女命豎看	歲運豎看
2440	飲泉流脈乾， 將見水中月。	江梅花正開， 春色風中度。	青天闊萬里， 月皎鵲驚飛。
	水中有月，到了流泉飲脈乾之後，看看月在裡面嗎？	妳似是無根卻有根，結果難為果是必然的事了！	春天萬里，但月明星稀，鳥鵲南飛，何枝可依。
2541	月宮吾欲往， 摘草作天梯。	無根卻有根， 結果難為果。	○掛在高山， 大用須成器。
	我想往月宮去，找嫦娥也好，攀桂也好，但無天梯，祇好用草來代表。（可見：Jack and the Beanstalk。）	說沒有根固然是對的，因為「根」卻存在，不易看到吧了！不過若有果出現，則此果个易為果了！	看看甚麼掛在高山之上，是日抑是月，一圈代表一凶；不能成器就不會有用的。
2642	鳳德幽深遠， 駒陰過玉臺。	薺甘與苦荼， 卻在下場頭。	曲直自從繩， 正直元須取。
	鳳德幽深遠，光陰短促，一下子就過玉臺去了。	齋菜味甘。檟，苦荼，早採者為茶，晚採者為茗：好味在後頭。	要繪出正線直線需要用繩，正直是須要的。
2743	巫山十二峰， 不與凡人上。	天上神仙女， 人間富豪家。	意欲構舟子， ○○○○濟。
	巫山十二峰，朝雲暮雨，這不是凡人可以去的地方。	妳是仙女下凡去到富貴之家。	流年有四凶。
2844	海棠花爛熳， 獨立雨中看。	父子聚嘻嘻， 風光保無恙。	將薪去傳火， 立便見煙成。
	你祇可以看，不可細玩，雨中的海棠花真的開得爛熳。	如果父子聚嘻嘻的話，妳才可以保得住妳的家。	以薪傳火不難，見到有煙便成了。
2945	流水下高山， 孰能相止遏。	日月有陰晦， 求賢難獨難。	運籌帷幄中， 決勝千里外。
	流水下高山，水往下流，得地也，無人可以阻止它。	日月都會有晴和晦的時候，妳看求賢是不是真的很難！	「夫運籌帷幄之中，決勝於千里之外，吾不如子房。」（《史記》高祖紀）

	男命豎看	女命豎看	歲運豎看
3339	燕廈鳳凰臺， 江山活計中。	居柔卻用剛， 剛柔能既濟。	一蟲生兩翅， 飛入百花叢。
	「鳳凰臺上鳳凰遊，鳳去臺空江自流。」這是李白登金陵鳳凰臺詩最初兩句。「廈」應作「下」，此故宮本也！「江山活計中」一句其實是由其他之幾句化出來。原詩「吳宮花草」，此處用「燕下」說燕子飛下，吳之分野在丑，燕在寅，看天機吧。	女命主懂得剛柔之道，御夫有術矣！	一蟲生兩翅而飛入百花叢是「脫臉換骨」抑是「醉入花叢宿」呢？！
2240	煙焰逐浮雲， 月明金井地。	鳳凰飛去後， 明月見光輝。	燥火助太陽， 青天雲斂盡。
	煙焰逐浮雲，一切都是過眼煙雲；不過，人生也有好的時候，四旬之時會月明金井地。	鳳凰非梧桐不棲，飛走之後，明月就見光輝。這想說的是甚麼？「相見爭如不見也！」	太陽有炎火之力，燥火將雲中濕風燥盡了，見到的天是個可愛的藍天。
2341	開樽乘月夜， 曲水暗中流。	綺羅媚春風， 好花容易過。	對景邀明月， 杯中酒不空。
	月夜開樽飲酒，是你醉倒而不知曲水在流吧！	春風一度，綺羅生香，好花的日子真容易過。	對景邀明月，一杯一杯又一杯吧！
2442	太白騎龍馬， 禹門波浪乾。	天邊瑞氣凝， 牡丹花露濕。	狂風吹殘燭， 光陰誠難住。
	禹門波浪乾了，鯉不能躍；李太白則不同，他可以騎龍馬跳過去。留意龍年年份。	天邊有祥揣之氣凝聚，牡丹花也濕了——露滴牡丹開。	殘燭遇到狂風而熄滅，光陰一去不返。
2543	日本眾陽主， 三更避斗牛。	曉風殘月影， 別為一枝香。	田獵無一禽， 徒勞費鴛鴦。
	日代表了所有陽性的主人，但他不能不避開三更時分的斗牛。牛，「丑」也。	「今宵酒醒何處，楊柳岸，曉風殘月；此去經年，應是良辰好景虛設，便縱有千種風情，更與何人說。」柳永在《雨霖鈴》這些話是「別為一枝香」的最好注腳。	「田獵無一禽，徒勞費鴛鴦」乃《易》之恒九四。

	男命豎看	女命豎看	歲運豎看
2644	萬里迢迢路， 旁溪曲徑通。	斜陽人喚渡， 流水泛天涯。	九月去登高， 福中還發福。
	萬里迢迢，祇取小徑，哪會見到甚麼蹤跡呢？（見木部2422之流年歲運。）	到了黃昏之時才遇到要渡河的人，妳遂與他一起向天涯老遠之地而去。	九月登高應指農曆九月九日，賞菊、飲菊花酒、插茱萸，吃重陽糕，放風箏……都是人愛的活動。
2745	花發向波心， 天香施水面。	菡萏波中出， 鴛鴦水面游。	能任成大器， 負鼎去干湯。
	「天香施水面」與木部2321的「天香施紅味」有無分別？此處為火部，水面不同於地，「紅味」當指花香，花屬木也。看來並非手民之誤。水面之處與水邊相關，近水之地祇有利涉大川才成。	菡萏，荷花也，有荷花有鴛鴦在游，怡人之景也。	能任成大器者應有負鼎之才，鼎為國器。
2846	秋色來天上， 寒光到世間。	香蘭終月滿， 桂子落秋風。	風雲三吐哺， 盡禮詩書賢。
	天有秋色，寒光到世間。寒，冷也：是否指人間冷暖之「冷」。春夏已逝，秋冬已臨。	蘭花，春花也，幽香清遠；一莖多花者為蕙，其中一種至秋始間。此處所言指秋間者。女命於此則有女有子。「桂子落秋風」，白居易詩云：天花桂子落紛紛。《禪林備覺》云：天竺山昔有梵僧從天竺鷲山飛來，八月十五夜常有桂子落。	風雲三吐哺，盡禮詩書賢：一沐三握髮，後世稱聖賢，指周公也！
3341	牡丹花樹下， 蜂蝶結雲屯。	蜂蝶怕春寒， 好花風裡過。	狂蛟來憾草， 節操自然端。
	「牡丹花樹下，蜂蝶結雲屯」的主角是男人；牡丹，富貴之花也，不知蜂蝶是否指樹下那些前來說親的人抑是攀龍附鳳者。	好花風裡過，但蜂蝶，則怕春寒而匿藏不出了！	狂蛟來憾草，哪裡可以得到滿足；要節制一下才成了！

	男命豎看	女命豎看	歲運豎看
2242	春晝玉壺閑， 桃花芳草陌。	海棠春正發， 惆悵五更風。	百花開似錦， 春日自融和。
	春晝不是飲酒的好時候，怡人的是茵茵綠草和桃花。怪不得崔護在桃樹掩映的村莊遇到人面桃花相映紅的年青姑娘了！	海棠花發，五更風起，形容憔損了！	春天是花開的季節；天地絪縕，萬物化醇，男女構精，萬物化生。
2343	蚍蜉生兩翅， 飛向九重天。	海棠春正發， 夜雨濕胭脂。	遺刀還得劍， 見喜有其年。
	朝生暮死的蚍蜉竟然長出兩翅飛向九重天去。	又是海棠花發，不過卻遇到一場夜雨，連胭脂也洗掉了。	一得還一失，到頭來還是有喜可言。
2444	避害以趨利， 虹霓作渡橋。	出水珊瑚樹， 春風費力栽。	一雨過三千， 青山峰色好。
	就以彩虹築成一度天橋吧！它可以讓你趨吉避凶。	出水珊瑚，柯枝自垂，春風真的令妳可以得到活力嗎？	一雨之後，山也變得翠綠了！
2545	太虛中大廈， 鴛瓦接青霄。	花果修纏好， 葫蘆水上浮。	海水自生采， 優悠星火炎。
	太虛中的大廈是皇宮嗎？它的鴛瓦上接青雲。	花果修纏好，在水上浮的葫蘆裡面有些東西，為甚麼人不要它？	海水自生采，星火優悠自在。
2646	躬行於萬境， 聲色在吾為。	夫唱婦相隨， 永終在謀始。	如人初食蔗， 自尾及其頭。
	千山任我行，其樂在我心中。	結髮夫婦有好的開場，就可望白頭到老。	先甜後淡嗎？因為你食蔗自尾及頭。
2747	螟蛉入蜂巢， 得見蜂王面。	失葉怕春風， 吹破桃李莟。	鷩雛初出谷， 飛羽自欹斜。
	《詩》小雅小宛說「螟蛉有子，蜾蠃負之」。蜾蠃，亦為蒲蘆，為蜂之一種，取小蟲以飼其子。「我心憂傷，念昔先人」，故入蜂巢，螟蛉得見蜂王面。	春風到了，小心丟掉綠葉，它會脫落桃李的花莟。桃李者，富貴也。	小小的黃鶯學飛，氣力不夠，飛得歪斜了！

	男命豎看	女命豎看	歲運豎看
3343	春深花卉發， 細柳為誰青。	玉樓防失足， 金菊暗傷情。	巨魚跳龍門， 須憑三尺浪。
	《哀江頭》有「細柳新蒲為誰綠」一句，是否寓意於傷亂，一如杜甫所見。	玉樓，白玉樓也，李賀夢到帝召赴白玉樓，文人之死日玉樓赴召。此處用玉樓防失足亦不詳也。金菊，秋菊也，隱言人生之秋日也！	鯉跳龍門，無浪不成，浪助其勢也！
2244	榴花枝上火， 風動擬空燒。	風雨雞鳴夜， 春風欲暮時。	百煉忘真金， 自然添火力。
	石榴花看上去像是燃燒似的，風吹動花枝之時，令人覺得其火焰在左右搖動，婀娜生姿。其實，這是假象吧了！你若果對異性拜倒石榴裙下之時，一定要弄清楚真假象才好。	風雨雞鳴之夜就是春風欲暮之時　雞鳴是在夜間嗎？小心在雞年此象出現。	金需火煉，火力加大金越純。
2345	南柯鸞鳳立， 天表景星行。	蜂釀百花酒， 其甘與世殊。	青山纔雨過， 清興逸無窮。
	鸞鳳立於南柯代表景星出現。景星，吉星也！鳳凰非梧桐不棲，命主結婚則吉。修身、齊家、治國，平天地下是箴言。	蜜蜂釀出的百花酒最甘美。	雨過天晴之後清興無窮。
2446	御溝一紅葉， 流水出深宮。	二六巫山遠， 朝雲何處飛。	深山藏日久， 威勢自英雄。
	紅葉題詩的典故，唐僖宗時于祐於御溝中拾得韓夫人之紅葉，他亦以詩回應，置於溝之上流，後帝放宮女，二人遂成為夫婦，各於箱中取出紅葉，可謝媒矣！	二六巫山遠；朝雲柯處飛；二六指二十六歲抑十二歲呢？	久居深山，待時而動，威勢自英雄。
2547	浮舟上急水， 飛躍多蒿魚。	河東獅子吼， 好事嘆難完。	雲收兼霧散， 萬里見晴光。
	逆水而行，看到不少魚在水中飛躍。是否你的小舟不易駕馳？	妳是一位欺夫的婦人，這又怎能成其好事。妳明白「溫柔」嗎？	雲霧清散後，萬里晴空便會出現。

	男命豎看	女命豎看	歲運豎看
2648	八維內寒暑， 其端自我持。	一家人盡喜， 提防井上安。	草廬三顧問， 明良相濟遇。
	四方八維之內，惟君自持。	一家都歡喜，不過卻要留意四旬之年份。	得人三顧草廬就是說有人提拔你。
3345	道是無形器， 四時萬物生。	參昴正當天， 江月半分破。	鬼佛兩同途， 善惡皆相懼。
	恍兮惚兮之道無形無色，坐四時，生萬物。	昴星團和參宿當天之際，就是江月半分破的時候了！今之昴參俱在雙子宮，申宮也！留意猴年是否有變。（以前在酉，故也不可忽視酉年。）	鬼佛同途，善惡皆相懼，何解？善惡不分，猶如浮士德將靈魂交給魔鬼無異。
2246	背水相傳信， 行看花影風。	黃花晚節香， 老圃見秋光。	有雷無雨下， 旱處可憂煎。
	背水，今天當為With Your Back Against The Wall；背水傳信，言於困境下求救時，你會看到花影移動的風，得陰人之助。	黃花，指菊花，菊花到秋天最合時。	有雷無雨，也無雲，乾旱得令人憂煎。
2347	大海變桑田， 宏開日月落。	西月正東上， 皎潔又西墮。	美玉未分明， 逞光挑墜蔭。
	《神仙傳》麻姑請王方平曰：「接待以來，已見東海三變為桑田。」世事變遷大矣！今天「宏開日月落」令人感慨不已，看看你會否有三次大變｜	日東月西在星命上是得位；東者，寅卯辰為方位，西則為亥子丑。然而，在此上所見，不論月在何時東升，到最後仍會西落，女命於此欄目中留意亥子丑年吧！	美玉未分明之時，看上去多少有點晦色。
2448	積雪待來年， 雲開逢暖日。	飛雪上梅花， 沛雲開暖日。	古鏡又重磨， 終是顏先在。
	積雪要待到來年才融化；到春天氣溫回升便有生氣。	飛雪上見到梅花時，雲開日暖了！	古鏡要重磨後顏彩依舊。

	男命豎看	女命豎看	歲運豎看
2549	持刀破魚腹， 珍異在其中。	雙飛鸞鳳曲， 莫道怨知音。	伯夷君子節， 自不改初終。
	持刀破魚腹，刀劍乃凶器，凶命也！	鸞鳳和鳴，並翼雙飛，這樣好的姻緣實在難得，不要有任何怨言了！	伯夷叔齊餓不食周粟，餓死於首陽山。
3347	鴻毛草上風， 陰陽互寒暑。	天寒雁影孤， 月落銷金帳。	萬里迢迢路， 旁溪曲徑通。
	鴻毛，輕毛也，草上微風亦能動之，這說明了時間變化於無形之中。陰陽互寒暑也是在無形中出現。	銷金帳之典故來自陶穀，得黨太尉家姬，穀取雪水烹茶，問姬：「黨家有此風味否？」對曰：「彼粗人，安有此，但能於銷金帳中，淺斟低唱飲羊羔兒酒耳。」妳是天寒的孤雁，月落之後怎樣？	萬里迢迢路，即使旁溪曲徑都去得到。
2248	足踏雲霄上， 蓬人弱水流。	○○○○○， ○○○○○。	雀羽喜當生， 摩空須有漸。
	蓬人，蓬蒿人也。看上去你是踏雲霄，是富貴人家，可惜的是，你和蓬嵩人何異，小心弱水是鳥飛不渡，舟不能載之地。	女命凶。	雀兒長出羽毛了，值得高興了！
2349	暴虎以馮河， 砭然為砥柱。	瑤池人宴後， 明月夜空寒。	太公未遇時， 日釣渭江邊。
	「暴虎馮河，死而無悔者，吾不與也」語出《論語述而》。下一句是「必也臨事而懼，好謀而成者也。」勇而無謀，冒險而行的人，今竟可以砭然為砥柱。	瑤池夜宴之後，明月當空，寒風陣陣，清冷極了！	未遇文王之前，渭水釣魚吧！
2450	渭水有肥魚， 竿頭無釣餌。	花開難結實， 策杖且扶身。	停帆順風後， 躁進恐成憂。
	姜太公釣魚，在直不在曲，志在王侯，不在錦鱗。	花開難結果，沒有兒女扶持了！	既已停帆順風而行，躁進總是不宜的。

	男命豎看	女命豎看	歲運豎看
3349	紀綱吾掌上， 網漏吞舟魚。	夫征與婦育， 天際一浮雲。	孤舟如遇浪， 險阻謹提防。
	你是執法者，竟然有這樣的漏網之魚——這條魚連小舟也可以吞入肚裡！	丈夫出征去了；妳孕育在家，他是天際上一片浮雲。	孤舟遇浪，提防險事。
2250	舉足達紫微， 梅花隨雪墜。	蟠桃花未實， 不用怨東風。	為祥不為災， 得名兼得利。
	舉足踏紫微，本來是不錯的，但對你來說則是「梅花隨雪墜」。	蟠桃花還未結實，在未有果之前用不着向東風抱怨了！	為祥自然不見災，名利兼收了！
2351	西風送行色， 斜日照丹墀。	琴彈廣陵散， 無語怨黃昏。	長蛇自退皮， 勞神並改性。
	好景會否來得晚了一點——西風送行色，斜日照丹墀。丹墀，譬朝君之地。	廣陵散這樣美妙的曲妳彈得出來，既有知音人，何必怨黃昏已經到來呢？	長蛇退皮，今年是勞神改性的一年。
3351	彤弓架朱箭， 用射石麒麟。	福星雖燦爛， 孤星也照臨。	花門逢杜　， 多不減蕾香。
	用丹飾的弓，架上美麗的箭，你這樣做是否得法。射石麒麟好了！	福星照臨，孤星亦然；有甜亦有苦！	是「杜苣」抑是「杜螢」？還是「杜苣」？沒有大關係了，反正花開始終香氣彌漫。
2252	梁園花木綻， 東苑微金風。	積木起高樓， 風月事分破。	藥變損丹爐， 神空已度設。
	梁園，漢梁孝王之園林，親貴好客是今義。你這個人親貴好客，但東苑則金風陣陣。	積木起高樓，不宜這樣做！不然的話，風月之事便被破壞。	藥變了，因此丹爐受損，白費一切了｜
3353	御溝流不盡， 水脈到甘泉。	琴彈山水曲， 曲曲自知音。	斜日欲流西， 光輝已先散。
	御溝的水流之不盡，其水脈直到甘泉。	用琴彈出山水曲——高山流水，曲曲自知音。然而，妳要的是知音人，不是曲的本身。	斜日西下，再不似當空之時的凌人奪目了。

⊛ 河洛木部參評秘訣

	男命豎看	女命豎看	歲運豎看
3305	雲霞文發散， 舞動錦飛鸞。	魚向水中游， 須防天降旱。	飛花自騰遠， 不須風雨翻。
	藍天時常見到雲霞，是否有如紋理，舞動着一幅錦繡，看上去像是飛鸞。	魚兒游向水中，但要提防天旱河涸。	迎風的花朵有一天會如飛蓬一樣去到遠方，不一定需要風雨到來才可做到。
2206	洞庭風葉舞， 撫手上南山。	鷗鷺泛江天， 不與蛟龍並。	求之於規矩， 自可取方圓。
	秋風起矣，楓葉隨着飛舞，是撫手上終南山的時候了。撫，安也；終南山，秦嶺也。	鷗鷺在江水浮游，牠們不與蛟龍相伴。	有圓規直尺自然可劃出方圓之圖。
2307	身坐乾坤甑， 自知炎暑威。	休彈陌上箏， 莫娶桑間女。	佯狂並設詐， 苟有見災危。
	天地可以說是一個炊器，處身裡面怎不知道炎暑之熱。	切勿作桑中之女，桑間陌上乃幽會之地，羅敷有夫，當彈陌上曲以身明，拒絕被人引誘。	裝傻扮瞎的人遲早會自食其果，惹上災禍。
2408	水銀鎛鑄鼎， 日月煮黃粱。	鸚鵡尚聲嬌， 佳人空自老。	織錦停機杼， 機邊看錦花。
	水銀在鑄鼎中像音樂歌曲的響起來，這又何異於日月將黃粱煮熟（黃粱，黃小米也，楚辭《招魂》有「挐黃粱些」）。	鸚鵡尚且嬌聲滴滴，但佳人卻孤獨到老。	織錦需要機杼，讓它休止以後看着織成的錦布花紋美不美。
2509	微漲天河流， 冬江雪浪起。	夕陽無限好， 爭奈易黃昏。	設井遇枯泉， 何由得濟渴。
	夜空中可以看到銀河，這就是天河，內有不少星體，但肉眼祇是千萬微光，隨着夜之深沉而顯出微漲，然而在地上卻不一樣，冬天的河流湧動的卻是雪浪。	夕陽無限好，只是近黃昏，是李商隱的詩句。	鑿井而飲，可惜不見泉水，何以止渴呢？！

	男命豎看	女命豎看	歲運豎看
2610	金城千里地， 舉目望征人。	春暮飛花急， 暗隨流水邊。	夢魂千里遠， 空怨離恨多。
	金城郡置於漢昭帝始元六年，今之甘肅中部，故曰「金城千里地」征夫為禦外寇離家去了。	暮春來了，花亦零落，隨流水而去。	夢魂在千里之地，離恨太多了！
2711	木牛出祁山， 流馬入斜谷。	冬天暖似春， 江梅花正吐。	春蘭與秋蕙， 各自及時香。
	孔明六出祁山，造木人流馬。	冬天有如春日之和暖，江邊上的梅花已經開了——先報一枝春。	是春蘭秋菊也好，秋蕙也好，二者都是各得其時，各有其美，有其清香之處。
2812	強瀾既四倒， 地道有常經。	姻緣同比翼， 風送上天去。	雷聲纔出地， 遠近自然驚。
	「至若春和景明，波瀾不驚，上下天光，一碧萬頃。」這是《岳陽樓記》的話，但如果是強瀾又怎樣？它們可以摧毀一切，正如海嘯無異；不過大地有其常道去將之疏導。	在天願作比翼鳥，隨風飛翔。	一聲春雷，震動四方不論遠近，人皆感到了。
2913	秋月照寒冰， 飛雁落沙汀。	風吹香夢醒， 天暝子規啼。	蕭何定律法， 輕重自分明。
	秋月本來是又明又亮的，但定照着的水都是冷水，那隻飛雁就落到沙洲之上。這有點像蘇東坡寫的「揀盡寒枝不肯棲，寂寞沙洲冷」。	一陣吹着的風來了，連香夢也被吹走，夜到來後，子規在啼叫（子規，怨鳥，蜀名杜宇，也就是杜鵑，啼血的鳥）。	蕭何為漢高祖定立律令典制，其中各有輕重。
3014	鵲巢高樹上， 風雨絕塵埃。	冷淡是生涯， 何須花簇簇。	桃花三月景， 百草一齊新。
	在高樹上的鵲巢，風雨常到，但卻遠離塵埃。	冷淡生涯勝於華麗的人生。	三月春光明媚，桃花嬌艷，百草俱新。

	男命豎看	女命豎看	歲運豎看
3115	趙人兼晉璧， 歡時起利心。	活計水中萍， 姻緣風裡絮。	登高復臨水， 傳命探梅花。
	趙氏連城璧如此有價值，見到了難免想據為己有。	為生活而奔波，難得安頓。而姻緣則如飛絮，在風中飄忽不定。	攀山越野後終於要涉大川，看來是探取梅花為目的：為求清貴也！
3216	梭擲錦機中， 花紋隨後起。	天長地久時， 只怕多風雨。	浮雲將蔽日， 先暗後光明。
	梭為織具，穿梭弄出花紋，錦繡可得。	愛得天長地久，不過卻要面對人生的風風雨雨。	雲在飄浮，時而遮蔽太陽，但即使一時黯淡，到底仍有光明時刻。
3307	椿松在槐棘， 月色染雲霓。	春閨人夢斷， 明月又當前。	明鏡自當臺， 何憂不照燭。
	椿、槐都是落葉樹木；槐棘，公卿大夫也！位列三公之位，光亮如明月，給雲朵添上霓虹之美。	「可憐無定河邊骨，猶是深閨夢裡人」，不過，用不著哭了，明月當前啊！	台上有明鏡，何必憂愁呢，它一樣照着燭光。
2208	木人逢此地， 平步上青雲。	雨餘天欲霽， 江上好峰青。	藍橋玉壺春， 鴛鴦解鳴雨。
	納音年命是木的，得此數會平步青雲啊！	雨過之後天也開顏，江上的山峰美麗而青翠。	春光明媚，鴛鴦、美酒，橋上所見都構成一幅美麗的圖畫了！
2309	漏水自天漿， 八方皆可去。	玉杯出清淡， 龍蛇多爭室。	鑿井得甘泉， 源源自流出。
	天漿上滲滴出的水可以向四方八面灑過去；大地任我行，哪有束縛？！	玉杯的酒有淡，也有香，但龍蛇則會爭地而藏身。	鑿井而飲，泉水不斷。
2410	牡丹花影中， 走馬弓弦上。	池中多污泥， 忽出蓮花新。	走馬過危橋， 不道成惆悵。
	在花影中找牡丹，在弓弦上走馬；這樣成嗎？	蓮生於污泥，但卻不染半污穢。	騎馬過危橋怎不危險？這是自討傷亡而已！

	男命豎看	女命豎看	歲運豎看
2511	東山有人麥， 生向雪霜中。	高木蟬聲噪， 安知紅樹秋。	舉足蹈紫微， 青雲生平地。
	東山，周公作成詩以慰軍士之久役，今東山有「八」麥抑「人」麥（似為前者）。生向雪霜中，何時才可吃？！	那些在高樹中的蟬怎知紅樹已有秋色呢？！	踏進紫微之地，自然令人平步青雲。紫微指宮廷。
2612	蠶營簇上繭， 宛轉吐絲綸。	神仙不用求， 自有桃源路。	抱薪就火燃， 謹當慎自主。
	春蠶在簇上作繭，吐出絲綸。（《禮記》說：玉言如絲，其言如綸。孔穎達《正義》：王言初出，微細如絲，及其出行於外，言更漸大如似綸也！）	有桃源之路，又何必求神仙呢？！	抱著薪木自燃，真的非謹慎不可了！
2713	掌火焚山澤， 連天草木除。	白鬢喜相逢， 齊眉並舉案。	鶯籠纏得出， 飛動有其時。
	學了麻衣道人的掌心雷法之後，山澤被擊中着火，連天的草木亦被消除了！	到了頭髮也宣白才相逢是多麼令人雀躍。這又怎會不是梁鴻孟光的舉案齊眉？！	剛由籠子走出來的黃鶯自然要飛動的。
2814	萬籟清風裡， 吹簫秋月明。	一聲秋夜雷， 明月落誰家。	雙燕巢梁間， 呢喃自相語。
	萬籟俱靜，陣陣清風迎面吹來，更何況是秋月明朗之風，吹簫別有雅典了！	秋夜有雨，也有雷鳴，明月到底要落誰家？	看看屋樑上巢中的雙燕，牠們呢喃相語，何等恩愛啊！
2915	舉目仰天人， 用除三伏暑。	紅蓮初出水， 春草怕飛霜。	驪珠將照水， 光耀自如然。
	舉目仰天，說不定也可作天人的；如是三伏的炎熱暑氣亦可以被消除。	一朵紅蓮怕在出水之後受不住熱風，正如初春綠草怕見飛霜降臨。	「千金之珠，必在九之重淵而驪龍頷下」（《莊子‧列御寇》），這將出水之驪珠多麼明亮啊！

	男命豎看	女命豎看	歲運豎看
3016	水影照天文， 森羅成萬象。	片雲天外飛， 方見雲中月。	自牖看天心， 咫尺天顏近。
	天覆地載，上有天文， 下有水影；交織成的紋 何等深邃！	掩住月亮的那片雲，要 趕走之後才會露出笑 容。	伯牛有疾，孔子問之，自 牖執其手；自牖看天心有 如伯牛自牖看孔子，天顏 近身在咫尺之間也！
3117	子產畜生魚， 校人得烹食。	萬里白雲繞， 江南日暮春。	守株而待兔， 空滯好光陰。
	子產，指鄭大夫公孫橋， 長於政治；校以開格養 馬也！主人畜生魚，看 馬者亦得烹食。	青天萬里白雲繞著天 際，想起江南這個時候 應該是春天日暮吧！	守株待兔是白費時間的 事。
3309	牛溲馬渤功， 不假金丹術。	此木非尋常， 堪作高堂室。	喜生不測處， 枯木再逢春。
	韓愈《進學解》說「牛 溲馬渤，敗鼓之皮」。 這兩種東西，根本不是 來自金丹術，算得上有 甚麼功力可言。	這木頭並不尋常，可以 用來築大屋。	真的猜也猜不到的是枯 木逢春，喜上眉梢了！
2210	芳枝開月下， 秋葉舞春風。	深園空夜月， 琴調幾知音。	流水與高山， 自有真佳趣。
	明月當空，連花枝也開 顏，秋天的落葉與春風 共舞。	庭院深深深幾許，夜月 空照，琴調有幾多知 音？！	高山流水，伯牙子琴一 唱一和，自有佳趣。
2311	當道雪中草， 青蛇用蔽身。	利器手中持， 消息長無苦。	車無軏與軏， 其何以行路。
	一條青蛇見到雪下面有 青草露出，牠知道找到 了蔽身之處了！	這個女人手上執着利 器，她一年四季沒有一 天知道痛苦是甚麼的， 她太凶了！	大車無軏，小車無軏， 其何以行之哉？（《論 語·為政》）。今可以 行路，徒步而不坐車也！
2412	玉蕊凝絲竹， 蟾宮火上山。	還解馨香祝， 清虛度化生。	玉兔東方出， 夕陽留彩紅。
	蕊，即心，植物傳種之器： 將玉蕊凝於絲竹上；絲竹， 疑用「終歲不聞絲竹聲」 之典故。蟾宮指月殿，嫦 娥所在，蟾宮火上山，嫦 娥何以棲身？！	女命兩句是勸命主悟通 情之苦處後，何不以青 螯紅魚度此餘生。	夕陽西下，月出滄海， 不過還有一點餘暉，天 空還是美的。

	男命豎看	女命豎看	歲運豎看
2513	花渠暗水流， 出沒世難識。	風蒲美轉定， 能化青蛇劍。	海岸系孤舟， 何須憂浪竭。
	紅葉傳詩，在暗流的水渠，出沒難料。	風蒲草可轉變為青蛇劍，此道術也！	孤舟繫泊於岸，何必擔心浪竭呢！
2614	攘臂取珊瑚， 擊破生鐵柱。	鸞鳳引雛飛， 只緣多兒戲。	涇渭分流處， 一濁一清源。
	《孟子・盡心篇》說：馮婦攘臂下車，眾皆悅之，其為士者笑之。攘臂，奮臂以起也！取珊瑚去擊出鐵柱，誰不笑之？！蓋珊瑚乃富貴之象徵，石崇以其擁有不少珊瑚自豪。	鸞鳳引其雜學飛行，這是小孩子的玩意而已！	涇渭二水分流，一濁一清。
2715	假山生柳桂， 秋月散金花。	種出無方藥， 方知造化神。	風雨栽培處， 可待長萌菜。
	假山，盆景中的石，它竟然生出柳桂，而秋月也散出金花。	無方之藥可以用人工種出來，其是造化！	雖然風雨的日子不短，等待下去吧，栽下的植物總會有萌芽的日子。
2816	冰霜得令節， 以候辨陰陽。	芳草正連天， 那看黃梅雨。	倒把龍泉劍， 叉手空相傷。
	冰霜既然得節令，之後其好壞有待日月的裁斷。日月於此應隱譬夫婦二人。	芳草連天，看來不是黃梅雨的日子。	倒手將龍泉寶劍向着自己，這樣會傷身的。
2917	江上一犁雨， 芳菲起淡煙。	月兔夜光圓， 向晚金烏出。	風生浪不靜， 未可息憂懷。
	春耕時但見江上一陣雨，芳菲也湧出淡淡煙霧。	月兔夜間是又圓又亮的，之後便輪到太陽出來，韓愈有詩：金烏海底初飛來。	有風，自然會見到海上興波作浪之景；如此情境哪可以安寧呢？！
3018	溪養浮萍草， 流芳自吐奇。	雞棲生鳳子， 回首隔塵埃。	欲求魚與兔， 須用得筌蹄。
	溪流中但見浮萍水草，它們身吐清香啊！	雞生鳳子，回首一看，牠不在塵埃之地。	如果想得到魚與兔的話，那就需要用筌蹄；沒有後者，你是捉不到魚兔的。

	男命豎看	女命豎看	歲運豎看
3311	朔風從北起， 冰鑒照青天。	芝蘭出蓬蒿， 莫染花間塵。	金堂步紫微， 玉殿生芳草。
	冷空氣自北南下，吹走了很多懸浮粒子，天空變得一片透徹，藍天可愛。	蓬蒿指叢生的草，竟有芝蘭可以長出來，透出草端，定不帶一點塵埃，難得也！	去到宮廷之地，但見黃金大堂，連玉殿也有芳草長出來，這真是富貴之地啊！
2212	分慶誕辰中， 花下人相顧。	水邊多綠草， 翠竹喜相逢。	舉杯邀明月， 花下人相覷。
	分開各自慶祝誕辰，不禁想及對方怎樣了。	水邊綠草多得很，旁邊的翠竹高興的見到它們。	舉起酒杯去邀明月相伴，花下的人兒在伺視着。
2313	禹門波浪急， 冬月井中魚。	日日任東風， 女子貞不字。	○○○○○， ○○○○○。
	禹門的波浪洶湧着，這是冬天的時候，井中魚知道要鯉躍龍門了——「井」，取四十，四十至四十九歲也！	屯二爻有言：「……女子貞不字，十年乃字。」十年乃許嫁之意——雖然日日都有東風。	十個大圈代表「凶」字。
2414	瓦冷霜華重， 飛灰葭莩中。	豈料狂風惡， 花開落嫩紅。	準定用權衡， 輕重當自取。
	男命兩句來自《長恨歌》：「鴛鴦瓦冷霜華重，翡翠衾寒誰與共？」	怎料一夜狂風，開了的花也落了，遍地都是落紅。	衡量清楚才好下決定，好自為之吧！
2515	騎牛逐麋鹿， 前程路不迷。	木非凡木比， 可用作門楣。	龍蛇爭一室， 飛向百花叢。
	麋鹿，牡青黑色，馬鹿也，是鹿中之最大者。殘雪未融青草死，苦無麋鹿過姑蘇（姜白石）。騎牛逐「祿」，不會迷路。	這木並不尋常，可以用來作門楣。	龍蛇相爭，倒不如飛入百花叢中好些。
2616	斗秤皆均物， 權衡有萬殊。	流鶯語燕嬌， 日暮花飛雨。	風過大林中， 草木皆回偃。
	用斗，用秤不外作秤均之用，但權衡之下各有其特色，而且分別也很多。	流鶯語燕惹人好感，牠們嬌聲滴滴，是日之將盡，飛花伴着雨在舞！	孔子說：君子之德風，小人之德草，草上之風必偃。（顏淵篇）你是君子抑是小人呢？！

	男命豎看	女命豎看	歲運豎看
2717	柳線系春光， 暮天色已定。	傳言桃李春， 為惜桑樹是。	鵲噪喜白日， 信通心更切。
	柳枝牽繫住春光，但繫不住流陰，暮色蒼茫，籠罩了大地。	桃李盛長之時不要忘記桑樹：沒有後者就沒有蠶，何來錦衣給富貴人家呢？！	鵲噪是由於牠們喜愛陽光，如果，你更切心想和友人互通音信。
2818	掌上握風雲， 前生已先定。	蘭房花正開， 門帳人如玉。	閑人風送遠， 正醒心自樂。
	生來是風雲人物，這是前生決定了今生的事。	蘭房花開燦爛，為何會獨倚門閣——啊，佳人美如白玉！	讓風去送走那些閑人好了，而今你已花醒覺之中，心感快樂。
2919	駕屋橋梁上， 依山又帶河。	寒人下秋天， 連芳濕五彩。	月白與風清， 因斯知有待。
	在橋樑上蓋屋子，一面是山，一面是河，多危險啊！	天下着雨，是秋天啊，芳草也是濕濕的，連青綠黃橙紅的色彩也是濕的，有甚麼光彩呢？！	見到月白風清，因此你知道是等候之時。
3313	景星移北陸， 熒惑出南宮。	雲雨歸何處， 巫山十二峰。	晝行人秉燭， 直入洞房中。
	景星移到北陸，它是德星，五百里有賢人出，而火星則去到南半球了！	哪處是雲雨要到的地方？巫山十二峰！	白晝之時還需要秉燭而行？何解？直入洞房啊！
2214	牡丹花影中， 靈清海棠濕。	月之長大照， 片雲天外遮。	桂枝花下影， 秋月弄金風。
	在牡丹花影中，神之精明者清，但是海棠則濕。	月亮長亮，祇不過會有將為雲遮掩。	在桂枝花影下，秋月與風共舞。
2315	多少魚蝦出， 波流天日紅。	紅梅映蒼竹， 惟有歲寒情。	久晦遇晴明， 已慰眾人望。
	河中出產不是魚蝦，流水也染紅了太陽。	梅竹相映，這是冬天的情調了！	經過了不少晦明晦暗的日子，你終於見到太陽，朋友都為你而高興。

	男命豎看	女命豎看	歲運豎看
2416	金烏未出海， 玉兔已先沉。	莫恨花飛急， 枝頭子漸垂。	金烏拜玉兔， 各自列東西。
	太陽未出海，月亮已落在水平線。	不宜埋怨花飛，因為枝頭果實開始出現。	日月對望，一東一西，意謂「望月」。
2517	金魚溝內躍， 風動紙鳶飛。	玉雲荷盤裡， 瓊珠碎碎圓。	舟行望峰移， 自生疑惑處。
	溝內有金魚跳躍，猶如紙鳶迎風起飛。	荷葉如盤子一樣，圓圓水珠在滾滾動。	坐在艇中，艇動而令你覺山峯也動。你感到疑惑。
2618	身自攜筐去， 憂勤等采薇。	〇〇〇〇〇， 〇〇〇〇〇。	燈火夜結花， 喜信必須得。
	采薇，遣戌役也，天子命將率，遣戌役以衛國。人民歌采薇。昔我往矣，楊柳依依，今我來思，雨雪菲菲。今借「采薇」以喻夫不在家，妻上山採薇以筐盛之。	十個大圈凶也！	燈花必有寓意，所求者乃喜信。
2719	夜寢游仙夢， 通靈各有神。	江水映秋風， 水落花去速。	穴居而野處， 棟宇自接涼。
	夢遊仙境，通靈各有神明之助。	江水映着秋風，水流得快，花去得亦快。	「上古穴居而野處」「上棟下宇，以避風雨」，今棟宇自接涼之「接」字疑為「清」。
2820	清淡梧桐樹， 風搖金井間。	鶯花三月景， 天氣又重新。	陸行如推車， 是以常自苦。
	「梧桐樹」喻夫妻，「梧桐相待老」也！金井，指四十歲，四旬之時有風搖動，小心有磨擦。	到了鶯花盛放，天氣又重新，甚麼不快也成過去。	陸地行舟，怎能不苦？！
3315	荏苒風霜至， 竹梅花自開。	上林花正發， 只恐起東風。	自我來西郊， 密雲空不語。
	「荏」者，草名，名為白蘇，「苒」草盛貌。風霜到了便會萎縮，不過，那卻是竹梅花開之時。	上林園中的花正盛放之時最怕一夜東風，遍地落紅。	「自我來西郊，密雲空不雨」源出於小畜：「亨，密雲不雨，自我西郊。」

	男命豎看	女命豎看	歲運豎看
2216	萬里桑麻地， 魚龍相約侵。	春花太逼人， 蝶向誰家宿。	幸結殘花實， 喜生枯樹枝。
	魚龍相約侵的是甚麼地方？那就是豐腴的桑麻之地。（辛棄疾詞曰：「玉壺光轉，一夜魚龍舞。」魚龍何解？未登龍門者為魚，有魚有龍，如龍蛇混雜也！）	春花太過絢爛了，連蝴蝶也不敢去惹它們，無家可歸！	料不到的是枯樹上生出嫩芽，殘花也結出果實。
2317	江漾南山影， 雁從雲外飛。	姚黃並魏紫， 相遇五更風。	鴛鴦宿池塘， 姻緣自相守。
	江流上有山的倒影，雁群向雲外飛去。	姚黃，魏紫，富貴之花也。前者是千葉黃花，後者為肉紅色的牡丹，五更風雨將它們摧殘了！	一對鴛鴦宿於池塘恩愛地相守着。
2418	地軸天輪轉， 壺中日月長。	采蓮曲未終， 扁舟空蕩漾。	紅芳看滿地， 蜂蝶繞花叢。
	壺中自有天地，猶如地軸天輪之轉動一樣。	唱採蓮的好歌聲未盡，扁舟蕩漾，不見有人回應。	滿地都是花朵，蜂蝶在花叢中忙於採蜜。
2519	能開頃刻花， 結果不能食。	要祝花宜壽， 須求菊蕊仙。	遇水得逢橋， 憂心懼什然。
	花祇開了一陣子，結出的果實未熟，不可以入口。	若果想鮮花長壽的話，那就要祈求仙子的庇護了。	去到河邊，幸好見到渡橋。
2620	碧落出烏輪， 眾星拱北斗。	難許自由身， 是心難飛走。	○○○○○， ○○○○○。
	太陽西下，玉兔東升，稍遲，但見夜幕低垂，天上眾星拱北斗。	妳的心不能飛走，身不由己了！	大圈十個，凶象也！
2721	雷是震天鼓， 青天無片雲。	金杯休覆水， 琴瑟再調弦。	行人立渡頭， 待船空已久。
	雷聲大如震天鼓，但青天無雲，何來雲雨呢？！	不要作出令丈夫覺得覆水難收的事，試圖去作出補救吧！	在渡頭有人待你，他等待很久了！

	男命豎看	女命豎看	歲運豎看
3317	泉源並土脈， 雨露作根基。	菱花空谷響， 桂子落重川。	視形頻把鏡， 內外不相同。
	泉源和土壤相互而生， 但二者都要有雨露才 成。	菱花空谷響，桂子自天 而降；重川，三十三歲 也！	執着鏡子自照，你會發 覺自己的面貌與內心世 界不相符！
2218	採山堪茹美， 釣水鱷魚藏。	斑扇重狂風， 安知炎暑退。	有矢恨無弓， 先階後須放。
	上山採菜，拔茅連茹， 舜之飯糗連茹不美嗎？ 要小心的是，水邊釣魚 時留意鱷魚！	雜色的扇重狂風，怎會 知道炎暑退減呢？！	有箭，但沒有弓了，待 有之時才放射吧！
2319	木筆寫青天， 硯內龍蛇動。	杏花須自紅， 荳菲定不美。	黃蜂採蜜成， 久後誰甘苦。
	執着木筆去繪畫青天 吧，因為硯內的龍蛇動 了！龍蛇為密碼嗎？	杏花須自紅，但是那些 荳菲卻不一樣，它祇有 一節可用，不可用的根 可以棄之。	黃蜂辛勤採蜜，為了誰 人呢，誰甘誰苦？！
2420	仗劍斷鰲足， 鴻飛荒野山。	枝頭春玉李， 一朵綻先紅。	箭射南山虎， 仗劍斬龍蛇。
	斬斷鰲足，鰲者，黿也， 大龜也，傳說中女媧煉 石補青天，斷黿足以立 四極。天崩地裂有救， 但荒山中鴻鳥驚飛四散 了！	在枝頭春玉李中，祇有 一朵紅花先放。	晉之周處與南山之虎， 長橋之蛟被稱為三害， 後勵志為善，從三陸求 學。
2521	把扇作飛廉， 糞塵咸席卷。	○○○○○， ○○○○○。	寶劍藏深匣， 光芒不等閒。
	飛簾者，風神也！搖動 扇子，捲起了塵，廢物。	女命凶。	寶劍藏於深匣，不為人 知，不過它的光芒並不 等閒啊！
2622	八荒惟我室， 變動體無常。	娥眉月圓缺， 桂子漫傳香。	游魚戲薪荷， 在沼樂其樂。
	八荒者，八方之荒，遠 處也！若有變動我亦會 被波及，會否體無完膚 呢？！	娥眉月有圓也有缺的時 候，不過，桂子則香味 會傳到四方的。	看啊！池中的游魚與荷 共戲，甚樂融融！

	男命豎看	女命豎看	歲運豎看
3319	萬里有循環， 陰陽無久駐。	錦繡藹春閨， 梧桐在金井。	紅芳成豔色， 俱起動花心。
	一切都會有周期，周而復始，日月就是這樣，即使萬里之外事物亦然。	春閨中有很多錦繡，但問及姻緣非至四旬不成。井，四十歲也！	紅色是鮮艷的，連花朵見到也心動。
2220	惟斯屬木人， 水清在陰地。	雪裡出梅花， 猶待春風至。	錯節與盤根， 自然別利器。
	祇有你這個屬木的人，要知道水清在陰地。	見到雪地之時，妳可以靜待春風到來的日子了？	「盤根錯節，何以別利器」一語出自後漢之虞翊傳。是否德實充塞於內，智謀縱橫於外呢？！
2321	尋釣夢春澤， 投身北海間。	暮去更朝來， 春花幾芳馥。	花開向波心， 天香施紅味。
	為了尋釣而夢春澤，正知投身北海無異——蘇武牧羊。	朝去暮來，時間去得真快，春花的香馥能有多久？	花兒開了，波心蕩漾，天香處處了！
2422	東海植扶桑， 西海載弱水。	天外雁聲孤， 喚醒佳人夢。	萬里迢迢路， 徑行不見蹤。
	日出扶桑，在東。弱水在西，舟不能載，人不能浮，鳥飛不渡，往何處好？！	天外雁聲孤，如這位佳人，夢醒吧！誰在找妳？想一想！	萬里迢迢，祇取小徑，哪會見到甚麼蹤跡呢？
2523	蛇鬭鄭門中， 廣陵盟亦載。	把鏡稱月影， 朱顏渾未改。	斛水用藏龍， 淹回其雲氣。
	鄭，糸出姬姓，戰國時為韓所滅，後孫播遷陳宋間。至於魏散亡，自廣陵始，廣陵敗散。	將鏡子稱月影，朱顏未改。	一斛之水用以藏龍，淹回雲氣好了！
3321	井上有綠李， 鹽梅氣味同。	花開向春晚， 花謝果還稀。	野猴啼夜月， 衰草更逢春。
	到了四旬才有綠李，但鹽梅則氣味不同。	晚春才開花；花謝，結果稀少了！	「杜鵑啼血猿哀鳴」，不過衰草逢春，沒有這種悲哀，正因野猴對月夜啼一樣。

	男命豐看	女命豐看	歲運豐看
2222	紅波推畫舫， 綠棹逐蛇龍。	江上月清明， 金鞭何處去。	大廈與高堂， 燕雀生成就。
	畫舫因紅波而動，綠棹為龍蛇也是一樣。龍蛇年為密碼。	江上月正明，執着金鞭的妳策馬何處才對？！	大廈高堂都是為燕雀而設吧！
2323	三月無根柳， 空中舞柳花。	梨花滿院香， 莫收春帶雨。	陽春三月景， 柳絮滿天飛。
	三月無根之柳臨風舞動着柳花。	看看梨花滿院春意，不要哭着說春天已逝了！	陽春三月之時滿天飛絮，是分別的時候，長亭折柳嗎？！
2424	波中生日月， 鏡底見乾坤。	螺蠃負螟蛉， 新枝發舊花。	杏花雨濛濛， 喜蘇人邦犁。
	水波下見到日月倒影，鏡底自有天地。	螟蛉尾端有毒，能傷人，螺蠃負螟蛉，新枝發舊花指的是甚麼事呢？！	春雨濛濛，是杏花雨，取草人邦犁了，他不去取草嗎？
3323	將燈入洞坐， 洞裡有輕風。	水畔插垂楊， 孫陽黃金屋。	線斷釣沉底， 深嗟不已情。
	提燈入山洞去坐下，洞中也有輕風的。	水畔插垂楊到底與伯樂有何關係？孫陽，伯樂也，善於相馬；他要黃金屋嗎？	魚絲斷了，那怎可以有魚上釣，深嗟情未了吧！
2224	滹沱冰雪飛， 足蹤履冰跡。	鑿池通流水， 開關天外風。	藍關逢雪擁， 駿馬不能行。
	滹沱，河名，在山西省。河流冰封，踏冰而行，往何處去？！	鑿池通河水是否與開關天外風都是艱辛的事？	「雲橫秦嶺家何在，雪擁藍關馬不前」，韓愈詩句也，他被貶去潮州，寸步難行。
2325	蓮花隨步起， 風雨過池塘。	芳草碧連天， 塵襟臨弨索。	羝羊觸其角， 何苦自傷殘。
	就在風雨過池塘時，步步蓮花的她隨你而行。	芳草連天，多美！不過卻因風塵僕僕，又要踏上行程了！	羝羊觸藩不能退，不能退，羊藩兩傷也！

	男命豎看	女命豎看	歲運豎看
3325	斧柄在我手， 山行隨意行。	水邊佳會處， 休唱阿奴嬌。	駕箭與彎弓， 偶射須百中。
	斧柄在我手，可以開路，斬樹除草，路是人走出來的！	水邊是佳會之處，水邊者，涉大川之始也，但不要唱阿奴嬌！	隨手執弓射箭固然好，但要知道百射百中才成。
2226	四境風雲起， 金烏照太空。	四野風煙暝， 飛花落野泥。	斲輪將有就， 乘鸞在當時。
	風起雲湧，太陽高照！	四野風煙幽晦，夜了！看到甚麼呢？連飛花也落在野泥中。	斲輪老手將有成就，是乘鸞的時候了！
3327	地形接霄漢， 在下有星辰。	風煙欲暝天， 日暮江南樹。	○○○○○， ○○○○○。
	地接霄漢，看過去似是星辰在下。	風煙將天空弄到幽暗，江南樹在日暮之時也會這樣嗎？	十個大圈，凶。

✳ 河洛金部參評秘訣

	男命豎看	女命豎看	歲運豎看
3306	鶴在白雲棲， 鴟鴞不翔舉。	花開花上花， 風起風中絮。	鴻鵠丈夫志， 豈能知歲雀。
	鶴戾雲霄而在雲中棲息，但老鷹號叫而不翔舉。	花在花上開花，正如風起之後，柳絮在風中生風。	《史記‧陳涉世家》，涉為傭耕時被笑，於是說：「嗟乎，燕雀安知鴻鵠之志哉！？」
2207	白雲隨月出， 引領拜丹墀。	李桃貪結子， 莫恨五更風。	日出自扶桑， 眾人皆仰視。
	白雲隨月去到丹墀，朝君去矣！	李桃想多結子的話，就不要憎恨五更風。	日出於扶桑之地，人皆仰視。
2308	大樹蜉蝣撼， 精神百怪通。	銀燭照紅妝， 莫遣佳人睡。	燕雀雨間飛， 一生遇一死。
	「蚍蜉撼大樹，可笑不自量」（韓愈詩），「大樹蜉蝣撼」又怎樣能神通百怪才無惑吧！	銀燈照舊着紅妝，佳人知此艷麗，不要讓她睡覺啊！	雀燕在雨中飛來飛去，一生一死矣！
2409	花鈿委地中， 沙暖見春雪。	水面群鷗浴， 風來浪拍天。	枯木經春發， 憂老遇孤霜。
	長恨歌有言：「花鈿委地無人收」，不必太傷心了，春到之後，它們會變作春蠶；大地一片回暖，心不會再冷吧！	群鷗在海上沐浴，風吹得浪花四起，何等壯觀！	春天再來之時，枯木再發，不必自怨年老，人間總有孤孀的。
2510	梧桐金井上， 枝葉接松筠。	生來在塵中， 不作塵中人。	洞門無鎖鑰， 便是一閒人。
	梧桐相待老，四旬間便會上接松筠，壽元不短啊！	生於紅塵世界，但妳並非塵中客。	沒有鎖匙開啟洞門的人就是閒人。
2611	鐘聲徹萬里， 食後上樓敲。	人間喜夢覺， 孤月又當空。	琴瑟弦忽斷， 難便正音傳。
	鐘聲傳萬里，你得在食後上樓，敲響它。	夢醒了，這是件好事，見到孤月獨明亦然；身清可愛也，《果老》如是說。	琴瑟斷了，夫婦間難再融洽如前了。

	男命詧看	女命詧看	歲運詧看
2712	下漏在軍門， 日中留客飲。	玉簫聲未斷， 重結好姻緣。	籠鸚雖巧語， 猶自被羈縻。
	典故來自《史記》司馬穰苴列傳，莊賈留飲家中，誤了與司馬之約；及其到後，司馬斬之。	簫聲未斷，誤了這次就算了，因為跟着來的仍是好姻緣。	籠中鸚鵡無論怎樣懂得說話也無用，被囚就是動彈不得。
2813	井井浮陽氣， 新田禾黍繁。	夜雨滴梧桐， 春風損桃李。	當逢千尋木， 折令遇其時。
	井井都浮出陽氣，新田的禾黍自然長得繁盛。	夜間梧桐，春風桃李豈會不受損害。	千尋之木當會出現，應該是要折取的時候了！
2914	上苑溝渠裡， 翩翩一點紅。	紅葉有前緣， 水流何太急。	寒犬吠明月， 空自假情懷。
	溝渠流出一點紅，那是紅葉題詩的徵兆嗎？	有偶題詩於紅葉的，亦有拾得之後自題於紅葉，置溝上流而彼此互縛消息者。水流如果太急則無成矣！	蜀犬吠日，但寒犬則吠月，後者是假情懷吧了！
3015	兩曜循天地， 五星惟須纏。	黃菊有佳色， 秋光何太遲。	雷是震天鼓， 青天無片雪。
	日月循天地，配以五星順纏，一字連珠格局成矣！	菊盛於秋，對妳來說是否太遲 —— 青春已逝吧！	雷是震天鼓，青天無雲又無雨！
3116	千駟馬弗視， 甘心惟步行。	管弦醉春風， 何如枯冷淡。	舟行帆自卷， 欲進路無由。
	安步當車，不用千里馬了，清淡簡樸是好的。	管弦如果不為奏樂而為春風陶醉，倒不如冷淡好點。	行驗中的船捲起了帆怎辦？路進無由了！
3217	桑麻天地產， 不必問耕桑。	奈有仙風骨， 壺中日月間。	一箭射胸中， 萬事能假從。
	桑麻都是自然成長的，何必問怎樣去為它們耕作呢？！	有仙丰道骨自然知道壺中天地的清閒。	一箭射中之後，甚麼都可以假從了！

	男命豎看	女命豎看	歲運豎看
3308	草木年年改， 山河竟自如。	枯楊生綠柳， 雪裡自陽春。	銅鏡未會入， 暫時生塵垢。
	草木年年改，但山河依舊！	枯楊竟然生出綠柳，雪裡也有陽春的。	還未遇到所愛之前，鏡子是封塵無異。
2209	金命既如此， 天花桂影風。	欲指神仙路， 雲山幾萬重。	冒暑去投林， 當途風少息。
	年命屬金者得此數為命局者，其人生主題就是「天花桂影風」。這會否說所見並不真實呢？！	如果妳想知道神仙路，那麼妳得耐心了。它在遙遠的地方，千萬里路之外。	趕著走到林中避暑吧，當途的風少息！
2310	舉箭射青天， 月淡星稀候。	春日種梅花， 秋風生桂枝。	月明與星稀， 烏鵲南飛起。
	舉箭射青天，成嗎？月淡星稀，它們都待你射出一箭。	春日才種梅花，秋天才有桂子自天而降，妳竟不明白那不是枝椏生長的時候。	「月明星稀，烏鵲南飛」來自曹操的橫槊賦詩，你想做曹操吧！
2411	酒罷醉和風， 蛾眉山上色。	福祿從天降， 不求保自生。	遨遊成秀地， 不覺日平西。
	酒罷醉和風，伴着你的人兒眉如翠綠的山色，是嗎？	福祿自天而降，不求也會自生出來。	去過的地方而今已成一片秀地，可惜舊地重遊，斜陽快要下山了！
2512	丹崖萬仞高， 中有蜉蝣上。	秋風動桂枝， 桂子應難有。	停帆遇順風， 千里終須到。
	蜉蝣朝生暮死，以及爱在水面而飛，但萬仞之高的丹崖仍有要上來的。	秋風起矣！桂枝被吹得左搖右擺，看來有桂子自天而降也會被吹走的。	停帆後遇到順風，你終於到達了目的地。
2613	麾蓋樣虛空， 白雲深處出。	兔絲負女蘿， 纏綿成一家。	虎落在阱中， 地隅難回避。
	像麾蓋之搖動、虛空，白雲深深，那是由深處出來的雲。	其實，兔絲屬顯花類，女蘿為隱花類。二者廻異，但以前詩人視之為蘿藤，纏於樹木而生。亦有人認定兔絲草為愛情之象徵，纏綿恩愛。	老虎跌在陷阱中，避也避不了（不要忘記如出現於寅年，那才是避不了）！

	男命豎看	女命豎看	歲運豎看
2714	九河循故道， 蚯蚓繞山行。	桑麻深雨露， 桃李正芳菲。	渴時須飲水， 臨井又無泉。
	是九河循故道而行，抑是蚯蚓繞山呢？！這是詩人的造境嗎？	桑麻需要雨露，如是桃李才有芳菲。	口渴了，奈何井中無水，多麼悲哀啊！
2815	高枝投宿鳥， 廣廈上林燕。	風月宴年年， 更闌人散後。	曉日離雲陣， 寒威漸漸分。
	鳥兒飛到樹上高枝投宿，燕子則到廣廈上林。看來燕子不會有問題，那隻鳥兒要小心，天寒休傍最高枝！	年年都有風月之宴。更闌人散後會否盛筵難再？	曉日離開雲陣，陽光發出熱力。寒氣也漸漸退減了！
2916	扁舟過夏口， 赤壁火燒天。	君子期偕老， 江山逝若川。	子期逢伯牙， 正是好知音。
	孔明借東風，扁舟過夏口，赤壁之戰曹操大敗了！	君子才想共偕白首，歲月隨江河流逝，江山不改。	伯牙子期世之知音人也；一曲流水，一曲高山實在是彼此相呼應！
3017	桂林無雨露， 山澤有雷風。	雙燕春風暖， 孤鴻落日斜。	月被烏雲掩， 光明暫一時。
	桂林無雨露，但山澤卻有雷風。	春日有和煦的陽光，可憐的是那隻孤鴻，牠見到的是夕陽奄奄！	月亮在漸漸被烏雲掩着，因此你祇可以看到未被掩着之處的光。
3118	寶鏡當空照， 光明人自知。	庭前有丹桂， 肌膚帶天香。	匈奴降蘇武， 漢節不能屈。
	寶鏡當空照，誰不會見光明呢？！	看到那丹桂嗎？它長於庭前，冰肌肉層，還帶着天香啊！這人是妳嗎？	蘇武被迫投降，但他仍氣節凜然。
3310	貓鼠崇墉上， 安居備不虞。	青春花不發， 冬嶺伴蒼松。	憂辱無所怨， 安居且慮危。
	貓鼠去到高大的霁壁上，居高臨下以備不虞。	青春花不發就是少壯不努力了，老大時變成冬嶺伴蒼松，又冷又孤獨，知道嗎？	君子要忍，受辱更要忍，而且還要居安思危。

	男命豐看	女命豐看	歲運豐看
2211	重重又重重， 好彈無弦琴。	鴛鴦飛水面， 花落又花新。	琴瑟忽斷弦， 便不同音韻。
	這已非第一次了，愛好彈琴，但卻沒有弦琴。為何會這樣了？！	看啊！鴛鴦在戲水，花落之後又見花新。	琴瑟斷弦，奏出的音韻也變了！
2312	將火照明月， 浮雲一點無。	自有好姻緣， 方識今日鏡。	風吹水上萍， 東西任來去。
	如果滿天密雲，你將火也照不到月亮，但如果你照得到明月的話，天上根本就沒有浮雲，知道嗎？	妳如有好的姻緣的話，這面鏡子好到怎樣妳才會明白。	水上浮萍在被風吹着，忽東忽西！
2413	都門千餘里， 城闕煙生塵。	東園花易開， 西園果先熟。	投身向弱水， 剖蚌取明珠。
	「九重城闕煙塵生……西出都門百餘里」這來自《長恨歌》，你是多情的唐明皇嗎？	東園花易開，不過西園的果則先熟了，哪處是妳的東園和西園？	弱水上舟不能載，鳥飛不渡，你竟明知是死亡之地也要去，為的是剖蚌取明珠嗎？
2514	蝴蝶在林中， 採花為麴。	吹簫人去後， 仙境又重登。	上陣長槍遇， 前途須我約。
	蜜蜂採花，我們要的是蜜糖，蝴蝶採花為的是酒母，你是蜂抑是蝶？	那個吹簫的男孩子走後，妳會遇到另一個。他會帶妳去蓬萊仙境。	好了，終於陣上相遇，但你還佔上風，約言由你而定。
2615	鬼鬼數㈠牆， 不得其門入。	當生金不多， 誰知來路難。	木生毫末間， 從微須著至。
	牆高幾十尺，你不得其門而入了！	金不會多，誰會知道開採的地方在哪處！假若你祇有金夫才嫁，恐怕不成了！	像毫毛這樣細小的木刺難以見到，小心啊！
2716	芝草穿珍珠， 玉堂高掛地。	並蒂雙蓮出， 風光共一家。	織女未乘機， 精神自頻結。
	用神草穿珍珠可以掛在玉堂之地了！	「並蒂雙蓮」是不是一姊一妹，「風光並一家」隱言共夫嗎？	織女還未開動機杼，她心情不佳？

	男命豎看	女命豎看	歲運豎看
2817	藻芹離泮水， 爐火爇明香。	着意栽桃李， 須防困蒺藜。	和風吹折柳， 光景與天同。
	在古代你考得貢士之名，離開黌宮之後，用爐火燒着明香，倒有點文縐縐，今天的你怎樣？	妳着意去栽桃李，小心被困蒺藜，不見夫面，不祥也 —— 困卦六三爻。	和風吹着折柳，此乃離別之境，真的是光景與天同了！
2918	日照雪中山， 銀河波自起。	春花方競秀， 夏日又成陰。	寒鴉終夜噪， 恍惚有驚疑。
	「日照雪中山」看上去的景色不錯，但「銀河波自起」則不然，在天成象在地成形。	正當春色爭妍鬥麗之時，時間去得真快，夏日又成陰了 —— 夏日來得太早了，這也許是個悠悠長夏。	烏鴉不祥之鳥，牠們在夜間還在噪叫，餘驚猶在吧！
3019	綺羅裁剪下， 一線逐針行。	更深玉漏殘， 月裡嫦娥去。	大匠欲斲輪， 勞費繩與尺。
	穿針引線，然後逐針將裁剪了的綺羅弄好。記着，不要粗心大意。	更深人靜，嫦娥奔月去了！	要做斲輪老手，一定要用繩尺，多費心思。
3312	孤軍臨大敵， 剖竹可分符。	寒梅空自白， 芳草為誰青。	和羹用鹽梅， 苦旱用霖雨。
	大敵當前，自己又要孤軍作戰，剖竹作軍符吧！	寒梅空自白，白雪紛飛；試想一下，妳的處境不是這樣嗎？ —— 芳草為誰而青！	湯羹需用鹽、梅調味，正如大旱的泥土要有霖雨。
2213	辰卯從革人， 玉殿生芳草。	短長由自己， 苦樂在他人。	水映千江月， 山含萬木春。
	何謂「從革人」？以庚辛日干，見巳酉丑或申酉戌全，忌南方火運，忌沖刑破害。「玉殿生芳草」當指有好的生涯。	對於女命而言，短長由自己，而苦樂則由他人決定。	月亮照着山和水，山巒上樹木在春天長得翠綠。如是，可謂有情。歲途逢之，可謂有情矣！

	男命豎看	女命豎看	歲運豎看
2314	山上水仙花， 非是江河養。	蓮花綠木香， 莫怨秋風早。	丹崖萬仞高， 中有蜉蝣上。
	山上的水仙花， 不是江河養出來的。	蓮花在綠上散發香氣， 祇怕秋風早來。	「丹崖萬仞高，中有蜉蝣上。」（見2512男命——蜉蝣朝生暮死，以及愛在水面而飛，但萬仞之高的丹崖仍有要上來的。）
2415	楓葉蘆花岸， 滿江秋月明。	嬌鶯細柳中， 春暮多風雨。	急浪自呼舟， 求濟何時脫。
	秋天的楓葉顏色怡人，黃的、紅的、粽色的⋯⋯有如油彩的畫版無異。這些五彩繽紛的楓，岸邊的蘆花，明朗的夜月，多美！	至於女命，鶯聲多嬌，伴着細柳，亦不失為一幅美景，可惜的是，暮春到來，多風多雨就大煞風景了！	風雨總是不好的，如果坐在舟中，見到風高浪大，何時才有人來濟助？
2516	四方風一動， 古木自縱橫。	綠柳正搖風， 雪花飛天上。	東鄰殺牛時， 不如西禴祭。
	風起雲湧之時，古木有意氣了！	有風，有搖動的綠柳，這是春天，但人生的冬天又怎樣？雪花紛飛，整個天空都是白茫茫的。	歲運逢之此數是既濟九五爻。
2617	衣裳藏在笥， 鎖鑰不相投。	紅葉手中持， 春殘花未開。	月內一蟾蜍， 影收光又散。
	衣裳是放在笥中而不是櫃內嗎？這就如鎖鑰之不相投。	妳想紅葉題詩傳給所愛的人，無奈到春盡之時，愛的花朵仍然未綻放。	據云月中有蟾蜍，看過去並不清楚，影收光又散也！
2718	雨經風作緯， 欲織一機羅。	鳳飛鸞亦飛， 雞鳴子正和。	急浪回晚棹， 進退自徘徊。
	風雨交織，那祇是想織出一機羅吧了！	鳳飛了，鸞亦跟著飛；雞鳴了，其子亦和之。	有風有浪，倒不如返家吧，因為夜色開始深沉，你還在徘徊嗎？

	男命豎看	女命豎看	歲運豎看
2819	糞土築城牆， 使人高數仞。	明月逐人來， 風塵隨馬去。	黃蜂作蜜後， 己苦別人甜。
	築一度糞土高牆，要數仞之高！	元宵佳節是情人的好日子：「明月逐人來」一句之後，蘇味道《正月十五日夜》下一句就是「風塵隨馬去」，多麼熱鬧啊！	黃蜂作蜜是件苦差吧！自己辛苦，而人家嚐到甜蜜。
2920	井給奠西井， 舟行載日光。	青繩曾系足， 何事又伐柯。	問其造處士， 取捨在人間。
	井給奠西井，行駛著的船滿載陽光。「井」字可能指四旬間得意。	這生的姻緣是前生註定的，赤繩繫足也，為甚麼還要找人作媒？！「伐柯如何，匪斧不克。取妻如何，匪媒不得。」《詩經》有這些話。	在大門前做處士之時，修道在於怎樣在人間去取捨。
3314	棹舟過蒼海， 風雲生八荒。	蕙蘭花一處， 各自逞馨香。	蕙蘭花一處， 各自逞馨香。
	滄海飛航，風高浪大，風雲生八荒矣！	蘭花蕙花各一處，各自逞馨香——彼此有其自生之香。	蘭花蕙花各一處，各自逞馨香——彼此有其自生之香。
2215	青天江海流， 前定事如是。	斷雲殘雨後， 缺月又重輝。	無根三月柳， 花絮滿天飛。
	河要怎樣流入大海是前定的事，青天之下，哪有甚麼新事？！	斷雲殘雨之後，缺月重圓了！	柳絮滿天飛，不論飛往何方，所見的是——別離的場景。
2316	月明春水滿， 四面八方流。	飲泉風吹美， 不覺浪花翻。	玄豹變成虎， 喜意自非常。
	男命是《春江花月夜》的最初六句。「春江潮水連海平，海上明月共潮生。隨波千萬里，何處春江無月明！江流宛轉繞芳甸，月照花林皆似霰。」	女命如何？飲泉有風，令妳清快，但妳可知道風會興波作浪，浪來了！	玄豹變成虎，可喜可賀了！今年是虎年嗎？虎是密碼。

	男命詧看	女命詧看	歲運詧看
2417	金風疏落葉， 趙璧保珊瑚。	萬木怕秋風， 桂獨一枝花。	○○○○○， ○○○○○。
	金風肅殺，樹木也落葉紛紛；趙氏連城璧可保山河，珊瑚不會受損。	萬木都怕秋風，不怕定的是桂樹，八月是桂月，十五有桂子自天而降。仙花桂子落紛紛，據雲天竺寺每歲中秋有月桂子隨。	十個大圈，凶也！
2518	因赴武陵約， 桃花逐水流。	繡帶縮春羅， 塵滿菱花鏡。	吞釣魚上鉤， 沉機大小淵。
	因赴武陵約，桃花逐水流。陶淵明的《桃花源記》可信乎？	女命不似男命了：夫妻的菱花鏡封塵了，應該「時常勤拂拭」嗎？「繡帶繫住春羅」隱言可行。	那些魚一定很餓了，連魚釣也差不多要吞下肚子裡。
2619	壺口孟津間， 冀州先載水。	鏡裡花顏改， 枝頭果未圓。	祥日頻曉日， 輪轉有祥光。
	壺口孟津之間何地豈載水？冀州也！男命得此數者，冀為密碼，其分野在酉，《果老》中酉為趙冀之地也！雞年也。	人老了，鏡照花顏改，而枝頭之果亦未圓！	祥日頻曉日，輪轉有祥光；不必理會「曉是否為繞」，有「吉祥」就夠了！
2720	夜寢遊仙夢， 通靈各有神。	莫訝今朝景， 修緣好閒空。	有舟無棹處， 過渡有憂疑。
	夢遊仙境。通靈各有神明之助。不妨讀《愛麗絲夢遊仙境》。	不要為今朝情景而驚訝，這是「修」緣而得的。	有舟，但卻無棹，要渡河是有疑難的。
2821	挾山超北海， 緣木以求魚。	昔日青天上， 風光再主持。	電光爍秋月， 方寸自生疑。
	你想挾持山嶽去北海，那真的是件緣木求魚的事了！愚公是你嗎？	昔日青天上的，今天為你再主持一次。	秋月是明朗的，但為何會有電光在閃爍，這令到你生疑起來。
3316	斗柄橫雲漢， 西山曉月浸。	東方才得意， 夜月改梨花。	竹筍已抽簪， 成林自有日。
	斗柄橫駕雲漢，西山那邊的月亮似浸在水裡。	正好東風得意之時，夜月還改變了梨花的本來面貌。	竹筍已萌出嫩芽，可見會有一日變成一片竹林之地。

	男命豎看	女命豎看	歲運豎看
2217	細柳新蒲綠， 夕陽流彩紅。	兼織回紋錦， 重圓月影花。	蜂蝶競爭雄， 可存芳樹上。
	細柳新蒲為誰綠？這是杜甫「哀江頭」的一句詩。「夕陽流彩紅」說明好景仍在，不可錯過。	寫迴文詩的是才女蘇蕙，前秦竇滔之妻以其迴文璇璣圖，力挽夫心。	蜂蝶爭雄，祇想存於芳樹之上。
2318	斗牛星會處， 蘭麝自馨香。	紫穗吐奇芳， 光陰逐流水。	魚潛水上藻， 思躍有其時。
	斗牛星會，牛郎遇織女，蘭麝怎會不馨香呢？	是成秀之禾也好，是紫色的燈燭也罷，那陣芬芳之氣味十分奇特；看見嗎！光陰逐流水而逝去。	魚兒想到水中之藻，自有其躍跳之時。
2419	魚鼈在虎穴， 鸞鳳宿花叢。	嫩笋出階前， 楊花飛滿院。	鎔金欲鑄印， 成用有其時。
	魚鼈在虎穴，鸞鳳竟然不棲居梧桐而在花叢中共宿！	當嫩筍出階前之際，那就是楊花飛滿院的時候了！	鎔金鑄印，此乃成用之時。
2520	輟來不耕莘， 行車遇霖雨。	前定四時春， 只怕東風惡。	旅食在他鄉， 何時歸本地。
	輟耕又無菜，困境有如行車遇霖雨，欲進欲退都不成。	東風何太惡，破壞了春的到來。	去到他鄉不知何日時能回來。
2621	明堂空谷中， 不納三伏暑。	斷橋流水急， 準擬上扁舟。	苦求藥用之， 於人又何咎。
	明堂，天子所居，空谷，賢者隱居必當潛處山谷；這兩處當然不納三伏暑了。《詩》曰：「在彼空谷」！	看看斷橋下流水急端，不要過橋了，何不用扁舟呢？！	病從口入，苦求藥用，是你自討苦吃，咎由自取！
2722	舟下急流中， 山陰不可去。	屏間金孔雀， 那個是前緣。	刀箭既相怨， 此心懷一快。
	山陰之地可以指劉晨阮肇遇仙女之處，亦有以繁草之地喻之。更不可用小舟過急流，恐有滅頂之凶也！	屏間有金孔雀，到底哪隻才和妳有緣？	刀箭互為死敵，心懷一快乃可以置敵人於死地！

	男命豎看	女命豎看	歲運豎看
3318	織女機上梭， 往來同日月。	雖不是丁蘭， 刻木也成形。	高堂懷棟樑， 架椽無所斳。
	織女的機上有梭，一往一來織成羅布；日月也是如此，繞天而行也！	丁蘭漢代人，少喪雙親，後為母刻木像，待之如生；妳不是再生丁蘭，但木工倒不錯！	高堂的棟樑需用大木，沒有的話架椽又何所取呢？斳，取也。
2219	神仙居洞府， 欲活爛柯棋。	玄霜誰擣就， 只恐又姻緣。	斗牛星會處， 蘭麝自馨香。
	《述異記》有這故事：晉人王質上山斬柴，遇二仙人對棋於山洞中。棋終，見斧柄已朽；回到家裡，家人死盡，家鄉已歷多代矣！山中方七日，世上千幾年！美國也有一本名為《李伯大夢》的兒童讀物，值得一讀。此處會否暗指：「棋罷不知人世換，酒闌無奈客思家？」	玄霜，仙藥也。到底是妳體弱多病，抑是「多情自占緣多病」呢？	流年一則見2318。（2318：斗牛星會，斗郎遇織女，蘭麝怎會不馨香呢？）
2320	竹影連山影， 松聲問水聲。	芙蓉秋夜花， 莫怨東風錯。	明月三杯酒， 清風一曲琴。
	「竹影連山影，松聲問水聲」，禪語也！	芙蓉，秋夜之花也，不要埋怨東風到來！	李太白詩云：「一杯一杯復一杯」，抑是對影成三人呢？！
2421	青天蜀道難， 背劍跳雲棧。	祿馬度前橋， 須還跳井口。	劍斬長橋蛟， 箭射白額虎。
	蜀道之難，難於上青天！劍閣峥嶸而崔嵬，一夫當關，萬夫莫敵！	若問祿馬，須到四旬方可。	向周處學習一下吧，勵志為善以除三害。
2522	青天如水淨， 旱魃化雲霓。	水面宿鴛鴦， 鳳凰那時出。	大旱望雲霓， 沛然天下雨。
	旱魃，旱神也，《詩・大雅・雲漢》旱魃為虐。青天如水淨之時，旱神也化為雲霓了！	鳳凰非梧桐不棲，梧桐變得老，夫婦之愛如鴛鴦之宿池塘。	及時雨到了，乾旱之災得以解救。

	男命豎看	女命豎看	歲運豎看
2623	心是無星秤， 均同一氣形。	箕帚自相當， 瓦璋猶未定。	多禽見鷹鸇， 不測自刑傷。
	人心是一把秤，與氣質互成一氣。	蔽帚自珍可以做到，何必計較生出來的孩子是女抑是男？！	見無禮於其君者，誅之如鷹鸇之逐鳥雀也！（《左傳・文公十八年》）。你是鳥雀嗎？
3320	松柏悉苾漫， 丹青石上生。	綠顏流水急， 誰念百花新。	大冶可陶金， 必定成金器。
	據云松柏生脂，凝為脂塊，這就是丹青山石上之緣由。	水流得快，花香生亦快；跌到河中的花隨流水而逝。水本無情，怎能惜花？！	是熔金鑄印的時候了，不可錯過！
2221	積雪遇和日， 池塘春草生。	可惜花開處， 風光歎不常。	臨春花柳香， 好遂遨遊世。
	春天到了，冰雪被太陽的熱力消解，池塘生春草，園柳變鳴禽。	風光不會不變，與花開花落何異？！	趁著還是春光明媚之時，不妨郊遊一下，欣賞湖光山色吧！
2322	揚竿釣渭水， 忍恥向淮陰。	種樹於途旁， 行人受綠蔭。	白頭為釣叟， 晚節遇文王。
	你可以學姜太公釣魚，但卻不要忘記韓信之忍辱負重。	在路旁植樹，行人終會受惠。	大器晚成的人是誰？姜太公七十遇文王。
2423	金風西嶺月， 光焰射楊花。	天地無憑準， 空餘燕子樓。	烏江不可渡， 患害豈非常。
	金風，秋風也，蓋秋於五行屬金。秋月最明，西嶺之月自為佳境，然而，你卻意在楊花，不要忘記楊花水性的人不可惹！	東坡寫過「燕子樓空，佳人何在？空鎖樓中燕」之句，妳是誰人之愛妾？你是盼盼嗎？	烏江不可渡，典故來自項羽：「天亡我也，非用兵之罪也！」
2524	草作擎天柱， 難當盛暑風。	望月伴嫦娥， 只作浮雲翳。	淡雲來掩日， 殘雲暫收光。
	一根小草能載負多少痛苦？「小人之德，草；草上之風，必偃」，孔子如是說。是君子者必為君子，不要枉作小人！	望望月中嫦娥怎樣吧！但是，月亮卻為浮雲所翳。	淡雲也就是殘雲，遲早必被太陽逐走，黯淡時刻不會久持的。

	男命豐看	女命豐看	歲運豐看
3322	圭田如玉潔， 一點不生塵。	自得操持手， 何須男子為。	於斯有美玉， 求善價沽諸。
	《搜神記》有楊伯雍者，其人樂善好施，仙人贈他石子種於田中，後產美玉，因稱其地為「玉田」。若非修身積德則何來「一點不生塵」呢？！	女命自作自為，牝雞司晨。	「有美玉於斯，韞而藏諸。求善賈而沽諸」是原文（《論語‧子罕》）。今詩偈作「求善價」誤也！
2223	天河玉浪起， 爭奮鴻雁飛。	天臺劉阮遇， 時景又雲飛。	莫望紅塵遠， 出門天地寬。
	在天成象，在地成形；天覆地載之意也！銀河浪起，鴻雁驚飛！風雲變色，大時代來臨了！	劉晨，阮肇於天臺山遇仙女，看來妳就是這個女主角，曲終「人」不見，山上數峯青的人是妳吧！	不要以為你是個紅塵滾滾的人兒，出家之後便會知道天地之寬敞了！
2324	擊柝重門外， 機邊看錦花。	佳人天上月， 圓缺照誰家。	錦機梭過處， 隨即起波紋。
	《易》曰：「重門擊柝，以待暴客。」但你卻不以為然，而在機畔看錦花，怎可以不壞事呢？！	妳是天上的月亮，有圓的時候，但也有缺的日子，到底月圓之時誰是主人翁，缺的日子指的又是哪一個情郎！	今年不佳，有如織布無異，機梭過處就有波紋了！
2425	假山中草木， 鳥獸豈容藏。	天邊有明月， 何處照人間。	春水初泮處， 任便戲新魚。
	盤景的山是假的，草木也不會是真的，鳥獸不可用之做藏身之所。	妳是天邊的明月。然而，妳要何處照向人間呢？！若果是月照斜溪的話，妳找錯地方了！	春天剛到，你隨意和新魚戲水。
3324	大道藏無極， 鴻蒙隱八維。	金多必有傷， 及早修緣事。	殺雞須鼠約， 忠信自無疑。
	「道可道，非常道。」老子是這樣說的。「大道藏無極」則不是說普通的道，也非老子之道。大道不可見，洪濛連它也隱藏著。得此數者可以說是個與釋玄有緣的人。	不要貪婪，不見金夫為妙，好好的修行吧！戀財是大忌。	殺雞之後誰替你報曉？老鼠會多謝你，牠們會以為黑夜仍在——黑夜是鼠輩橫行的時候。你真的是鼠輩的忠信者！

	男命豎看	女命豎看	歲運豎看
2225	月華透梅雪，水淨見山陰。	殘燈半空月，爭奈五更長。	花渠暗水流，出沒世難測。
	「月華透梅雪，水淨見山陰」這應該是一幅冬夜的山水畫主題。如此清貴、寧靜，你可以做到嗎？	更深夜長，對著殘燈和半空的月，妳有何感想，不如學學填詞──孤枕難睡，柔情怎向？	「花渠暗水流，出沒世難料」見木部2513男命。（2513男命：紅葉傳詩，在暗流的水渠，出沒難料。）
2326	形畫麒麟閣，毫端爭一莖。	孤猿枝上啼，明月空中落。	陽氣喜初生，萌芽將復展。
	麒麟閣，漢宣帝圖功臣於此閣，凡十一人。誰不想得到如此殊榮呢？！即使畫筆每一根，毫毛也要一爭。你是毫端抑是為國立功的人？	猿乃君子之象徵符號，是孤猿啼夜月，逢春之象也！	陽氣初生，在一陽來復之後，有生氣的都長出嫩芽了！
3326	牽牛過堂下，問是梁惠王。	仙壇與佛塔，功果好修為。	大旱望雲霓，青天空霹靂。
	孟子見梁惠王，王曰：「叟不遠千里而來，亦將有利吾國乎？」孟子對曰：「王，何必曰利，亦有仁義而已矣！」如果你拖牛去見梁惠王，恐怕他會說：「多謝你牽牛到來給我！」「繫牛牛不定，進步有升遷！」小財不出，大財不入口袋！	妳要好好修為了，知道仙壇佛塔為誰而建嗎？	流年大運不吉，但聞雷聲，不見雲雨！
2227	風行江上去，松竹竟爭春。	古稱朱陳村，只恐花難老。	○○○○○，○○○○○。
	當風行江山之時，連歲寒三友中之松竹也要爭春，誰人不想春天永駐？！	蘇東坡有詩云：「何年顧陸丹青手，畫作朱陳嫁娶圖。聞道一村惟兩姓，不將門戶買崔盧。」因親致親，不嫁亦終嫁也！崔，指崔護。	十個大圈，凶。

	男命璧看	女命璧看	歲運璧看
3328	吾身何踐履， 天外有煙霞。	畫堂春正濃， 楊柳輕飄絮。	社燕自營巢， 不安期得便。
	我往何方走去呢？！天外有煙霞，不是有炊煙！遠離瘋人群 Far From The Madding Crowd，這是哈代一本小說之名，也是我對此數之新詮。	人在畫堂中，春意正濃，奈何揚柳飄絮，也是壩陵惜別之時。	社燕營巢自然不會不成，沒有巢又怎會有家？！

⊕ 河洛土部參評秘訣

	男命豎看	女命豎看	歲運豎看
3357	蜘蛛結網羅， 箭射空中雨。	天邊有彩鸞， 風舉乘雲路。	臨淵空羨魚， 收舍捨難為事。
	錢鏐命軍士以弓射退江潮，薛仁貴以三箭射死突厥為首的三人：「將軍三箭定天山，壯士長歌入漢關」。今此數說蜘蛛結網羅，會否因為無聊而去箭射空中雨？	女命詩意好得多：乘雲隨風向天邊的彩鸞飛過去。	取捨不易吧——去到深水坑空羨魚了！
2258	蓬蒿棲鳳凰， 瞻望隨堤柳。	臘日消殘雪， 紅杏又蓍花。	涼風並水閣， 散髮又披襟。
	去到蓬蒿上棲身的鳳凰是真正的鳳凰嗎？而此鳳凰竟然又是瞻隨堤柳的！	古代祭祀神和祖先之日為「臘日」，今之十二月初八日也！楊萬里有詩曰：「南中春更早，臘日李花開。」怪不得這天殘，雪消融，紅杏又看花了。	淳風並水閣，散髮披襟的人在作法吧！
2359	龍門舟未出， 蚯蚓載坤輿。	紫燕營新巢， 呢喃又無水。	梨園遇猴宿， 果熟不能存。
	龍舟未出，蚯蚓慢吞吞地蠕行無大問題，更何況牠負載著坤輿（坤輿，地輿也（地球）），是這樣的重。	紫燕營巢，呢喃細語，牠們以口液黏草唧泥，需用水才成嗎？	猴子夜宿於梨園，吃盡熟了的果實。
2460	桃李浮瓜景， 廣寒宮似冰。	孤帆太湖遠， 休上望夫山。	再磨龍劍用， 銳氣徹青空。
	桃李成蹊，下自成徑，此命之桃李，祇是浮瓜吧了，不是真桃李那樣得人尊重；如是，其廣寒宮真的冰冷了！	駕著孤帆，太湖太遠了，恐怕妳去不成。如果妳想上望夫山的話，失望是可以想像得到的。	再磨龍泉劍，甚銳氣就如前無異，直徹青空！

	男命豎看	女命豎看	歲運豎看
2561	投身向弱水， 剖蚌取明珠。	柳絮舞春風， 晴雲番暮雨。	春柳發萌芽， 濃陰堪待暑。
	弱水上舟不能載，鳥飛不渡，你竟明知是死亡之地也要去，為的是剖蚌取明珠嗎？（男命詩偈與金部2413之流年歲運相同。）	滿天遊絲飛絮與春風共舞，不外是晴雲翻出暮雨；這是真的雲雨？！	春柳長出萌芽，待到暑天有濃陰吧！
2662	置郵符馹使， 傳命折梅花。	莫待塵緣結， 皈依好向空。	旅懷千里遠， 日暮急奔程。
	有人「折梅逢馹使，聊寄一枝春」，你則「傳命折梅花」，二者有無大分別？！	妳不要多想好了，塵緣無望，皈依向空門吧！	一旅懷千里，走快一點吧，日暮將臨啊！
2763	廣寒宮枕簟， 內有風雪生。	藤蘿引高松， 陰陽調呂律。	彎弓兼得箭， 際遇莫踟躕。
	廣寒宮內的枕頭和席會生風雪？！	藤蘿纏住高松，竟是好夫妻啊！	「彎弓」不是「驚弓」；有弓有箭，射之可也！
2864	蝴蝶夢方回， 尋花天上去。	玉女逢佳偶， 天風吹珮環。	築壇來拜將， 萬世好名揚。
	蝴蝶也有夢，牠要上天堂尋夢。	妳這位玉女遇到佳偶了，天風也來助興，提醒妳知道天女可以解珮。	築壇拜將，給你一個為國出力的機會，萬世名揚啊！
2965	牆外生斑竹， 莖長接上蒼。	換葉移根樹， 花開子未圓。	陽春三月景， 桃李自芬芳。
	牆外的斑竹，莖長接雲霄；牆內又如何？對你來說是牆內還是牆外重要？！	換葉移根之後的樹也變了，花依舊會開，但果實則未圓矣！	楊春三月之際，桃李自有芬芳。
3066	魚鹽版築人， 心志自先苦。	一疋紅綾好， 春風幾度求。	曲木轉形影， 運動影隨身。
	傳說是殷高宗覓得名宰相，在未發跡之時，他是勞改犯中的魚鹽販築人。英雄莫問出處！	妳像一疋紅綾，要春風幾度才可以得到妳的心？	轉動曲木看上去有影隨身。

	男命豎看	女命豎看	歲運豎看
3167	山徑之蹊間， 介然而成路。	香草出河邊， 寂寞春歸晚。	鵲巢鳩打破， 有始卻無終。
	山徑和人行之處介然有路。「山徑之蹊間」來自《孟子》盡心篇。	河邊長出青草，它們似在等待春歸晚的旅人。	鵲巢鳩佔，所謂有始無終。
3268	河洛出圖書， 伏羲不再畫。	春光沸管弦， 秋風換羅綺。	笙歌頻聒聒， 自可樂歡顏。
	河出圖，洛出書，用不著請伏羲畫八卦了！	春天到了就有弦管笙歌，秋天之時，妳換上新的羅衣。	有聒聒的笙歌，怎不快樂？！
3359	萬里長城去， 黃河猶舊流。	香盟于山嶽， 未信晴雲輕。	梨園遇猴宿， 果熟不能存。
	長城，萬里之長也，猶如黃河無異，它千百年以來一直的流著。	香氣與山岳締結盟約，此乃一重盟；而晴雲與山嶽的則為輕的一類。	猴子夜宿於梨園，吃盡熟了的果實。（流年見木部2359。）
2260	大旱望雲霓， 青霄隔風阻。	風煙隔明鏡， 膏沐為誰容。	萬物原於天， 密雲渾不雨。
	大旱望雲霓，在此數中是：「無雨」，因為青霄隔風阻。	夫妻的明鏡為風煙隔開，妳又為誰膏沐呢？！	萬物源於天，但今仍密雲不雨。未見雲雨，何「情」之有？！
2361	風吹海水動， 巨蟹四方游。	桃花人面去， 黃菊又三秋。	寒光有重焰， 從此再回生。
	風吹海水動，巨蟹也不能安了，牠們向四方游去。	人面不去何處，桃花會依舊笑春風嗎？不覺又是三年，秋天到了，綻放的是黃菊而非桃花。妳倒不如留得黃花晚節香好一點。	寒光復焰，起死回生了！
2462	四海塵埃起， 隨風蔽九天。	花落東流水， 高堂望杏紅。	○○○○○， ○○○○○。
	塵埃四海現，滿天昏暗，風也大起來了，掩敝着一切！	落花隨流水，妳在高堂之地了，是紅杏，不是落花，好好珍惜自己吧！	流年凶。

	男命豐看	女命豐看	歲運豐看
2563	對月登樓望， 風生星斗移。	妙手連環解， 姻緣事不由。	日暮強奔程， 狂走途還失。
	究竟是風生而移動星斗，還是星斗自己移動呢？！登樓一看可尋答案。	如何解連環？妙手碎之可也！姻緣可以妙手而得嗎？不易也！	日落西山了，如果要趕路，盲目的奔走的路，迷路當可肯定。
2664	壺頂山上鼓， 終日伏波聞。	氣味芝蘭美， 光陰日月行。	龍吟深大澤， 逸樂有其之。
	壺頭山上鼓，整天都在敲動，傳來之聲若隱若伏。	芝蘭始終有其香氣。正如日月一樣，歲歲年年都在運行；日月喻夫妻，此數之女命吉，夫婦情感和洽。	潛龍吟於大澤，自有其逸樂也！
2765	獨舞菖蒲劍， 三軍不可當。	風山花零落， 春風趁馬蹄。	雄雞齊唱曉， 曙色未分明。
	風蒲劍會否化為青蛇劍？得值者可以舞之，三軍不可當。	山上多風，花易零落，在平地上面，春風趁馬蹄而行也！	雄雞報曉，但在晨昏之境地，曙色仍未見分明。
2866	燕期秋社中， 遙指神仙路。	月中丹桂子， 開時待秋風。	大寒將索裘， 已失先期備。
	立秋後第五戊日為秋社，燕子要南飛了！往何處去，自有仙人指路。	梁武帝捨身信佛，常和高僧論佛，以至感動佛天而降落花雨。同理，女命得此數者亦應感謝天賜麟兒，秋風一到自有佳景。	大寒到時才索求皮衣太遲了！一切宜未雨而綢繆，毋臨渴而掘井。
2967	身在青雲裡， 天街我獨行。	天地春風裡， 江山夕照中。	春遊時得喜， 駿馬自馳驅。
	青雲得路，身在其中，天街任我行也！	西風殘照，漢家陵闕；天地春風何曾有異？	春遊得意，駿馬自馳驅的「馬」於馬年當為密碼。
3068	旱天逢雨集， 溝澮自皆盈。	○○○○○， ○○○○○。	虎鹿圖一雀， 一悲還一喜。
	久旱逢雨，溝道和小流均盛載着水。	女命凶。	虎鹿圖一雀，誰喜誰悲？看來是虎捨雀而取鹿也！

	男命豎看	女命豎看	歲運豎看
3169	眾逐虎負隅， 攘臂下車搏。	重重天色晚， 何處彩雲飛。	猛虎依平林， 收威並失勢。
	虎負隅頑抗，逐虎的人攘臂下車。《孟子‧盡心篇》云：馮婦攘臂下車，眾皆悅之，其為士者笑之。	天色晚矣，彩雲家在何處？妳早就應該嫁的。現在怎辦，是否無家可歸？	老虎應臨崗上，依在平林之處，威勢盡失，怕的是有被犬欺之象。
3361	江心秋月色， 魚隱在心中。	竊香人去後， 月色又黃昏。	猛虎居山巖， 前凶而後吉。
	江心秋月色中，魚隱在心中，在江心還是你的心中？	偷香人名韓壽，賈充到最後以女妻壽，但是妳的偷香人卻溜之大吉，不覺間黃昏到來了，害得妳久持不見。	猛虎在高崗上面，牠前面是凶地，安存的則在牠後面，你還走避！？
2262	竹叢蜂蝶聚， 落葉露珠傾。	暴虎馮河婦， 如何柔濟剛。	正當駿馬時， 情懷難自捲。
	竹叢聚著不少蜂蝶，猶如落下的葉子令到它們上面露珠傾瀉出來。	女命者太過剛硬了，妳是暴虎馮河！溫柔多一些，好嗎？	騎著駿馬之時怎會有倦意？！如果原文是「捲」而非「倦」，捲作「捲收」解。
2363	白日片雲收， 青天一點雪。	薰風吹石榴， 秋風破酸子。	田獵而獲禽， 自知得如願。
	即使詩偈說的是冬日，片雲最多社會帶來一點雪而矣。	薰風，熱風也，石榴會變熟，但秋風由於乾爽，石榴變酸了！	獵狩有所得，你自然滿意。
2464	蔓草與長松， 遠看同一色。	姻緣竟若無， 浮雲落流水。	瑞雲飛出洞， 聚散不為常。
	蔓草是綠色的，長松也是，遠望過去，二者顏色無異。	妳的婚姻似有若無，浮雲隨流水而去：問君能有幾多愁，恰似一江春水向東流。	瑞雲者，吉兆之雲也，它飛出洞後真的變成聚散不常。

	男命豎看	女命豎看	歲運豎看
2565	正當三伏暑， 晝寢覆青氈。	目斷楚天空， 星河何處覓。	杏花紅十里， 歸去馬如飛。
	三伏者，夏至後第三個庚日起為初伏，第四個庚日為中伏，立秋後第一庚日為末伏；合稱三伏，此乃一年中最熱的時候。你在這些日子中竟然於晝寢覆上青氈？！	楚天望盡歸何處，銀河在哪兒？妳不知銀河所在，哪裡可以待妳的牛郎到來？	杏花紅十里，趕快回去吧！
2666	豫州城似鐵， 強弩不能穿。	汀蘭井岸芷， 泛宅奉浮家。	大廈要扶持， 誠然非一木。
	豫州何在？今之河南，古九州之一。河南其氣着密，厥性，安舒，故曰豫，舒也！（《爾雅》釋地）。星野上豫州居卯地，看來也許指命主性情平和安舒，強弩也不能令他動氣。	汀洲上的蘭花，岸邊的芷草由於水泛而成浮家了！	大廈要扶持，此非一木所能做到的事。
2767	天漢彩雲橫， 斗牛星不動。	花開幾度春， 日月應難光。	眾棹若扶持， 一時須得渡。
	彩雲橫天，吉象也！斗牛星不動何以見之？白天之時你看不到斗，到晚上你看到星斗之時又怎知天上的雲是影雲？	見到妳花開幾度，日月也黯然失色了！	獨棹不成，一定要多人持棹相助才可以得渡。
2868	南畝金城外， 一鞭風月清。	龍鳳喜同巢， 乾坤風景異。	蜂蝶戲春深， 先益而後損。
	金城乃邊塞之地，去到其外緣地方，策馬加鞭一下，風月是否也清淡。	龍鳳不再飛舞，天地風景大異了！	勤有功，多戲無益，春園蜂蝶真的是先益後損。
2969	三月清明節， 桃源不老春。	黃鶯出空谷， 燕采落花泥。	舉足傾天河， 用除三伏暑。
	三月的水是桃花水，桃源有不老之春。	黃鶯出谷，燕子啣泥；前者歌聲嘹亮，後者為己築巢，妳呢？！	三伏暑的日子並不好受，太熱了，何不舉足傾天河去享受一下清涼的好地方。

	男命豎看	女命豎看	歲運豎看
3070	王事不敢廢， 抽矢扣車輪。	桃花逐水流， 空鎖武陵春。	春天喜勝遊， 冬日真可愛。
	不可廢止王事，抽矢扣車輪吧！	桃花隨着流水而逝，在武陵的桃花源空鎖了，無人可以找到其所在。	春日可愛，尤其是郊遊，其實冬日亦不錯。
3363	九穗嘉禾起， 吳江風月情。	南國有佳人， 花影空中霧。	魚龍在鈞餌， 志樂在其中。
	禾黍成熟九穀豐收，吳江之風月有情；男命值此，夫復何求。吳之分野為丑，留意牛年。	南国有佳人；一生似花非花，霧亦非霧。	魚龍在鈞餌之地，真的可以樂在其中嗎？！
2264	古道冬芳草， 武陸花自紅。	芙蓉不怕霜， 霜裡好開花。	夜光流星落， 中心亦可憂。
	咸陽古道多芳草，武陵桃花源的花自紅。	芙蓉不怕霜，霜裡好開花——芙蓉是指荷花，蓮花抑是木芙蓉？妳呢？	夜裡流星殞落，也許有大人物死亡了，可憂的還有甚麼事呢？！
2365	虹霓射日光， 五彩空中散。	一曲神仙引， 風吹別調聞。	青天當午日， 迤邐有藏害。
	這不是雨餘日暗的時候，但見彩虹駕於空中，與日光交相輝映了。	神仙引領妳奏出妙曲，而和風亦吹出伴奏之調。	午間的青天看來間有驟雨，迤邐有藏雲也！
2466	身登竹葉舟， 更不假篙楫。	機錦織成花， 未許金刀剪。	子房遇黃石， 受履顯光榮。
	身登竹葉舟之後，順流而下，你又何須借助篙楫呢？！篙，草名，楫，行舟其也。剡木為楫（《易·繫辭》）。	機錦織成之後，花紋美麗，不許金刀剪裁：這是妳吧！	張良遇到黃石公，得其傳授《靈棋經》，光榮矣！
2567	高山雨露深， 一人騎虎至。	賞花人散後， 金勒馬嘶風。	春遊知得意， 信步自忘勞。
	高山上雨露比地面為多，你隱居在那兒嗎？有一個人騎虎來拜訪你。留意年命屬虎，也要留意一生中之虎年。	「當時共我賞花人，點檢如今無一半」，這是文人之歎，對於女命卻是別的，賞花人去後，風裡傳來是馬嘶之聲，執着金勒的是甚麼人？女命不可不知也！	春遊青草地，甚麼辛苦，不如意的事都可以拋在腦後。

	男命豐看	女命豐看	歲運豐看
2668	白日晴天裡， 東方出五星。	春光媚華堂， 秋月照穹空。	未雨時先雷， 陰雲空密佈。
	日在青天，時逢白晝，故日必在東南，五星在東，則為引日而行，看看月在何宮？格成一字連珠，氣勢大矣！	女命春光媚華堂，秋月明朗，富貴之命也！	流年所欠者是何時雲雨俱至，既已密雲滿天，有雷然後有雨。
2769	桃浪江深處， 蛇從螃蟹行。	霜風似刀劍， 斫斷飛鴛侶。	田獵出無心， 捕禽而得兔。
	江深之處，但見風吹浪起，三月始為桃花浪，而蛇從螃蟹行，留意在那一個蛇年會有此象。是好抑是壞？好自為之。	鴛鴦匹鳥也，霜風似刀劍，斫斷飛鴛侶；女命值之，能不凶乎？！	無心田獵，志在捕禽，但捉到的卻是兔子，今年如為兔年的話，相信會有意外的收穫了。
2870	歲寒知松柏， 猶自藹柔芽。	○○○○○， ○○○○○。	初生新出月， 皎白有明時。
	「松枝一何勁，風霜正慘悽，終歲恒端正，豈不羅霜雪」劉公幹曾這樣寫松。歲寒不凋的松柏還可長出柔芽，命主老年還有子女要他照顧。	女命大個十圈，凶命也！	朔後之月為初生月，退氣也。故必皎白有明時。最明當為望夜了。
2971	嫦娥會月宮， 鏡照紅顏改。	絕代有佳人， 青鏡朱顏改。	琴瑟不調和， 其弦急可整。
	世上無不老的嫦娥：因偷食三母贈的不老藥飛上月宮，傳說中未有提到其夫——羿——有無去月宮尋她。如果他真的再度見到嫦娥，她亦老矣。	妳是絕代佳人，但總會有老去的時候。	趁着琴瑟還未斷之時，調好弦線吧！

	男命豎看	女命豎看	歲運豎看
3365	泰山添土壤， 春草自舖毯。	一曲醉金卮， 野煙生碧樹。	方澤水溶溶， 魚龍俱得勢。
	泰山為五嶽之首，《史記》說秦始皇上泰山，風雨暴之，休於樹下，因封之。今此數說「泰山添土壤」應指封禪。《白虎通》云：王者受命必封禪，封者，增高也，禪者，廣也。「春草自舖毯」言之成理了。	「卮」酒器也，對着酒和音樂，妳自然也變成約翰·史蒂勞斯《酒，女人和歌曲》的主角了，這是「野煙生碧樹」！女命值之，是甚麼呢？呼之欲出矣！	魚要水，龍亦要水；有水，二者都得勢。
2266	嫦娥伴玉兔， 醉倒桂花叢。	嫦娥在月窟， 三五圓又缺。	彎弓弦忽改， 悵望獨諮嗟。
	傳說月中有桂樹，玉兔，所以在月殿中的婦娥未必清冷的，李商隱說：「嫦娥應悔偷靈藥，碧海青天夜夜心。」詩人之想當然也！你也「醉倒桂花叢」嗎？	至於女命也不會夜夜清冷。三五，十五也，圓後則缺，缺後則圓。也要留心三十五歲會否相關。	彎弓要射箭，弦忽然要改，奈何！
2367	龍脫初生骨， 飛潛花苑中。	蘺菊綻金錢， 玉露生秋草。	浮雲迷皎月， 暫時處朦朧。
	如果你生於龍年，或者在有一個龍年，你會脫胎、換骨，飛潛花苑中去。是偷花賊，還是陸放翁的：「六十餘年妄學詩，功夫深處獨心知，夜來一笑寒燈下，始是金丹換骨時。」	蘺菊是黃色的，看上去的確似金幣，禮記云：季秋之月，菊有黃花。商人會看到金幣，植物學看到黃花；因此，是玉露生秋草，還是秋花生玉露，也無大關係了！	浮雲蔽月，一時之象也，不會久持。

	男命豎看	女命豎看	歲運豎看
2468	山中有一道， 不露神仙跡。	綠蟻其佳人， 巫山連楚夢。	病久遇良醫， 貴人相提挈。
	在深山中有一個得道的人，真人不露相，哪可見到他是仙人呢？！	不要以為「綠蟻」是蟻的一種，在生物學者的眼中，他看不到綠蟻是酒渣，或者是美酒之名字。綠蟻共佳人（「其」字誤）仍然是酒和女人，女人要酒，男的則是巫山的朝雲暮雨，襄王夢中的神女。妳是在等待去侍奉襄王的神女吧！	病要良醫來療理，做事亦需貴人提攜。
2569	珠履騰空去， 一雙鳧上天。	要看枝上花， 卻看花梢月。	流水下高山， 誰能相止遏。
	據云王喬得道而升天去了，留在地上的是珠履一雙。你也會得道吧！那雙珠履今次會變成一隻野鴨，鳧也！	南齊之君以金蓮花貼地，令潘妃行其上稱之為「步步生蓮花」，這兒的枝上花是真花嗎？枝上有花，花梢有月，到底是花月同一？	流水下高山，誰能止遏！
2670	英雄一上將， 來作負荊人。	春草暗連山， 王孫應恨別。	珍珠俱已成， 何須多草艾。
	典故是廉頗向藺相如負荊請罪，親自登門，求人寬恕。	離人是妳抑是那王孫公子？春草暗連山，地與山綠得混成一色，不見天際。	珍珠俱已成，何須以草艾來裝飾呢？
2771	畫屏堂半開， 上有丹青筆。	○○○○○， ○○○○○。	舜日得升空， 堅冰須盡什。
	半開的畫屏堂上有丹青筆。丹青，謂畫也。畫有著名，故名丹青。是你繪的？還是你因附庸風雅而作此佈置？	女命十個大圈，凶也！	舜日升空，堅冰盡什。

	男命豎看	女命豎看	歲運豎看
2872	江漢源流水， 同來井路中。	月煙夜光圓， 向曉金烏出。	黃鶯聲百囀， 其可樂春遲。
	與江漢同源之水都一起到井路中了。此處：「井」可指男命四旬之時遇到志同合的人。	月煙夜光圓是望月，星象是日月對望，所以向曉之時太陽便東昇。	黃鶯百囀，即使春天來得遲一點，牠們仍會快樂地歌唱。
3367	廟堂知重器， 寶鼎玉居先。	春樹發新條， 風光喜戀新。	旅況在窮途， 得薪又無火。
	廟堂中有百器，寶鼎與玉居先。	冬天去了，春天到來，樹木長出新枝，風光還是舊不如新。「新」是生氣，妳要小心不可貪新忘舊。	旅人真的去到末路窮途，得薪木，但沒有火啊！
2268	采薇除蔓草， 蜂蝶在紅塵。	鸞鳳乘何遠， 熊羆夢已回。	荒田多野草， 空自負耕犁。
	「上山採薇去，蔓草生山頭，人間多蜂蝶，滾滾滿紅塵。」	鸞鳳不會飛得太遠，牠們想生一個做皇帝的兒子。	田園荒蕪了，而今野草叢生，要去清除後才可以種田。
2369	當途白日虎， 草下現其身。	好花臨水畔， 風雨隔前林。	葉落為辭樹， 正不為幹枝。
	你的一隻當途的畫日老虎，躲在草中怎不會被人看到？！留意寅年，寅命的人。	妳是水畔的鮮花，一場風雨正在前面的林地落下，幸好妳不至受到波及。	落葉是自然現象，這並非說目的是向幹枝辭別。
2470	聚沙為五嶽， 一簣豈容虧。	自是閨門好， 須防半疾殀。	柏樹長高崗， 喬枝須出群。
	五嶽不外是由沙和泥堆出來的，努力啊！不要功虧一簣。	閨門始終是好的，不過要提防有不治之症，困於蒺藜，不見己夫，凶。	長於高崗上的松柏，其枝幹當然是出類拔萃的。
2571	陽春三月景， 杜鵑花正開。	名園花果香， 春風皆吹暝。	良畫為歸祝， 志存楊柳間。
	陽春三月，春光明媚，可惜的是，這也是杜鵑啼血的季節。	名園中的花果清香，春風令到它們厭厭欲睡。	那個資深的畫師不想繪畫風景了，他志在楊柳，置身其間：人之活動比理論重要。詩偈是「良畫惟歸去」，不是「歸祝」。

	男命豎看	女命豎看	歲運豎看
2672	即墨得神仙， 飛鳥悉翔舞。	嫦娥在月宮， 秋光共誰處。	二將競爭功， 一得須一失。
	即席揮毫，有如神靈附體，畫中的飛鳥栩栩如生的在翔舞。	嫦娥祇有自己一個人在月宮，如此好的秋光有誰和她分享呢？妳是這個孤獨的嫦娥嗎？	二將爭功，有得者，亦有失者，你怎樣了？
2773	松筠侵日月， 星斗見長天。	芍藥花開遍， 清和轉夏天。	水由地中行， 江淮朝宗漢。
	松筠直上青天，侵向日月，長天中則見星斗橫空。你是那棵老松吧！	芍藥開於初夏，盛放之時美艷極了，妳是芍藥花嗎？	水在地上流着，江漢朝宗海。「江淮朝宗漢」誤也！
3369	飛雲隨水起， 燕雀語花陰。	浮雲蔽白日， 彷彿見參商。	風動水中萍， 往來無定處。
	風雨快到，尤其是颱風未到之前，海水也會高漲，一片飛雲隨水起之象。猶若花陰樹下，燕雀相語；牠們不會走到陽光猛烈的空曠之地的。	浮雲蔽白日，彷彿看到參商。夏以參星，商以大火（心宿二）為觀察天象的標準星，授時取標準星也！商取代夏之後，商民族取長為商星，大火為大長。夏民族認定參宿晨出東方預示春天到來，商民族則以大火昏現於西方水平線，為春天的預示。夏言參，商主長（大火）。	浮萍隨水飄浮，往來無定似飛蓬。
2270	修行下螻蟻， 銜泥疊泰山。	牡丹花半開， 春色無留意。	兩兩忽交鋒， 自當宜謹慎。
	螻蟻要銜泥去疊泰山，牠們在修行啊。不要怕辛苦。	牡丹花開了一半就停下來，那一定是春色不肯留所致。	兩兩忽交鋒，要謹慎小心！
2371	橫池龜曳尾， 入水散清波。	姻緣此日兼， 只恐姻緣阻。	癡心問人影， 否泰出何心。
	莊子《秋水》有言：吾聞楚有神龜，死已三千歲矣，王巾笥而藏之廟堂之上。此龜者，寧其死為留骨而貴乎？寧其生而曳尾於塗中乎？看你志於人水散清波吧！	妳應兼有姻緣的，但恐有阻矣！	你裝傻扮矇了，居心何在？問及人影而不是人的本身！

	男命豎看	女命豎看	歲運豎看
2472	白水對青山， 玉衡齊七政。	春色天涯遠， 燕歸人亦歸。	田欲成秀苗， 必先除草芥。
	七政者，日、月、金、木、水、火、土；玉衡者，斗柄上最光的星，與開陽、搖光組成斗柄。《史記。天官書》說：「北斗七星，所謂璇璣玉衡以齊七政。」白水對青山，北斗七昨亦與七政相呼應，所謂斗數也者，其實源於《果老》。	春色遠矣，在天涯之處。不過他是會回來的，因為燕子飛去之後牠有回來的一天。燕，分野在寅，留心寅年、寅月。	要清除雜草才可以種出秀嫩的苗。
2573	柳岸春風處， 波紋漾碧天。	寶鏡畫堂前， 莫遣青鸞舞。	路遙頻馬往， 心困與神疲。
	柳生岸邊，春風輕拂，它便搖曳生姿，碧天也蕩漾着波紋。	在寶鏡畫堂前，不要讓青鸞動舞？典故來自《異苑》，罽賓王一鸞三年不鳴，夫人曰：「聞見影則鳴。懸鏡照之，鸞睹形悲鳴，中宵一奮而絕。」	路長且遠還要騎馬不斷往來，太倦了！精神也損傷不堪。
2674	義兵不用詐， 背水戰何因。	灼灼枝上花， 春時天又雨。	喬松方出土， 難得生嫩枝。
	仁義之師不可有詐，韓信背水而戰有何因可言呢？！	妳長得如灼灼之花，可惜春雨太多了，能不傷乎？！	剛出土的喬松長出了嫩枝，難得也！
3371	博浪沙中立， 海濱車駕行。	天生連理枝， 莫遣風霜苦。	有金無火煉， 作器恐無期。
	張良令力士操鐵錐狙擊秦始皇於博浪沙，不成，張良到各地匿身。你是張良嗎？	在地願為連理枝，不過植物也有遇到風霜的日子，是嗎？	有金無火，怎能煉金成器呢？！

	男命豎看	女命豎看	歲運豎看
2272	隨山刊古木， 鮮食奠山川。	緣分宜嬌客， 難教桂丁香。	明珠生蚌內， 方寸自然光。
	典故來自《尚書》皋陶謨第二中。洪水滔天，浩浩懷山襄陵，下民昏墊，予乘四載，隨山刊木……。禹鮮食奠山川。你會有禹這工作嗎？	嬌客者，女婿也，見蘇軾和王子立詩自注。妳與女婿有緣，難教桂丁香了！	明珠生於蚌內，自然光芒了。
2373	上陽宮裡人， 相伴白雲宿。	天外彩雲飛， 化作白雲去。	工師得大木， 以勝棟梁材。
	你是上陽宮中的白頭人，伴着你的祇有白雲，和它相棲相宿。顏色豈長在？！	願作天池雙鴛鴦，一朝飛去青雲上，如果不成的話，天外彩雲飛，化作白雲，去又有何不好。李白有詩曰：只愁歌舞散，化作彩雲飛。妳怎樣了？！	工師有大木為用；勝過棟樑材。
2474	庭月射花影， 散作五更怨。	雖是好羅裙， 猶同紗帽裡。	廣大置車輪， 行難由正路。
	滿庭月色射花影，五更到了，不久便會破曉，月光散為怨言。是否春宵苦短？！	妳有好的羅裙，但它與紗帽何異？衣不稱身，抑是甚麼人就穿甚麼衣服？	車輪大的車就要行大路。「難」字，誤也，宜作「雖」。
2575	馬陵書大字， 鬥志有孫龐。	鶯花春世界， 咫尺近春逢。	春魚方跳躍， 得勢漫東流。
	齊之孫臏與魏之龐涓戰於武陵，孫臏用伏兵，樹上書有「龐涓死於此地」。龐涓中伏而自刎。此數大凶。	三月的鶯花世界近在咫尺，妳一生的主題就是這樣。	春魚得勢，隨水東流。
3373	象取斗中氣， 天邊柳絮飛。	樓上有神仙， 人間無去客。	鞭生庭下長， 養竹自萌芽。
	星象要取斗杓，於《果老》星盤上是月建宮上起戌，順數至生時而得所在之宮也！天邊柳絮飛與之無關。斗杓譬富貴，柳絮滿天飛譬分離；前者為吉，後者為凶。	樓上有神仙，人間有人會上去找他嗎？妳又會嗎？	鞭生庭下長有何含義也無大關係，重要的是養竹可以長出萌芽。

	男命豎看	女命豎看	歲運豎看
2274	用缶納自牖， 泥途中得興。	冰骨玉肌膚， 夏日當炎暑。	一刀還兩段， 過意即分明。
	缶，盛酒之瓦器。《詩》陳風宛丘：坎其擊缶。在泥途中拿著酒自飲自唱，外面即便有微雨，你也不減其樂怡然自得。	像妳冰骨玉肌膚的女孩子，炎夏亦不能令妳不舒服吧！「冰肌玉骨，自清涼無汗」（蘇軾）。妳會否遇到如蘇軾一樣的才子？他因遇一個玉肌冰骨的美人而贈《洞仙歌》給她。	一刀兩段，用不着拖沙帶水，要有大將風度！
2375	金燈對月華， 燕疊畫梁巢。	紅顏對明鏡， 幾度插花新。	男兒衣祿好， 女子命還危。
	金燈對月華，雙燕對梁巢；夫妻共享富貴，一生恩愛之命。	女命得此數則不然，幾度插花新也！要嫁多少次才成？！	流年大運逢之，男吉女凶了！
2476	水由地中行， 江漢朝宗海。	結髮望齊眉， 莫負恩與愛。	酩酊見銜杯， 性真正自在。
	水流地中，百川匯成江河，到最後朝宗去了——流進大海也！	「結髮為夫妻，恩愛兩不疑……生當復來歸，死當長相思」，此乃蘇武別妻詩。今女命此數源於蘇武之詩也，連「莫負恩與愛」也是「莫忘歡樂時」之演繹。	酒後吐真言；酩酊時真性流露盡透了！
3375	東山煙霧佈， 木棹入扁舟。	風動玉欄杆， 驚醒花間夢。	戰馬得金聲， 雄心期便振。
	東山佈滿煙霧，提著木棹（原文之「本」字誤，應作「木」）入扁舟，江上風景不俗吧！	風動了，連玉欄杆也感到，何況是——是花開夢醒的時候。	戰鼓雷鳴，金聲陣陣，士氣大振。
2276	鴻鵠竟飛鳴， 深居而簡出。	夏木黃鸝語， 梧桐葉早秋。	聲傳空谷中， 影浸清波下。
	燕雀豈知鴻鵠志，而今鴻鵠飛鳴，你是此數之命主，細想一下是甚麼大志，以後好好地朝着正確的方向走。也許，也許你在潛修，深居簡出，是嗎？	「春無蹤跡誰知？除非問取黃，鸝」，此乃黃庭堅《清平樂》所寫，今「夏木黃鸝語」是這樣吧！夏天不會太長了，梧桐樹上的葉子顯示出就快便是秋天了！	空谷傳音，莊子說「夫逃虛空者……聞人足音跫然而喜矣！」祇要遇到之時便是真實的事，但沒在清波下的影子卻是假像。

	男命豎看	女命豎看	歲運豎看
2377	天涯一望中， 燕雀任來往。	一花雙結子， 惟恐到頭難。	石上磨玉簪， 不測中有折。
	海闊天空，燕雀可任意往來。你也想有這種自由吧！	一朵花結出雙子，到頭來必不健全。	將玉簪拿到石上去磨，不對！不測中有折，玉簪斷了怎辦！
3377	雷聲震天地， 草木絕其根。	書夕掩重門， 虛空久寂寞。	固壘池深處， 提防有不虞。
	雷聲可以震天地之時，恐怕草木的根也傷重。	白晝之時妳居處重門掩着，無人到訪，是嗎？妳空虛、寂寞。	提防遇到地雷陣！
2278	乘槎浮海上， 四面任風吹。	骨肉前緣定， 修持好閒空。	遊舟入水中， 進退不由己。
	子曰：「道不行，乘桴浮於海，從我者，其由與。」你會言出必行，君子言不過其行，而效法孔子嗎？	妳有兒女，前世注定了，好好修持為母之道啊！	遊舟入水，要退或要進都受水流影響，你身不由己了！
3379	八尺長燈檠， 清光射白晝。	長檠照珠翠， 燭影怕風吹。	塞翁須失馬， 反禍又成福。
	韓愈有《短燈檠歌》，其最後幾句是：「看書到曉那能眠，一朝富貴還自恣，長檠高張照珠翠，吁嗟世事無不然，牆角君看短檠棄。」他棄短檠而取長檠之燈，你命中長檠之燈有八尺之高，清光射白晝，物要盡其用了！男女命得此數仍是「萬般皆下品，唯有讀書高」。	女命亦要有長檠之燈，風吹珠簾，不會吹熄長檠之燈，但燭火迎風則易熄了！男女命得此數仍是「萬般皆下品，唯有讀書高」。	流年：塞翁失馬，此處不是「焉知非福」而是「反禍又成福」。

內一數

2869	陰陽皆失位， 無極自失宜。	流年如遇火， 一死復何疑。	

星光天上來　河洛金銀天星擇日

作者
李光浦　林萬

責任編輯
吳春暉

美術設計
Carol

排版
劉葉青

書名題字
劉婷

出版者
萬里機構出版有限公司
香港鰂魚涌英皇道1065號東達中心1305室
電話：2564 7511
傳真：2565 5539
電郵：info@wanlibk.com
網址：http://www.wanlibk.com
　　　http://www.facebook.com/wanlibk

發行者
香港聯合書刊物流有限公司
香港新界大埔汀麗路36號
中華商務印刷大廈3字樓
電話：（852）2150 2100
傳真：（852）2407 3062
電郵：info@suplogistics.com.hk

承印者
美雅印刷製本有限公司

出版日期
二零一九年五月第一次印刷